LAS NUEVAS REGLAS DEL PODER FEMENINO

65

LAS NUEVAS 65 REGLAS DEL PODER FEMENINO

Libera ataduras y crea un mundo a la medida de tus sueños

LUCY LARA

AGUILAR

Las 65 nuevas reglas del poder femenino
Libera ataduras y crea un mundo a la medida de tus sueños

Primera edición: agosto, 2025

Penguin Random House Grupo Editorial, S. A. de C. V.
Blvd. Miguel de Cervantes Saavedra núm. 301, 1er piso,
colonia Granada, alcaldía Miguel Hidalgo, C. P. 11520,
Ciudad de México

penguinlibros.com

ISBN: 978-607-386-093-2

Impreso en México – *Printed in Mexico*

*A mi hijo Francisco, el amor más grande
y puro que la vida me ha regalado.*

*A todas las mujeres que escribieron este libro
conmigo. Gracias por la generosidad de
compartir su visión, su lucha y su historia
para construir las reglas de nuestro poder.*

Indice

Capítulo IV. El poder de pertenecer

Capítulo V. El poder de la vulnerabilidad

Capítulo VI. Poder con propósito

Capítulo VII. Adueñate de tu poder personal

Introducción

A veces parece que las mujeres hemos ganado mucho terreno social, laboral y personal para vivir mejor. Sin embargo, es sorprendente no sólo que nos haya llevado tanto tiempo conseguir nuestros grandes y pequeños triunfos, sino que tengamos que seguir luchando para que la sociedad nos reconozca las cosas más simples o elementales.

Es terriblemente decepcionante ver que todavía tenemos que defendernos por tomar decisiones sobre nuestro cuerpo —como el aborto—, dar explicaciones por elegir nuestro destino, viajar o estudiar en lugar de preferir entregarnos a la vida en pareja, así como enfrentar batallas propias y luchar con los demás para buscar la libertad económica que nos concede independencia y enormes posibilidades de realización.

El mundo femenino ha experimentado tantos cambios que, en ocasiones, parece que nadie sabe bien a bien qué sigue, cómo proceder o si vamos adelante como punta de lanza o nos hemos quedado atrás con conceptos parecidos a los de nuestras abuelitas.

Las reglas que encontrarás en este libro no son estáticas ni las determiné unilateralmente; más bien, están conformadas por múltiples voces, opiniones, experiencias e historias que recopilé a través de un cuestionario que contestaron mujeres de diferentes edades, profesiones y países, para que tú puedas reflexionar, adoptar o compartir las que te resulten más nutritivas y poderosas.

He dividido este libro en siete capítulos, los cuales engloban una lucha interna femenina: la autopercepción, la imagen, la voz, el arraigo, la vulnerabilidad, el propósito y el poder personal. Además, incluí seis entrevistas de personalidades que están derribando normas añejas, rompiendo paradigmas para inspirarnos y forjando las nuevas reglas del poder femenino con su ejemplo: Eufrosina Cruz, Cristina Morató, Carmen Félix, Valeria Loeza, Ágatha Ruiz de la Prada y Saskia Niño de Rivera.

Se trata de fluir en un camino en el que imperan diversas restricciones que nos estorban, pero también en el que se han abierto amplios senderos para hacernos cargo de nuestra propia vida y, con ello, del futuro que deseamos para nosotras, nuestras hermanas, amigas, colegas, hijas y nietas. Por ello, este libro puede leerse de principio a fin, pero también es válido que explores las reglas que resuenen más contigo dependiendo de tu situación personal en momentos determinados.

Espero que cada regla exalte tu seguridad, logre capitalizar tu valor y te permita compartir ese poder tan tuyo que necesitamos para construir un mundo lleno de sororidad, fortaleza y oportunidades para todas nosotras.

Presencia poderosa

Capítulo I

Regla 1

Haz que tu cuerpo hable bien de ti

"El cuerpo nunca miente".

MARTHA GRAHAM

Existe un lenguaje silente que todos hablamos. Chinos, rusos, bolivianos, australianos, croatas, mexicanos... hemos aprendido un idioma universal que se expresa a través del cuerpo y a veces es tan franco que hasta incomoda. "Nuestro cuerpo no sólo nos lleva a donde queremos ir, sino que también nos lleva a lo que queremos ser", dice el escritor irlandés Colum McCann, con una visión impresionante de lo que tenemos y pocas veces valoramos. Porque hemos sido provistas de una plataforma sofisticada y muy completa para hablar sobre nosotras mismas, para expresar con agudeza nuestras más profundas inseguridades, contradecir nuestras palabras, exhibir nuestros sentimientos más íntimos, delatar nuestros verdaderos propósitos; sin embargo, hoy sabemos que de igual manera tiene la virtud de inyectarnos poder.

En las asesorías de imagen que imparto a todo tipo de mujeres —y a algunos hombres también—, dedico buena parte de las primeras sesiones a la comunicación no verbal. Lo hago porque mis clientes están buscando mejorar su vida a través de un estilo que los haga sentir poderosos, y mi labor empieza por trabajar no sólo su seguridad, sino su asertividad sobre lo que van a expresar de sí mismos al concluir mi asesoría. Sabemos que la ropa tiene un idioma que forma parte del gran lenguaje que mencioné al principio: uno que todos entendemos y pocos sabemos hablar correctamente porque no hace uso de las palabras, no obstante, el cuerpo es nuestra principal herramienta para expresarnos al utilizar el lenguaje no verbal.

La postura del cuerpo es un buen punto de partida cuando tratamos de desmenuzar lo que intuitivamente captamos de este lenguaje silencioso. Piensa en cuando ves a una persona cabizbaja, encorvando la espalda y arrastrando los pies. ¿Qué te viene a la mente? ¿Que es una persona poderosa, sexy, próspera, feliz, segura? ¿O, por lo contrario, detectas en segundos que denota inseguridad, debilidad, tristeza y carencia de ímpetu?

En su libro *Presencia*, la psicóloga social Amy Cuddy explica a profundidad la fenomenal relación entre el cuerpo y la mente para lograr inyectar poder a nuestra presencia. La autora se enfoca en investigaciones, propias y ajenas, sobre algo muy particular: cuando expandimos nuestro cuerpo o, por decirlo de otra manera, nos hacemos tan grandes como podemos, aumenta nuestra testosterona y nos sentimos más seguras, capaces, valientes y poderosas. Si, en cambio, nos hacemos chiquitas como un caracolito, disminuye nuestra testosterona y eso impacta en nuestra confianza. "Expandir tu cuerpo provoca que pienses en ti misma bajo una luz positiva y que confíes en esa percepción sobre ti. Además, aclara tu mente haciendo espacio para la creatividad, presencia cognitiva y pensamiento abstracto", dice Cuddy.

Cuddy se ha hecho famosa por una Ted Talk en la que explica que se puede propiciar el incremento de testosterona —y, con ello, una carga de seguridad— con tan sólo practicar las poses de poder. Una de ellas consiste en expandir el cuerpo al estilo de la Mujer Maravilla: con la cabeza erguida, los brazos en jarra y las piernas separadas. Ponerte en esa posición, dice ella, antes de un reto importante (no recomienda que sea en el momento preciso), hará que tu cuerpo genere la hormona y actitud necesarias para que te enfrentes al mundo llena de poder. También funciona la pose que llama "estrella de mar", en donde tu cabeza está erguida, tus brazos abiertos y estirados hacia arriba, mientras separas las piernas y formas una estrella. "El cuerpo cambia la mente, y la mente cambia el comportamiento", asevera la autora.

Yo, por mi parte, llevo años comunicando en conferencias, cursos y libros el gran poder que tiene una sonrisa, porque verte sonreír me hace sentir bienvenida y me da la sensación de que eres cálida, amigable y confiable. Hace poco, Victoria Beckham —antes una *spice girl* y ahora diseñadora de moda— confesó al periódico *New York Times* que no sonreía en las fotografías por lo que, dice, era definitivamente un signo de inseguridad. Hoy, aunque su gesto todavía resulta ser un fantasma de sonrisa, ya el diario afirma que esta gran celebridad "se está suavizando". ¿Y qué me dices de hablar con alguien que te mira a los ojos? ¿Verdad que sientes que te está escuchando con atención?

Hay otras cosas que comunica el cuerpo, como el aspecto saludable: cuando la piel se ve jugosa, el pelo espeso y brillante o los músculos firmes. Sin embargo, hemos subestimado la posibilidad de que el cuerpo influya en lo que sentimos. William James, a quien se le conoce como el padre de la psicología estadounidense, asegura que uno no canta porque está feliz, sino que se siente feliz porque canta. Esta idea rompedora significa que el cuerpo causa emociones y eso puede suceder simplemente propiciándolo. Es decir, puedes entrenar a tu cuerpo para que sea feliz al cantar o que se sienta poderoso al expandir tus extremidades. Según las investigaciones, lo mismo ocurre si las expresiones de tu rostro son de placer o alegría, pues terminan suscitando estas emociones en tu mente.

Regla 2

Preséntate como alguien que merece estar, siempre y en todo lugar

"Convencemos por nuestra presencia".

WALT WHITMAN

"En ocasiones, me inhibe el hecho de no tener tantas cualidades maravillosas, como muchas mujeres de las que me he rodeado últimamente: la feminidad, la confianza e incluso su desarrollo laboral e intelectual", dice la masajista Liliana Calva. "Eso me hace pensar que quizá no debería ser considerada para compartir con ellas porque pienso: '¿Qué podría aportarles yo?'". La empresaria y *marketera* Susana San Román revela cómo anula esa incómoda sensación de no merecer estar presente: "¿Cómo superarla? Tratando de recordar por qué me invitaron y que lo que vale es lo que soy y lo que sé". Y así lo vive la directora comercial de una casa productora de eventos y fábrica de mobiliario, Lú Vallejo: "Si no me consideran, me siento completamente triste, con una desolación en mi pecho. Y me pregunto: '¿Por qué no me incluyeron en la junta? ¿Qué no soy importante? ¿Mi opinión no importa? ¿Acaso mis ideas no pueden ser tomadas en cuenta?'. Entonces convierto esta tristeza en frustración o enojo, y como tengo un cargo importante dentro de la empresa, puedo reclamar en un tono fuerte al director general. Sin embargo, cuando veo esta situación desde afuera, me doy cuenta de que habla mi caprichosa niña interior. Aun así, cuando veo que no fui invitada a un cumpleaños de alguna conocida o a alguna reunión, me pregunto: '¿Qué tengo que hacer para poder volverme amiga de esa persona que estimo o qué me falta para poder pertenecer a ese grupo selecto?'. Y al final sí siento una desilusión".

Todo empieza por el principio: preséntate. Así de sencillo o de complicado, porque si no estás presente, nada bueno te puede pasar. Te guste o no, estar presente o estar ausente envía un mensaje a los demás. Según Amy Cuddy, "presencia es el estado de encontrarte en sintonía y ser capaz de expresar cómodamente tus verdaderos pensamientos, sentimientos, valores y potencial".

Seamos sinceras, no siempre es fácil dejar tu zona de confort y llegar a un ambiente en el que no eres conocida o lo eres, pero tienes que desplegar ciertas habilidades o encantos. ¿Se te antoja optar por una noche viendo una serie en la tele mientras comes tu helado favorito para evitar ese reto? Pues te invito a que, en lugar de eso, desempolves tu mejor atuendo y te des la oportunidad de abrir puertas y hacerte presente.

A lo largo de mi carrera he podido observar a ciertas mujeres que, con el pretexto de que su trabajo se hace a solas —como la contabilidad, por poner un ejemplo—, se vuelven casi invisibles. Procuran que su presencia sea tan sutil que rara vez las notas, y cuando lo haces, es porque coinciden en el elevador contigo, de otra manera, se esconden en su cubículo. Al pensar en eso, no puedo evitar recordar lo que sucedía en mis clases de actuación, en las que el maestro nos ponía a hacer una escena y le pedía a uno de nosotros que se hiciera invisible. La persona en cuestión, que algunas veces fui yo, tenía que estar a la mitad de la acción y bajar tanto su energía para que ninguno de los compañeros actores la notara e incluso los espectadores dejaran de percibirla. Esto significa que estamos hablando de energía pura.

Ante una situación así, lo que hay que evaluar es ¿cuál puede ser la ganancia de una mujer invisible en un entorno laboral? ¿Privacidad? ¿Tiempo de calidad para desarrollar sus tareas? Tal vez. De lo que no me queda ninguna duda es que, al desaparecer, te pierdes de muchas cosas, entre las cuales está la interacción social, que, con el tiempo, puede dar pie a construir amistades. Pero suponiendo que no te interesa tener más amigos, una pérdida evidente y determinante es que, cuando los directivos y jefes de proyectos no te ven, se olvidan de ti, con lo cual no sólo no te tomarán en cuenta para nuevas iniciativas laborales, sino tampoco para aumentarte el sueldo u ofrecerte un mejor puesto.

Atención, chicas que trabajan desde casa: por las mismas razones antes expuestas, es indispensable que, si tienen que elegir sólo un par de días para ir a la oficina, procuren que sean cuando estén ahí su jefa o jefe y los directivos, de manera que su trabajo sea considerado a través del impacto y efecto de su presencia, y que su interacción con ellos en ese espacio laboral propicie nuevas oportunidades para ustedes.

"Las personas se sienten mucho menos presentes cuando no son vistas", dijo la actriz Julianne Moore a Cuddy en una entrevista. "Es imposible estar presente cuando nadie te ve. Y se convierte en un proceso que se perpetúa a sí mismo porque, cuanto menos te reconoce la gente, más tiendes a pensar que no existes. No hay espacio para ti... En cambio, estás más presente cuanto más vista eres". Esto se complica cuando en tu mente vinculas tu valor personal con tus méritos laborales, como le sucedió a Fabiola Ortiz, emprendedora y madre de una niña. "Muchas veces creo que no me merezco estar incluida (en eventos y juntas de trabajo) porque llega el síndrome de la impostora y no me la creo, debido al cambio radical que viví los últimos dos años con mi divorcio, mientras abrazaba la maternidad, y además porque, tras el declive en las empresas de las que formaba parte, perdí credibilidad en la carrera que había construido".

Ahora, una vez que apuestas por hacerte presente, hay que considerar cómo lo haces. Esto requiere que prestes atención a lo que estás comunicando de ti misma. Por ejemplo, recuerdo a una colega que tenía una gran responsabilidad en los eventos que se hacían para los clientes de mi revista, pero su manera de hablar, sus ademanes, su actitud e incluso la elección de su ropa eran excesivamente infantiles, lo cual desataba dudas en el resto del equipo sobre su capacidad de ejecutar, a veces con mano dura, los pasos necesarios en la operación, tales como el manejo del presupuesto, la coordinación de proveedores y la difícil tarea de lidiar con los egos de muchos de nuestros clientes. También viene a mi mente, con dolor y compasión, una junta de trabajo en la que una compañera, sin advertirlo, bostezó sonoramente. A su favor, esta chica tenía una bebita recién nacida en casa y era obvio que no había dormido lo suficiente. No obstante, le llamaron la atención y fue una de las razones por las cuales no le dieron el ascenso por el que había trabajado durante muchos meses.

El punto es que no sólo notamos si te presentas, sino la manera en la que lo haces. Si bien eso se relaciona con las circunstancias en las que llegas —si eres puntual, el modo en que vistes, cómo vienes peinada, maquillada o tu postura corporal, por mencionar sólo algunas características que tienen que ver con la comunicación no verbal—, también resulta relevante tu actitud. Es decir, si sonríes o incluyes a las personas al mirarlas, si interactúas respetuosamente, si eres empática al interesarte por los demás o prestas ayuda a quien la necesita, pues todo eso creará una atmósfera cálida y favorable para el equipo. Entregarte a la experiencia al 100%, sin distraerte con el celular o al conversar con alguien mientras un colega hace una presentación, genera una energía positiva en cualquier ámbito. De hecho, Cuddy asegura que tu presencia es una fuente de seguridad con la que, al escuchar otras voces y transmitirles que están siendo escuchadas, les das reconocimiento y les contagias poder.

Lo importante es que la presencia tiene que ver con ser genuina, ser tú misma y reafirmarles a los demás quién eres, de manera que no se vale fingir o usar máscaras. "La presencia surge de creer y confiar en uno mismo: en sus sentimientos, valores y habilidades reales y honestos", escribe Cuddy. "Eso es importante, porque si no confías en ti misma, ¿cómo pueden los demás confiar en ti?". Por un lado, se trata de que estés completamente consciente de que estás ahí y, por el otro, de que no estés ensimismada, sino que te integres entregándote a la experiencia con total atención y corazón. "Cuando no te encuentras presente, la gente lo nota. Cuando lo estás, la gente responde", agrega la autora.

Regla 3

El tamaño y la forma sólo importan en los diamantes

"Siempre miramos al espejo afirmando: 'Esto está mal'. ¿Qué puedo hacer? ¡Ya sé qué puedo hacer! Voy a desperdiciar mi pasión, mi energía, mi curiosidad, mi dinero y mi propósito de vida preocupándome por mi cuerpo…".

EMMA THOMPSON

El tamaño del cuerpo es un tema que puede cambiar la vida de una niña, una adolescente y una mujer adulta. Las que son bajas de estatura, las demasiado altas, las *curvies*, las bustonas, las piernonas, las flaquísimas, las que no tienen cintura, las de pecho plano, las que carecen de glúteos, las que tienen mucho volumen en el trasero y las que tienen sobrepeso, por mencionar algunas, se han sentido avergonzadas de ese cuerpo en varios momentos de su vida, al grado de que quisieran esconderse bajo la ropa y tratan de evitar, a toda costa, salir en las fotos que con entusiasmo quieren subir sus amigas a las redes sociales.

Muchas personas prefieren un diamante grande y con determinada forma, cuando el verdadero valor de esa piedra es su brillo y pureza, tal como sucede con el cuerpo.

Todos esos comentarios juiciosos, imprudentes, irrespetuosos y hasta malintencionados que logran avergonzarte —aquello que en redes se conoce como *body shaming*— se han troquelado en tu memoria para hacerte sentir inadecuada, desagradable y hasta deforme. Lo curioso es que el foco de tu preocupación puede ser tan relevante como una discapacidad o tan íntimo como tu desaprobación hacia una parte de tu físico que quizá los demás ni notamos. Así lo comenta la empresaria Adriana Carranza: "Nunca me han gustado mis rodillas, así que trato de quitarles atención, por ello trabajo con prendas que me hacen sentir segura". O la diseñadora de moda y catedrática María Teresa Netza: "Anteriormente me afectaban mucho los comentarios sobre el color de mi piel, pero hoy ya aprendí a aceptarme".

"Mi peso me hace sentir insegura con mi cuerpo, vivo batallando con él, es algo que sólo una persona con sobrepeso puede entender. Estoy segura de que es una enfermedad emocional y trabajo para sanar esas heridas tan profundas. Creo que voy por buen camino, pero he necesitado de mucha introspección y apoyo externo para ir sanando. Ahora que he bajado de peso puedo comprar cosas que me gustan, ya no sólo las que me quedan; sin embargo, aun así sigo insegura con mi cuerpo", revela la diseñadora de joyería Pilar Arcila.

Así, la tendencia de mirarte frente al espejo y que tu mente haga un recuento de esas críticas, aunado a las miles de veces que te has comparado con las demás mujeres que te rodean o con las celebridades, aumenta los deseos de tener un físico diferente. A su vez, este círculo vicioso trae como consecuencia una distorsionada autopercepción. ¿Ahora te explicas por qué es tan difícil ver tu reflejo con amor? El tema es que ceder ante lo que te hizo sentir ese grupo de personas es entregarles tu poder.

Sea cual sea tu fisionomía, odiar tu cuerpo es repudiar algo importante de ti. Pero no te equivoques: eres mucho más que tu cuerpo, así que la relación que tienes con él debe transformarse en una historia de amor. Lo primero que debes considerar es que ese cuerpo es el único que tienes y será sólo por un tiempo limitado. Puede que tus piernas sean cortas y de muslos excesivamente prominentes, pero te sirven para caminar, ¿no? Ahora, imagínate que perdieras una de tus piernas, ¿dejarías de ser tú? ¡Claro que no! Seguramente la extrañarías y la apreciarías tanto que la querrías recuperar, aunque sólo fuera por su funcionalidad. Entonces pensarías que no es que tu cuerpo fuera defectuoso, simplemente tenía una forma única y original. Supongamos que tus dos piernas tuvieran una longitud distinta y caminaras cojeando, tendrías que valorar la libertad de movimiento que te dan. ¿Por qué, entonces, no apreciar unos senos pequeños que están sanos o una figura robusta si se mueve a un ritmo perfecto para bailar?

Hace cinco años, la diseñadora de joyería Carlota Frayle se sometió a una mastectomía radical por diagnóstico de cáncer de mama. La cirugía no salió como se esperaba por una mala praxis, lo que derivó en una segunda operación que, además, complicó el proceso de reconstrucción, el cual finalmente ella decidió no llevar a cabo. "La medicación postcáncer también ha tenido sus efectos en mi cuerpo. Los cambios después de la cirugía y del tratamiento han sido duros de aceptar y sobrellevar", afirma. "Darme cuenta de que no depende de mí verme como antes y, al mismo tiempo, ser feliz por cómo me veo ante el espejo ha sido muy complicado emocionalmente, pero, a base de mucho esfuerzo, lucha y lágrimas, voy avanzando en el camino". Ésa es la actitud sanadora para el cuerpo y el espíritu.

Aquí aplica esta premisa: si no puedes aceptar algo en tu vida, tienes que cambiarlo, y si no puedes cambiarlo, tienes que aceptarlo. Desde luego, esto involucra a tu cuerpo. Es momento de soñar con algo distinto de ser flaca, musculosa y deseada. ¡Basta de vivir para atraer a los demás! Debemos ser mujeres que antes de odiar o venerar nuestros cuerpos, los aceptemos y gocemos, sin importar el formato, el color y el tamaño. Militemos para que los cuerpos *curvies*, los delgados, los de baja o alta estatura, los maduros y los que muestran alguna discapacidad se vean, porque lo que no se ve, no existe, y menos aún se desea.

Hoy día, ya se han roto algunos tabúes, gracias a lo cual vemos en desfiles de moda a mujeres con vitiligo, de tallas grandes, en sillas de ruedas, de edad avanzada, con síndrome de Down y demás. Las redes nos han expuesto y sensibilizado para entender que la belleza se aprende, se nutre, se transforma y se honra desde el corazón.

Regla 4

Si no puedes cambiar algo físico, se vale enfatizarlo

"Un día decidí que era guapa y entonces llevé mi vida como si fuera una chica guapa. No tiene nada que ver con cómo te percibe el mundo. Lo que importa es lo que tú ves".

GABOUREY SIDIBE

"Durante muchos años sufrí por mi cara. Sentía que era demasiado tosca, ya que el parámetro que tengo es el de mi mamá: dulce y angelical, de tez blanca, ojos pequeños, cejas delgadas y bien definidas, nariz muy chica y respingada, boca y dientes pequeños proporcionales a su rostro", cuenta la empresaria Lú Vallejo. "En cambio, yo soy de tez morena, ojotes, labios gruesos bien definidos y dientes grandes acordes con mi cara. Mi nariz era un poco ancha de la parte de abajo y sentía que, si me la operaba, me iba a sentir más cómoda y segura. Y así fue, me hice la rinoplastia, algo muy discreto, y ahora vivo contenta con mi rostro en general: mis ojos de luneta y mi sonrisa de comercial de pasta dental. Con esa seguridad me veo muy diferente frente al espejo".

Desde la regla anterior quedó claro que se vale cambiar lo que puede modificarse y hay que aceptar y abrazar lo que quizá no es el físico que has idealizado, pero es el que tienes. Es un hecho que, además de ser saludable, hacer ejercicio de manera habitual formará masa muscular y que la apariencia de una dentadura puede mejorar impresionantemente con la nueva tecnología estética. Hemos visto a una persona reducir su tamaño a la mitad gracias a una operación gástrica o injertarse pelo en una cabeza con escasa cabellera. Mientras sea para sentirse mejor, podemos aplaudir estas transformaciones.

Ahora es momento de enfocarnos en qué hacer con lo que no puede transformarse o, incluso, con lo que podría modificarse, pero que merece la pena probar su valor. Pongamos como ejemplo a mujeres famosas con narices grandes: Sarah Jessica Parker, Barbra Streisand, Sofia Coppola, Lady Gaga, Anjelica Huston, Rossy de Palma y, mi actriz favorita, Meryl Streep. Todas ellas tienen los medios para reducirse y afinar, si fuera su propósito, la nariz. ¿Por qué crees que no lo hicieron? Porque eso que para otros puede ser un defecto, para ellas se convirtió en su sello personal y parte de su gran poder. De hecho, no creo que sean exitosas a pesar de su nariz, sino por ella. Por lo tanto, yo también intento predicar con el ejemplo: cuando era niña y adolescente tenía una nariz que la gente consideraba bonita. Todos en mi familia (en la que abundan las narices grandes y aguileñas) me decían que la mía era recta y del tamaño indicado. Pero, como es natural, no sólo pasaron los años, sino que también recibí uno que otro golpe y, finalmente, la genética hizo de las suyas: el caso es que hoy mi nariz está rota, es más grande que antes y muestra un ligero declive, así que, durante un tiempo, me desconocía ante mi reflejo o me sorprendía al verme tan diferente en las fotografías. Sin embargo, lejos de pensar en operarme, he decidido gustarme porque, aunque menos estética, esta nariz tiene historia y personalidad, y lo más importante: es tan mía como mi poder.

Lucía de Luna nació con un lado de la cara mucho más grande que el otro. Con el paso de los años la asimetría fue disminuyendo, pero las miradas y los comentarios indiscretos contribuyeron a que fuera una adolescente muy consciente de su físico, pues sentía que no tenía los estándares de belleza "normales" o los "esperados" para una joven. "Durante años tuve muy baja autoestima por mis inseguridades físicas. Sólo quería ser 'normal', y pensaba que no serlo me separaba de la gente, creía que no pertenecía al ambiente que me rodeaba, me sentía externa", asegura. "Más tarde, entendí que no era que me segregaran, por lo menos no tanto como yo creía, sino que ese sentimiento venía principalmente de mi interior y, más que un sentimiento, era una actitud".

Ella fue sometida a dos cirugías plásticas de reconstrucción. La primera resultó ser una decepción, pues creía que al salir del quirófano iba a ser "normal". Para su sorpresa, seguía siendo la misma de siempre. "Ahí entendí que, si quería un cambio, tendría que venir desde mi interior, de la raíz", afirma. Hubo una segunda cirugía por razones médicas y, a partir de la enseñanza de la primera, se permitió enfrentarla "no sólo con más madurez, sino con los pies en la tierra, sin esperar que el bisturí fuera a perfilar mi personalidad, mi identidad o mi esencia".

Así fue como sus diferencias físicas —respecto a los estándares que la sociedad aprueba— pusieron en evidencia su miedo a ser diferente, a ser quien es. "Eso pasaba antes de hacer un duro trabajo de introspección para descubrir quién es Lucía. Una vez que trabajé en mí, y después de aceptar y abrazar a quien Dios hizo en mí, es decir, mi esencia, me sentí con mucha más libertad y confianza de mostrarme como soy, más ligera", agrega. "El cambio interior se hizo notar en el exterior. La gente comenzó a decirme que me veía bien, muy feliz. Empecé a vestirme con más confianza, sacándole partido a mi figura". El trabajo, como bien dice Lucía, se hace de adentro hacia afuera cuando descubres que la verdadera fuente de poder se construye con tus propios valores y no con los de los demás.

"Por décadas, todo de mi físico me hacía sentir insegura, incluso a veces hubiera deseado ser invisible. Sin embargo, con los años, me he reconciliado con mi presencia a través de conectar con la voz y vulnerabilidad interior", afirma la diseñadora gráfica Marcela Morales. "Esta introspección ha logrado que mis raíces emocionales crezcan y se arraiguen, de tal manera que ya no presto atención a la estética social".

¿Acaso no odias los estereotipos? Hoy se vale que los hombres se maquillen, que las mujeres maduras lleven la cabellera tan larga y blanca como les dé la gana. Lejos han quedado aquellos años en los que el color de la piel era un obstáculo para triunfar. Ahora podemos gozar de ver a Rihanna como la nueva cara del perfume J´Adore, en sustitución de la actriz rubia Charlize Theron, y a la cantante Yseult llevando una versión de Maria Grazia Chiuri del icónico *outfit* del New Look de la marca Dior. Ella portó una chaqueta con una falda plisada de seda, elaboradas en el *atelier* de alta costura especialmente para sus curvas. La gimnasta mexicana Alexa Citlali Moreno Medina no sólo rompió los esquemas al haber llevado a México hasta las olimpiadas y haber ganado medallas en la Copa del Mundo, sino que lo ha hecho con un cuerpo robusto que no se parece en nada al de las gimnastas de la época de Nadia Comaneci. Así, es hora de que te preguntes: ¿por qué has puesto freno de mano para disfrutar de quien eres?

Regla 5

Deja de cumplir años y empieza a cumplir sueños

"Soy joven y atemporal a cualquier edad".

JENNIFER LOPEZ

Coco Chanel decía: "La naturaleza te da la cara que tienes a los veinte; a ti te corresponde hacer méritos para la cara que tienes a los cincuenta". Sin embargo, lo que debemos cuidar es no exagerar para que no nos veamos inexpresivas, evitar cambiar nuestro físico a un grado que quedemos irreconocibles o que tengamos tantas cirugías e inyecciones que terminemos luciendo como Frankenstein. No nos hagamos tontas: nadie quiere ver a una mujer de cara planchada que hable o camine como viejita. Porque debes saber que la juventud viene del espíritu y no del presupuesto que gastas en tu físico. Ser saludable, dormir bien, usar buenos tratamientos de belleza, una buena dosis de protección solar y la autoaceptación hacen más que los cientos de rellenos que puede ofrecer un médico dedicado al rejuvenecimiento.

Hoy tenemos que preparar a las mujeres para la menopausia, porque es una etapa llena de vergüenza y silencio, cuando hay muchas maneras de afrontarla. La primera es hablar del tema abiertamente, como cuando nos hicimos señoritas, mamás o mujeres con la capacidad de decidir con quién tener sexo. La segunda, con el remplazo de hormonas bioidénticas, que regresan la profundidad al dormir, la concentración, la valentía, la confianza en una misma, la libido, la energía, la estabilidad emocional y la capacidad de generar o conservar la masa muscular. La tercera, y no menos importante, es saber que esa etapa no es el principio del fin, sino simplemente un nuevo comienzo.

En cuanto a la edad y el amor, yo tenía más de un prejuicio. Siempre he sido una romántica, aunque por mucho tiempo le di prioridad a la maternidad y a mi trabajo, pero llegó el momento en que me quedé sin empleo y con el nido vacío, así que decidí que era la oportunidad de retornar a mi corazón. El asunto es que ahora la mayor parte de las parejas se conoce por aplicaciones y a mí me parecía que eso era un recurso de desesperados. Afortunadamente, un amigo me preguntó: "¿Cuál es tu preocupación sobre esas aplicaciones?". Yo le respondí que sentía que podía avergonzarme si alguien conocido me descubría ahí. Mi amigo me aseguró que cualquiera que estuviera viendo mi foto lo haría con mi misma intención: encontrar un compañero sentimental. No fue fácil, pero me sacudí las telarañas propias de mi educación tradicional y descubrí a algunas personas maravillosas que compartían el sueño de enamorarse.

Pilar Pérez Manrique asegura que se acaba de llevar una gran sorpresa con su mamá, que tiene 74 años. "Actualmente está saliendo con un señor de 77 que conoció en Facebook Parejas. Esto me ha hecho sonreír y creer que el amor y la necesidad de tener un compañero en la vida existen a cualquier edad", dice esta organizadora de eventos, experta en *marketing* y comunicación. "En Europa es muy común encontrar una relación estable y definitiva en la segunda vuelta, es decir, después de un divorcio", comenta la diseñadora Pilar Arcila. "A varias personas les ha ido mucho mejor en segundas nupcias. Es el caso de mi suegra: al enviudar, alrededor de los 60 años, encontró un hombre con quien está feliz y tiene muchas cosas más afines que las que tenía con mi suegro".

Total, hace mucho tiempo que afirmamos que los 40 son los nuevos 30; los 50, los nuevos 40, y así sucesivamente. Pero hasta esa expresión ha caducado porque hablar de edad "sólo es relevante para los quesos y los vinos", como dice la productora y creadora de contenido Ana Checa.

A nosotras que nos celebren nuestro espíritu: ése que nos hace querer comernos el mundo hasta el último bocado sin importar el año en el que nacimos. Ése que, estemos en la década que sea, provoca que se sigan abriendo puertas para que empecemos de cero, concretemos proyectos, nos reinventemos en pleno nido vacío, creemos un perfil en una aplicación para buscar pareja, comencemos a escribir nuestra primera novela o adoptemos a un perrito callejero sin sentir jamás que tenemos fecha de caducidad. "La mujer tiene la edad que merece", ya decía la siempre astuta Chanel. "Puedes ser guapísima a los 30, encantadora a los 40 e irresistible el resto de tu vida", agregaba.

Regla 6

El nuevo lujo es habitarte

"El mayor lujo es la libertad".

MANOLO BLAHNIK

En esos meses intensos y solitarios que llegaron a mi vida con la pandemia, escribí mi libro *El poder de reinventarte*, quizá mi obra más vulnerable y personal. Hablando de él, se me ocurrió una analogía que me hubiera encantado incluir en ese texto y que realmente ejemplifica lo que me pasó. Imagínate que eres una alcachofa y que cada una de tus hojitas significa un mérito o algo que te ha costado esfuerzo y te hace sentir orgullosa. Seguramente tienes un frente lleno de hojas saludables, fuertes y muy verdes, que todos admiramos y aplaudimos. Así me sentía yo: segura de mis logros. Pero llegó la pandemia con su zozobra y, en marzo de 2020, el confinamiento. Un par de meses después perdí mi trabajo y ese verano mi hijo se fue a vivir con su papá al extranjero, dejando mi nido vacío.

Yo no estaba consciente, pero las hojitas que representaban mi trabajo y encarnaban mi maternidad eran tan relevantes que, al quitármelas, me deshojé por completo. Me vi sola en casa y pensé: "¿Quién soy yo sin mi hijo y mi trabajo? ¿Quién vive en ese corazón de alcachofa que quedó desnudo de méritos y labores? ¿Qué quiere esa mujer? ¿Por qué no me he habitado?". Mi respuesta inmediata fue que fui educada para hacer dentro de una familia de hermanos tan talentosos como exitosos, de modo que lo que importaba era tu obra, no tanto tu ser. Así que inicié de nuevo una relación conmigo y me fui conociendo mientras escribía el libro. Lo que descubrí allí fue a una mujer que había sido opacada con tal de ganar pertenencia y valor ante los demás. No fue fácil ni agradable reconocerlo, pero tuve que volver a enamorarme de mí misma, y para ello fue necesario modificar algunas cosas fundamentales en mi vida. La más importante: hacerme la promesa de llegar a mi lecho de muerte orgullosa de quien soy.

"La palabra *integridad* (que viene de 'entero') significa 'totalidad'. Vivir en integridad implica expresar y hacer lo que es verdadero para ti en todas las situaciones. Si te alejas de tu verdad de cualquier manera —ofrecer una sonrisa falsa, adular a tu horrible jefe o jefa, casarte por dinero—, te conviertes en dos personas: la que conoce la verdad y la que actúa la mentira. Eso es duplicidad. Y la duplicidad, no el incumplimiento social, es el verdadero enemigo de la alegría", asegura Martha Beck, autora del libro *El poder de la integridad*.

¿Quién es la persona que habitas? ¿Qué quiere? ¿Por qué ha comprometido sus verdaderos deseos y principios para adaptarse a los ajenos? ¿Podrás enfrentar los últimos minutos de tu vida sin arrepentirte por no haber sido más auténtica? ¿Desde cuándo la felicidad de los demás es la tuya? Grandes cuestionamientos resultan del hecho de querer ser buena, perfecta, aceptada, amada y aplaudida. Pero el sacrificio es monumental y la paga, siempre escasa.

Wendy Crespi, consultora en imagen estratégica y comunicación auténtica, reflexiona: "Creo que la visibilidad me ha quitado mucho tiempo y dinero. Los aplausos muchas veces vienen sin remuneración económica. Hay que aprender a capitalizarlos. Es muy *sexy* ser 'popular', pero detrás de los aplausos muchas veces encontramos a personas solas. Yo soy de la idea de conectar con los demás a niveles más profundos".

Habitarte también significa cuidar ese cuerpo en el que vives: alimentarlo, darle descanso, limpiarlo por dentro y por fuera, así como honrarlo por su fragilidad y su fortaleza. Tu cuerpo no es una coraza, sino un organismo perfecto que respira, palpita, sueña, siente, recuerda y crea. Podemos enfermarlo o sanarlo, amarlo o despreciarlo, ignorarlo o venerarlo, lo que haces con él es completamente tu responsabilidad.

"A nivel psicológico, siempre me ha ayudado pensar que nadie es perfecto y que, así como nacemos con cosas que no nos gustan, también tenemos las que nos agradan y hay que enfocarse en ellas y sentirnos afortunadas de tenerlas, procurando contrarrestar las supuestas 'debilidades' con los atributos", confiesa la periodista Úrsula Carranza.

"Durante varios años acepté trabajos con muy poca paga porque me compré la historia que muchos me decían: 'Da gracias por el trabajo y el sueldo porque nadie te va a querer pagar más, eso es lo que vales' o 'No importa si no lo cobras o lo cobras mal, tu ganancia está en la experiencia que vas a obtener'. Me costó salir de esa mentalidad, pero poco a poco he encontrado mi propio valor y he aprendido a darle sentido a mi trabajo", reitera la arquitecta e interiorista Ximena Díaz.

Somos lo que comemos, somos lo que pensamos y yo agregaría que cada una es lo que ha creado de sí misma. No es tarde para cambiar y apostar por ti, por tu salud, tu bienestar y tu paz mental. Dirige tu atención a la única persona con la que vivirás el resto de tu vida. Trabaja para ella, disfruta con ella, toma decisiones para beneficiarla.

Todavía hay quien cree que el lujo es lo escaso, lo exclusivo, lo caro o lo difícil; sin embargo, el verdadero lujo no implica un gasto; más bien, requiere una inversión. Se trata de capitalizar lo que te hace única, irrepetible y original.

Color y calor humano

Ágatha Ruiz de la Prada

¿Quién no conoce a Ágatha Ruiz de la Prada? ¡Si está en todos lados! En tu maleta, en tu mesa, en las toallas de tu baño, en la ropita de bebé, en el recipiente de aceite... Esta mujer se ha apropiado del mundo con su arcoíris de alegría. Así que, obviamente, yo sabía de ella y tenía muy presente su trayectoria. Por eso, la reconocí de inmediato cuando estábamos esperando a que comenzara un desfile de Carolina Herrera, en Nueva York, durante el cual yo estaba metida en un aprieto gordo: mi jefa en ese entonces nos había advertido que, si no nos daban primera fila por ser directoras editoriales de Condé Nast en México y Latinoamérica, nos retiráramos enseguida del *venue*.

Como la educación que había recibido de mis padres era absolutamente contraria a ese mandato y la publirrelacionista de la marca era adorable, no sabía cómo proceder. Fui con Marimar (la PR de la empresa que me había invitado al desfile) a hablarle de mi predicamento y las dos estábamos tratando de encontrar una solución que no acabara en un problema para ella con Condé Nast o para mí con mi jefa. En eso estábamos cuando Ágatha, quien estaba sentada enfrente de nosotras, se levantó y me ofreció su lugar diciendo: "Siéntate aquí, que yo me muevo a la segunda fila donde estás asignada". Hubiera sido imposible que yo le permitiera semejante sacrificio, pero terminé disfrutando del desfile junto a ella, pues su hija Cósima se sentó en mi lugar y me quedó claro que ese corazón tan característico de Ágatha es tan real como su éxito.

La diseñadora es marquesa de Castelldosríus, baronesa de Santa Pau y grande de España no porque le cayeran del cielo esos títulos, sino porque luchó para adjudicárselos, pues se los querían arrebatar sólo por ser mujer. De hecho, otras mujeres de la nobleza tienen mucho que agradecerle, ya que hasta hace poco eran exclusivamente para los hombres, hecho que cambió Ágatha.

Sin embargo, ella no sólo ha defendido su derecho a heredar esos títulos, sino también su propia visión, que une el mundo de la moda con el del arte. "Cuando empecé, hacía unos trajes muy escandalosos: con ruedas, aros y michelines. Entonces, todo el mundo pensaba que estaba loca y que mi ropa nunca se iba a vender. Había leído críticas horribles, los periodistas decían que eso no era moda y que había que ir vestidos de negro; me trataban casi como si fuera un payaso. Y yo, ante eso, seguí por mi camino, pues cuando lo tengo claro, soy muy decidida. No importó lo que me dijeran... y así, metida en mi mundo, pasó una cosa mágica. Cuando la gente veía colores decían: 'Mira, como Ágatha', 'Eso debe ser de Ágatha' o 'Esa mujer está *agathizada*'. Imagínate que el color se convierta en tu sello simplemente porque has aguantado el tirón y has creído en ti".

La empresaria reconoce que su manejo del color ha sido una forma de huir de la tristeza y la depresión. Además, es una ecologista nata y ama la ropa viejita y cómoda. "Lo bueno de mis diseños es que, como no van con las tendencias, los puedes usar por décadas y siempre lucen bien. Yo digo que la ropa es como un amigo: la que más me gusta, la lavo y me la pongo. En cambio, a veces te compras un traje y no te lo pones nunca o lo usas una vez. Ese traje no es tu amigo, en el fondo fue un fracasillo", asegura la también autora de tres libros. Al escuchar esa analogía, no puedo más que preguntarle cómo piensa seguir con el negocio, si nos incita a usar la ropa que ya tenemos. Responde con firmeza: "Del negocio, lo que más me importa es no perder".

Que no esté interesada en robustecer su cuenta de banco es una cosa, pero Ágatha sabe vivir bien. Primero que nada porque, para ella, sus amigas son el mayor lujo de la vida. "Cuando estás mal, quienes te ayudan de verdad son tus amigas. Entonces, cuando estás bien, tienes que procurar nunca olvidarte de ellas", comenta. En segundo lugar, porque ha sido visionaria al invertir en casas en ciudades clave para continuar expandiendo su negocio y nutriéndose culturalmente. Una de ellas resultó ser importantísima durante la pandemia. "Para mí, fue un momento de gran creatividad. Cuando peor estaba la cosa, me puse a dibujar. Y luego volví a Madrid y el no salir de allí fue como retornar a mis inicios: ir al estudio, al taller y tener una vida mucho más creativa. La pandemia fue un golpetazo, pero me saqué un nuevo novio y resultó una época de enorme felicidad y paz". Esto es lo que yo llamo reinventarse y, desde luego, ésa no fue su primera vez.

A sus 23 años, Ágatha cayó en bancarrota. "Fue un disgustazo económico que me vino muy bien. Aprendí a no deber dinero y a no pedir créditos. En esa época vendía a 300 tiendas en España, pero no me pagaba nadie". Después vino su divorcio del periodista Pedro Ramírez, tras una unión que duró 30 años y varias infidelidades. "Para mí fue un *shock*: un día se levantó y me pidió separarnos. Era un sábado por la mañana, yo tenía un plan esa tarde y lo hice. Otra persona hubiera dicho: 'Ay, Dios mío, qué tragedia, me quedo en la cama'. El lunes tenía trabajo y me fui al estudio; estaba muy bajita de moral, como al 3%, pero dije: 'Bueno, pues hoy estoy a tres y mañana estaré a cuatro'", reconoce la diseñadora. "Yo no me hubiera divorciado, aunque todo el mundo me dice que reviví al hacerlo... Es que estaba un poco más vieja, pues ya me había hecho a la idea de que los señores son muy pesados y aburridos. A esas alturas yo quería tener un nieto, pero me puse a buscar un novio y desde entonces he tenido algunos cuantos".

Será porque siempre hubo, pero Ágatha no tiene apego al dinero. "Amancio Ortega (dueño de Grupo Inditex) es tan rico que tiene miedo de la gente. Yo me voy al teatro, al cine y voy por la calle. Él no se atreve porque es tan rico que le da miedo que le pidan cosas. Yo he desasociado el dinero y el trabajo. A lo largo de mi vida he trabajado muchísimo y no he ganado nada, y a veces he trabajado muy poco y he ganado mucho".

"Tener propósito siempre ha sido una suerte. Porque, por ejemplo, mi hija Cósima es más guapa, más lista, más inteligente y muchísimo mejor que yo, pero no le ve el propósito a las cosas y yo le encuentro el propósito a todo". Gran parte de su secreto para vivir gozando es que ama lo que hace y, por lo tanto, jamás siente el peso del trabajo. De ahí que la diseñadora tenga en sus planes próximos abrir las puertas de un mundo que ofrezca una experiencia única al recibir a la clientela en su taller, tienda y estudio. "Me voy a ir a vivir al lado de ese lugar porque me apetece pasar más tiempo que nunca en la tienda. Hay que hacer mucho de lo bueno, y como a mí me gusta tanto trabajar, pues quiero hacerlo más".

Estilo *poderoso*

Capítulo II

Regla 7

Tu capital de estilo: inversión que asegura ganancias

"Cuando te sientes bien vistiendo, todo puede suceder. La ropa buena es un pasaporte hacia la felicidad".

YVES SAINT LAURENT

Imagina que has estado deseando invertir tu dinero para sentir que ahorras y que, al mismo tiempo, ganas intereses. Así que ves tus opciones y decides dividir tu capital en tres o cuatro diferentes empresas cuyo valor financiero dé un gran rendimiento. Pones 40% de tu capital en la empresa más segura; el otro 40% en inversiones que ofrezcan un poco más de ganancias, a pesar de que conlleven un mayor riesgo; y, por último, designas el 20% restante en una nueva oferta, en la que puedes obtener mejores ganancias, pero donde, por ser una empresa nueva, existe la posibilidad de perder ese dinero.

Bueno, pues este mismo proceso implica invertir en tu guardarropa. El 40% que designas a lo seguro debes destinarlo a prendas y accesorios básicos de buena calidad. El otro 40% debes usarlo para piezas o íconos de poder, como unos zapatos de diseñador, un bolso poderoso, un reloj de buena marca y tesoros por el estilo, y para complementos como abrigos, impermeables, botas para la nieve y ese tipo de prendas y accesorios que no sueles comprar a menudo, pero que deben durarte mucho, ser de buen material y tener siluetas atemporales. El 20% restante será para prendas distintivas, las cuales, por su silueta, colorido y estampado, responden a las tendencias de moda, por ejemplo, las prendas de conversación, que son protagónicas y absolutamente memorables. Es decir, el 80% de tu inversión debe ir a la segura y con ganancias garantizadas, mientras que el 20% irá a lo arriesgado, divertido y estimulante para darle mucha personalidad a tu manera de vestir. ¿Por qué son piezas riesgosas? Porque no son fáciles de combinar, ya que tienen elementos muy particulares y, al ser tan reconocibles, su uso no será tan continuo. De hecho, son las primeras piezas en desecharse del guardarropa cuando llega una nueva temporada, de ahí que su inversión deba ser baja. Su riesgo radica en que sepas sacarles provecho; si lo haces bien, te darán estupendos rendimientos.

Ahora imagina que tienes dominado el arte de vestir, pues al hacerlo no sólo te favoreces, sino que sientes que tu ropa presenta tu mejor imagen, expresas tu personalidad a través de tus *outfits* y tienes ese toque mágico que es único y poderoso. Bueno, pues eso es lo que llamaremos capital de estilo.

"Muchas veces no vemos nuestros clósets como un lugar de creatividad y expresión, como deberían ser. En su lugar, nuestro guardarropa está rodeado de bruma con vergüenza y preocupación", dice la *fashion stylist* Allison Bornstein, autora del libro *Wear it Well* (Úsalo bien). "¿Sabes cómo se siente cuando llevas puesto un gran atuendo? No tiene que ser nuevo; no tiene que ser elegante. Es sólo un *outfit* que sabes que se te ve bien".

Bornstein sugiere que, cuando te enfrentes a tu clóset, distingas las prendas y accesorios que usas más, a los que ella llama "los regulares". Después identifica los que jamás usas y que llama "los nuncas": son aquellos que, obviamente, hay que sacar de ahí, porque sólo ocupan espacio y hacen que sientas que en tu guardarropa no hay nada que ponerte. Hay otros que debes separar porque te gustan y no quisieras deshacerte de ellos, pero no sabes cómo coordinarlos. Y, por último, mi sugerencia es que tengas en gran consideración aquellos que te hacen sentir fantástica, ya sea porque te quedan preciosos, porque llaman la atención o porque te inyectan poder. "Cuando tu clóset está lleno de cosas que realmente amas ponerte, piezas que te quedan bien con tu talla actual, te muestras que eres merecedora", dice la *stylist*.

"Cuando la vida te da una sacudida y te pone en un lugar diferente al que estabas acostumbrada, dudas de muchas cosas, y te da miedo estar en lo desconocido, por lo tanto, te baja la autoestima y ves una realidad frente al espejo creada por tus propios miedos, que le da cabida a las inseguridades", asegura la emprendedora Fabiola Ortiz. Esto es cierto, porque sentirte bien al vestir no sólo depende de haber hecho las paces con tu físico, sino también estar en un lugar luminoso en donde estés dispuesta a vestir con seguridad, tengas ganas de lucir el cuerpo que tienes y de gozar experimentando.

"El capital de estilo se desarrolla con el tiempo, con habilidades, con conocimiento, con actitud, con ganas de salir adelante, porque cuando una crea un estilo propio te brinda una presencia, contiene la esencia de lo que realmente eres tú", dice Yolanda Sánchez, diseñadora de moda y fundadora de una universidad. "¿Cómo forjar tu capital de estilo? Con presencia, mostrándolo diario; no lucirlo un día y luego dejarlo, porque la gente te empieza a ubicar, a reconocer y apuesta por ti cuando ven que tienes un estilo propio, bien definido, que va de acuerdo con tus proporciones. Si rompes reglas y tienes un estilo que te beneficie, que te identifique, lo capitalizas". Yolanda asegura que muchos lo han logrado en las redes sociales, donde los estilos son el contenido número uno. "Eso se consigue si eres única y tienes esencia", confirma.

Para forjar tu estilo único y poderoso, necesitas estos requisitos:

- **Autoaceptación:** haber hecho las paces y abrazado tu cuerpo, así como tu talla actual, para honrarte al vestir con amor y creatividad.
- **Identidad:** tu estilo se distingue por tus gustos particulares: si prefieres cierta gama de colores y demás peculiaridades, como los detalles contantes que hacen que todos sepamos sobre ti, por ejemplo, que siempre lleves varias cruces como accesorios. El objetivo es lograr que todos ubiquemos algunas cosas como muy tuyas, porque te has apropiado de ellas y las luces con poder.
- **Autenticidad:** que no le copies a nadie, porque tú tienes tu estilo absolutamente personalizado. Y, claro, que no lleves nada pirata.
- **Consistencia:** si has decidido que lo tuyo es utilizar tenis siempre, haz de ellos tu marca de identidad y sé consistente con su uso. Eso significa que debes invertir en ellos para mostrar tu sello divertido y versátil.
- **Dinamismo:** ¡sorpréndenos! No te instales en una misma silueta ni te cases con cierta marca. Gran parte del buen estilo consiste en usar prendas económicas, de diseñador, *vintage* y de alta costura en un solo *outfit*.
- **Impacto:** queremos verte siempre y en todo lugar partiendo plaza, sintiéndote merecedora de nuestras miradas y muy segura de que son para ti.

Una vez que te sientas segura de tu estilo, vas a capitalizarlo. ¿Cómo? Utilizando ese superpoder para conseguir mejores oportunidades de trabajo, para introducirte en ámbitos que te abrirán las puertas gracias a tu seguridad e imagen, aspirar a relacionarte con quien tú quieras e incluso ganar la confianza y, en muchos casos, un mayor ingreso proveniente de las personas que te admiren.

En varios de mis libros anteriores he profundizado en el poder de la ropa, de la belleza y del estilo, por lo que te invito a que los revises si quieres más información y material para inspirarte. Hoy basta con decir que existen muchas maneras de utilizar la ropa para conseguir mejores condiciones laborales y sociales, además de ayudar a estilizar tu cuerpo. Sin embargo, aquí no vamos a concentrarnos en que te veas diferente, sino en que encuentres la forma de proyectar quién eres a través de tu capital de estilo. No se trata de que te vistas para verte flaca o alta, sino de que lo hagas para verte y sentirte fabulosa.

Regla 8

La prudencia nunca se equivoca

"Adornos, ¡qué ciencia! Belleza, ¡qué arma! Modestia, ¡qué elegancia!".

COCO CHANEL

La moda hoy, más que nunca, está hecha para experimentarla y gozarla. Por eso se han ampliado las opciones para elegir qué ponernos, y en este mar de posibilidades muchas mujeres se sienten perdidas. Anna Wintour, la mujer más poderosa e influyente en la moda internacional, quien ostenta el puesto de directora global de contenido de Condé Nast y la dirección editorial de *Vogue Estados Unidos*, dice que la moda impone demasiado y yo suscribo, porque he visto a muchas amigas y conocidas agonizar ante una decisión tan elemental como lo es qué ponerse para determinada ocasión o evento.

La mujer bien vestida es aquélla que sabe favorecer su cuerpo, que es coherente con su elección de prendas y accesorios respecto a quién es, su profesión y estilo de vida, así como a algo muy importante: si viste de acuerdo con el sitio adonde irá. En contraste, últimamente a las celebridades les ha dado por elegir vestidos tan transparentes que prácticamente van desnudas a eventos como la MET Gala. Sin duda, ellas han invertido tiempo, sudor y dinero para formar esos cuerpos esculturales, pero no es necesario verlas en ropa interior para apreciar su esfuerzo y belleza. Insinuar siempre es más poderoso que revelar en exceso. Las transparencias suelen ser enigmáticas y atractivas cuando la silueta se delinea, pero el nylon tipo media no luce fino ni mucho menos caro.

La doctora Beatriz Gutiérrez Müller, esposa del expresidente de México, Andrés Manuel López Obrador, propició comentarios negativos durante la visita oficial de los reyes de Suecia a México, pues se puso un tocado de flores en la cabeza. Ese *look* rápidamente inundó las redes, donde la comparaban con un personaje del popular programa de televisión *El Chavo del 8* llamado doña Clotilde, mejor conocida como la Bruja del 71. Imagínate si eso les pasa a estas mujeres con infinitos recursos económicos que tienen, además, innumerables posibilidades de ser asesoradas, ¿qué no sucederá con las mortales que nos enfrentamos con nuestro clóset a solas?

Las preguntas que debes contestar cuando estás tratando de elegir tu atuendo son ¿qué voy a hacer?, ¿a quién voy a ver? y ¿qué papel tengo en esta situación? Es decir, tienes que vestir estratégicamente: de forma apropiada, como una profesional si se trata de un evento de trabajo; confortable, como para que puedas moverte con elegancia; y, desde luego, que a través de tu atuendo se distinga tu poderosa personalidad.

Si vas a ir a un sitio en donde encontrarás a la crema y nata de la moda haciendo alarde de sus mejores prendas o luciendo atuendos exclusivos diseñados por las mejores marcas, ¿por qué elegirías ir sólo con una tanga puesta? Cuando se trata de recibir a alguien de la nobleza europea en el Palacio Nacional de tu país, como Beatriz, es recomendable evitar ponerte flores en la cabeza al estilo Frida Kahlo; en lugar de eso, debes vestir con la dignidad y sobriedad que requieren no sólo la ocasión y tu papel como anfitriona y esposa del presidente, sino la importancia de tus invitados.

¿Qué tan formal o casual necesitas vestir? Si te atormenta esta duda porque no conoces el lugar ni a las personas que estarán conviviendo contigo, lo mejor es que optes por un *outfit* en colores neutros y tendiendo a lo formal, sin que por eso sea de noche o *cocktail*. Los zapatos altos siempre son más poderosos, pero si tienes miedo de que no haya sillas suficientes para sentarte, elige un calzado elegante de tacón medio.

Lo mismo aplica para una entrevista de trabajo o una junta de trabajo. Si me has escuchado dar consejos al respecto, siempre sugiero que investigues un poco sobre la empresa que visitarás y, si es posible, a la o las personas que verás allí, para que te vistas lo más similar posible a éstas. Sin embargo, si no tienes la oportunidad de observarlos, escoge prendas básicas, de preferencia con cierta estructura, como un vestido de tela gruesa —al que los que nos dedicamos a la moda llamamos *power dress*—, un saco o un traje sastre, así como una combinación de prendas más casuales (si así lo amerita el tipo de empresa) en colores neutros, y procura que tus accesorios no hagan ruido mientras hablas, porque quieres asegurarte de que se escuchen tus palabras.

También hay situaciones sociales que permiten justo lo contrario, pues se trata de reuniones casuales o al aire libre. Para ello, necesitarás prendas cómodas y zapatos muy confortables. Un vestido tipo *boho-chic*, unos *jeans* con una camiseta linda o unos pantalones coordinados con una blusa que te quede fantástica serán una buena solución. Hoy sabemos que los tenis pueden acompañarte casi a todos lados; los *flats* o las sandalias de piso también funcionan para algo relajado.

Todas las prendas sugeridas aquí son clásicas y, por ello, también funcionales, atemporales y versátiles. Sin embargo, elijas lo que elijas, debe quedar algo muy claro: el propósito de tu *outfit* es que sea muy tú y, al mismo tiempo, vestir de acuerdo con cada ocasión. No se trata de que te veas como alguien más o te sientas como una extraña con tal de pertenecer a un grupo de personas, sino de simplificar tu atuendo con la fórmula invencible: menos es más.

Regla 9

Que la ropa te dé tu lugar

"La elegancia es buen gusto con una pizca de atrevimiento".

Carmel Snow

La ropa dice mucho de nosotras, pero pocas veces nos percatamos de que también nos da nuestro lugar. ¿Cómo es eso? Bueno, pues informa a las personas que nos rodean sobre el papel que jugamos en cierta circunstancia o evento. Por ejemplo, pensemos en una oficina en donde la CEO de la empresa no tiene un aspecto cuidado: llega a trabajar con unos pantalones demasiado ceñidos, una camisa arrugada, cara lavada y con la raíz del pelo tan crecida que es obvio que no se ha parado por el salón de belleza en varios meses. Para quienes trabajan bajo su mando puede ser desalentador ver a su líder desaliñada, porque su imagen expresa desorganización y falta de cuidado personal, lo que se traduce inmediatamente como falta de atención y de tiempo para el trabajo. Por ello, parte del puesto de poder implica que te vistas para representarlo, de manera que tanto el personal como los que lleguen a la empresa sean capaces de distinguir quién está a cargo no sólo del negocio, sino de su propia vida.

Ahora analicemos cuál sería la diferencia entre una mujer cuyo papel en un evento es el de anfitriona y el de otra que es la festejada. Puede que las dos personas tengan estos roles en el mismo evento. ¿Cómo podríamos reconocerlas si no hemos sido presentadas con ellas? Pues a través de su ropa. La anfitriona vestirá formal: si se trata de un evento de negocios, lucirá un atuendo muy ejecutivo y, aunque llevará zapatos de tacón, éstos serán lo suficientemente cómodos como para asegurarle movilidad e incluso velocidad, por si algo importante requiriese ser solucionado. La festejada, en cambio, se distinguirá del resto de los asistentes por su atuendo absolutamente llamativo y, ojo, con esto no quiero decir que tenga que ser un traje de luces o llevar plumas en la cabeza, pero su elección al vestir será imponente, contundente y memorable, de manera que a nadie le quede duda de que ella es el centro de esa celebración.

Otro ámbito que es necesario resaltar tiene que ver con presentarse como la experta en algún tema; puede que se trate de una entrevista en televisión que le van a hacer a esa persona o una conferencia que va a dar, por plantear dos posibilidades. No importa si el tópico que esa mujer domina y la hace ser líder de opinión es tan especializado como la medicina o tan llamativo como la moda: su atuendo tiene que transmitir su profesionalismo. Obviamente, una oncóloga y una editora de revista no vestirán de manera similar, pero ambas llevarán prendas que indican poder, como un vestido o un conjunto con tela estructurada, acompañado, si el clima lo permite, de un saco que le dé un aire de formalidad; eso sí, cada quien con su estilo y en concordancia con el tipo de trabajo.

Si, en cambio, se trata de una asistente VIP en un evento, esa mujer también tiene que esmerarse en confirmar su estatus de invitada especial con un *outfit* que demuestre dedicación y agradecimiento a sus anfitriones. Es decir, deberá lucir absolutamente cuidada de pies a cabeza para halagar a quienes hicieron esa distinción y así corresponder a ese trato especial.

Todas hemos escuchado aquella regla de etiqueta en las bodas que desaconseja llevar un vestido demasiado claro o blanco para evitar que la concurrencia pueda confundirnos con la novia. De hecho, se le adjudica a la reina Victoria el haber elegido el blanco como el color distintivo de la futura esposa y, a partir de entonces, incluso las damas de honor se vestían del mismo tono para distinguirse como parte del cortejo. Con el tiempo, a las damas se les asignaron ciertas siluetas, colores o tonalidades para que siguieran resaltando, pero sin competir con la figura principal en una boda. La novia conservó la tradición de un traje nupcial blanco o marfil, simbolizando algo que para nuestras mamás y abuelas era primordial: su pureza. Hoy en día, nos seguimos apegando a estas añejas reglas, seguramente porque son parte de nuestra cultura y romanticismo.

Queda claro, entonces, quién es la novia, pero ¿cómo reconocemos a la mamá y a la suegra de la novia? Lo primero es recordar otra regla de etiqueta aplicable para este tipo de ceremonias: la mamá y la suegra pueden vestir de cualquier color, menos de negro o blanco. De este último se entiende que ni por la cercanía con la futura esposa podrían permitirse competir con el atuendo nupcial. Por su parte, si llegaran de negro al templo o salón de fiestas se consideraría una mala señal, pues está relacionado con el luto. En suma, ambas mujeres pueden y deben capitalizar su relevante papel en este evento, mostrando la mejor versión de sí mismas a través de un atuendo espectacular aderezado con joyas, así como un peinado y un maquillaje exquisitos.

Ahora nos queda ser realistas y abordar un tema que más de una de nosotras ha vivido: celebrar nuestras segundas, terceras, cuartas y demás nupcias. Habrá alguna mujer que repita el mismo formato como si fuera la primera vez; después de todo, es la primera vez que se casa con ese novio (aunque sea su tercera boda), ¿cierto? Lo digo porque así lo hice yo: tras varios años de haber anulado mi primer matrimonio, me casé por la iglesia otra vez con traje blanco, velo y ramo. Sin embargo, existen personas más evolucionadas que elegirán otra opción, como dar el sí con un traje sastre de saco y pantalón, un vestido playero, un traje de noche espectacular en color claro, etcétera; el cielo es el límite. Sea cual sea el atuendo que la novia haya decidido llevar, tiene que distinguirse: esto implica que quizá les pida a los invitados vestir de cierto color, para que la futura esposa use uno completamente diferente y resalte, o tal vez agregue un guiño nupcial como una tiara, un velo, un sombrero o algo que la haga verse completamente original y protagónica. En conclusión, el lenguaje de la moda se pone a trabajar para presentarte como el personaje principal de tu propia historia.

Regla 10

Viste para el puesto que quieres, no para el que tienes

"Puedes tener lo que quieras de la vida si te vistes para ello".

EDITH HEAD

La credibilidad es uno de los beneficios que puede aportarte la ropa si la sabes usar correctamente. Dado que comunica quién eres y a qué te dedicas, resulta fascinante utilizar esa virtud para respaldarte y catapultarte hacia el destino meta que te has marcado.

"Cuando recién salí de la universidad y conseguí mi primer puesto en una empresa internacional de arquitectura, contrataron a un gran grupo de recién egresados y personas con poca experiencia. Desde el primer día intenté vestirme a la altura de la empresa e invertí mi pequeño sueldo de la mejor manera que pude: comprando ropa o accesorios que no me hicieran parecer una niña, sino alguien responsable y que reflejara mi gusto por el diseño en todos los sentidos", cuenta la arquitecta e interiorista Ximena Díaz. "En muchas ocasiones fui criticada y llamada pretenciosa, pero, al cabo de un año, mi estrategia dio resultado: fui ascendida a un puesto que en ese momento fue creado para mí y que no existía antes en la compañía; en cambio, el resto de mis compañeros se mantuvo en su misma posición. Fueron muchos factores los que me llevaron ahí, como mi esfuerzo y dedicación, pero, aun con eso, estoy segura de que, si no me hubiera vestido a la altura, no me hubieran dado un puesto que requería atender directamente a clientes, a los que inspiraba mucha confianza".

Otro ejemplo que me encanta es el de la emprendedora Fabiola Ortiz, quien ha sido presidenta nada menos que de la Asociación Mexicana de Mujeres Jefas de Empresa en Ciudad de México (AMMJE). Ella, como lo hizo Ximena, utilizó el valioso recurso de su imagen para que la consideraran responsable cuando visitaba a sus clientes. "Creía que no me tomaban en cuenta o me veían carente de experiencia, de modo que siempre intentaba verme más grande y con más seriedad, así fue como forjé una trayectoria, aunque sin sentirme del todo cómoda, porque intentaba aparentar ser madura para poder transmitir confianza". Su estrategia dio resultado y los negocios fueron caminando. Sin embargo, lo que es de llamar la atención es que, conforme fue construyendo su carrera, empezó a sentirse más segura y también libre de ser ella misma. El color favorito de Fabiola es el rosa, de manera que en cuanto sintió que su intelecto y capacidad habían quedado demostrados, se dio el lujo de tornar todo su guardarropa rosa y pintar su auto del mismo tono. A esto le llamo encontrar tu propio estilo.

La ropa mal llevada juega en tu contra cuando buscas conseguir determinado trabajo, los clientes idóneos o la muy importante sensación de pertenencia. "Sí, definitivamente, la primera impresión debe incluir un atuendo adecuado al objetivo", afirma la administradora Beatriz Gordoa. "La imagen es una herramienta que nos permite vender lo que sea: elegancia, compromiso, responsabilidad, libertad, diversión, etcétera".

Así se lo expliqué a mis equipos de trabajo, generalmente conformados por chicas recién egresadas de la universidad o con poca experiencia, pero con muchas ganas de destacar en las revistas femeninas. Fui testigo de cómo, una a una, iban construyendo una carrera a través de su imagen y de su actitud, pero sin duda progresaban con mayor velocidad aquellas que se vestían para el puesto que deseaban y no para el que tenían. No voy a negarte que más de una vez ascendieron internamente o la competencia fichó a la que ya vestía como editora, sin que por ello tuviera la suficiente experiencia como para mantenerse en el puesto. No cabe duda de que a veces una compra el libro por la portada y eso no hay que desdeñarlo.

Es una excelente idea que tu ropa diga cosas buenas de ti: que te conoces, te amas, tienes seguridad en ti misma y te ves capaz de desarrollarte en un mejor puesto del que tienes. Ayuda mucho que los médicos demuestren, a través de su imagen, su pulcritud; los artistas, su creatividad; y los maestros, su empatía, por poner algunos ejemplos, porque todos vamos a creer lo que tu imagen nos comunique. Así que manda mensajes claros, coherentes y funcionales.

Regla 11

Deja que tu ropa calle para que te escuchen

"El estilo es la manera de decir quién eres sin tener que hablar".

RACHEL ZOE

En mis libros *Imagen, actitud y poder* y *Estilo y poder*, exploro el tema de cómo vestir cuando vas a hablar en público sin importar si lo harás ante una gran audiencia, en una mesa durante la comida con tus clientes o con tu equipo de trabajo, pues la regla es la misma y es infalible.

Resulta que muchas personas se ponen un atuendo llamativo y favorecedor para lucir guapas, poderosas, como líderes en su ámbito, tratando de usar la vieja técnica de verse fabulosas y así ganar la competencia a la que juegan las mujeres comparándose entre sí. Pero, lejos de salir vencedoras al hacerlo, traicionan su labor profesional, los recursos invertidos en su presentación y su propio prestigio. ¿Por qué? Pues porque por muchos aplausos que se lleve su imagen personal, nadie habrá apreciado a cabalidad su desempeño como oradora. Lo sé porque a mí me ha pasado tanto del lado de la audiencia como sobre el escenario.

Me explico: a través de diversos experimentos se ha comprobado que la mejor manera de hacer una audición para intentar ser elegido como parte de una orquesta es que los jueces no te vean. Hacerlo a ciegas, así como lo lees. Esto se debe a que podrían distraerse con lo que observen y perder concentración sobre la forma en que los aspirantes tocan los instrumentos.

Lógicamente, tú no puedes dar una ponencia sin estar presente (aun si es a distancia y a través de un monitor). No obstante, es posible evitar que tu físico se convierta en el centro de atención y así lograr que la gente se concentre en tus palabras. ¿Cómo? Neutralizando tu *look*.

Durante mi investigación sobre este tópico, descubrí que muchos expertos afirman que las personas escuchamos con los ojos. Lo que esto quiere decir es que, aunque estemos intentando atender al contenido que nos comparte un orador, su ropa o arreglo personal pueden ser demasiado dominantes y distractores. Si tuvieras, por ejemplo, un vestido con estampado de flores y mariposas, unos aretes colgantes con cristales de colores, múltiples pulseras en un brazo y las uñas decoradas con *nail art*, lo más probable es que tu audiencia pase más tiempo divagando sobre si las flores de tu vestido son rosas o claveles, si las mariposas del estampado se ven exageradas, si tus aretes son de piedras semipreciosas o cristales y cuánto le habrá llevado a tu manicurista hacer semejante degradación en el tono de tus uñas. Además, el choque de tus pulseras producirá un sonido que distraerá a la gente. Es decir, los asistentes intentarán escucharte, pero te habrán analizado físicamente con tal detalle que no recordarán mucho de lo que dijiste.

En cambio, si eliges un arreglo personal sobrio y minimalista, lograrás el efecto contrario. Ropa de silueta simple, en colores lisos, accesorios sutiles y, muy importante, silenciosos.

Adicionalmente a lo que llevas puesto, vale la pena entender que de la cintura para arriba están tus herramientas más importantes de expresión: tus manos, tus brazos, tu torso, tu cuello, tu pelo y, desde luego, tu rostro. Procura que tu ropa o accesorios no sean intrusivos con ninguna de estas partes.

Deja de lado los puños elaborados, las mangas de pirata, los cuellos adornados y un peinado o un maquillaje exagerados. Todo tu arreglo personal y tu atuendo deben mantenerse del lado de la discreción y la elegancia, para que lo que digas adquiera relevancia.

Regla 12

Con dinero no se compra poder

"El dinero puede comprar muchas cosas, pero no puede comprar bienestar y no puede comprar estilo. La única manera de cultivar bienestar y estilo es tomarte tiempo para relacionarte contigo misma, notar las cosas que te producen un profundo gozo y rodearte de piezas que fundamentan la vida que quieres vivir".

ALLISON BORNSTEIN

Dicen que hay dos cosas imposibles de ocultar: el dinero y el amor. Agregaría una más: el mal gusto.

Empecemos por aclarar que tener estilo no necesariamente es tener un buen estilo. Es decir, el estilo es el hilo conductor que muestras cuando te vistes: si eres clásica, desde tu traje de baño hasta tu vestido de novia van a estar bajo esa categoría. Hay personas que están experimentando con diferentes estilos, pero cuyo hilo conductor es un cierto colorido, por ejemplo, o que siempre muestran preferencia por las prendas estructuradas, y así sucesivamente, de manera que puedes identificar que algo es muy Kim Kardashian o muy Kate Middleton.

El punto es que cuando el estilo no exalta la personalidad de su dueña, no le favorece, no tiene el *fit* indicado o carece de un hilo conductor al experimentarlo, éste termina trabajando en su contra.

La diseñadora venezolana que triunfó en Nueva York, Carolina Herrera, es una mujer cuyo exquisito estilo ha sido parte de su éxito, pues lo ha sabido plasmar en sus diferentes colecciones de moda. Una camisa blanca coordinada con una falda de satín de seda amplia y hasta el piso es un *look* tan Herrera como atemporal. Y, en más de una entrevista, hemos escuchado a la diseñadora hablar sobre esta regla de poder que asegura que el dinero no garantiza el estilo y mucho menos el buen gusto.

Un vestido elaborado con un *tape* amarillo que emula el que se utiliza para delimitar una zona peligrosa es experimentación, no buen gusto. La logomanía, por otro lado, tiene más que ver con las personas que necesitan validarse a través de la marca por la que pagaron muchos dólares o euros, por ello llevan de manera evidente el nombre del diseñador. Sin embargo, eso es característico de una principiante, quien sirve de publicidad viviente para la marca que está sacando provecho de sus ganas de encontrar un estilo.

El dinero, poco o mucho, no implica que conozcas bien tu cuerpo, sepas vestirlo o elegir los colores y siluetas que te inyectan poder. Eso, querida amiga, puedes hacerlo tú sola, y es gratis. Claro que puedes consultar libros, contratar a un *personal shopper* o a un asesor de imagen. Pero, créeme, puedes gastarte una pequeña fortuna en un nuevo guardarropa, pero si no te hace sentirte como la mejor versión de ti misma, habrás tirado el dinero a la basura.

Cuando trabajaba en Nueva York, Marieta, una de las chicas más jóvenes de mi equipo, vestía sensacional. Toda su ropa era de una marca económica. Ella me causaba tanta admiración que ganó mi curiosidad y fui a la tienda de moda *fast fashion* donde compraba, con la ilusión de descubrir piezas maravillosas. ¡Nada! No pude comprar ni un alfiler, para mí todo lucía barato y sin gracia.

Años después, en la revista *Glamour*, tuve un equipo de tres chicas jóvenes que estaban a cargo de la sección de moda. Cuando era el momento de hacer una portada o fotografías, ellas llenaban la sala de juntas con montañas de prendas y accesorios. Pasaban la tarde completa allí y, cuando terminaban de editar los *outfits*, me llamaban para mostrármelos, hacer las modificaciones necesarias y tener mi visto bueno. Era asombroso lo que ese trío de talentos lograba: cada combinación era original, innovadora y armónica. En conjunto con los otros atuendos, compartían un hilo conductor: magia pura. ¿Eran *looks* caros? Ciertamente usábamos marcas de alta moda, pero siempre combinadas con piezas de tiendas menos caras, en donde cualquiera de nosotras podía comprar.

Hay que capitalizar la ropa costosa, utilizándola mucho con otras piezas de alta gama, pero también con las económicas o básicas. El propósito de comprar algo con gran valor económico y emocional es que lo uses tanto como tu vida te lo permita y así te asegures de sacarle provecho.

Las prendas o piezas más asequibles no van a durar mucho en tu guardarropa, ya sea porque no tienen tanta calidad o porque no disfrutan de la misma estima que les guardas a aquellas que te ha costado mucho esfuerzo adquirir. Por eso, hay que combinarlas con las que consideras piezas poderosas y así agregarles impacto e importancia.

Por lo demás, el costo es irrelevante. Lo que importa, como has podido leer, es que te haga ver, sentir y proyectarte como poderosa. Bien lo dijo Iris Apfel: "No es lo que usas, sino cómo lo usas". Eso tiene más que ver con saber elegir lo que te representa que con tu cuenta bancaria. "El estilo es actitud, actitud y actitud", concluye Apfel.

Regla 13

Comprar, sólo porque está en barata, sale caro

"Las mujeres usualmente aman lo que compran, pero odian tres cuartos de lo que está en su clóset".

MIGNON MCLAUGHLIN

En su libro *El arte del shopping*, el periodista de moda y autor *bestseller* Antonio González de Cosío menciona algunos síntomas que no son sanos a la hora de comprar:

- Estado anímico bajo, lo cual significa "comprar para curar" la tristeza, la soledad, el enojo o la frustración.
- Una descarga de adrenalina que generalmente va seguida de un lapso de arrepentimiento y culpa cuando el efecto baja y te das cuenta de que gastaste demasiado, que lo que compraste no te gusta tanto o que ya tienes demasiada ropa.
- Si jamás usaste lo que adquiriste y luego lo encuentras en el armario sólo para descubrir que ni siquiera era de tu gusto.
- Cuando una compra pone en gran riesgo tu economía.

- En el momento en que tu decisión de compra te pone en una situación de crisis familiar.

Por ello, González de Cosío propone que, cuando vayas a comprar, lo hagas con las tres *c*:

- **Cabeza:** pensando, planeando y considerando si realmente necesitas o le vas a sacar provecho a lo que adquieras.
- **Corazón:** los latidos no estarán provocados por la adrenalina, sino porque verdaderamente te has enamorado de esa pieza y la vas a atesorar como una joya.
- **Cartera:** siempre y cuando cuentes con el dinero necesario para hacer esa inversión. Y, por favor, nota que hablo de una inversión y no de un gasto, pues la diferencia es que, cuando compras bien, capitalizas lo que adquieres como parte fundamental de tu estilo.

En contraste, no hay nada más caro que comprar por impulso o sólo porque hay barata. Es indudable que cuando has soñado con algo y te ha llevado mucho tiempo y esfuerzo comprarlo, lo valoras especialmente. Esto tiene un impacto en tu corazón, de manera que, cuando ya no usas la prenda o no te queda, te es imposible deshacerte de ella. En cambio, una pieza con gran descuento pierde valor afectivo y, mientras más barata te haya costado, más fácil será regalarla.

El secreto está en invertir y capitalizar. Si la ropa o accesorio no entra en esa virtuosa dinámica, es mejor que se quede en la tienda y te ahorres ese dinero para que, en su momento, puedas usarlo en una pieza que te vuelva loca de felicidad.

Regla 14

El divorcio le viene bien a la ropa

"La moda es como comer. No deberías pedir siempre el mismo menú".

Kenzo Takada

Últimamente adoro los vestidos porque, cuando no tengo mucho tiempo o mi imaginación está encauzada en otro lado, no requiero tomar muchas decisiones: una sola prenda basta, lo demás son complementos y accesorios.

Sin embargo, coordinar piezas separadas puede no sólo ser divertido, sino también muy creativo. El problema es que un gran porcentaje de las personas usa la misma combinación de prendas... siempre.

El remedio para este mal de la pereza frente al clóset consiste en divorciar todas las piezas: separa tus trajes sastre, las faldas y blusas con el mismo estampado, los *twinsets*; todo tiene que adquirir importancia singularmente. Para ello, lo mejor es distribuir tus prendas de la siguiente manera:

- **Por colores:** del tono más claro al más oscuro.
- **Por mangas:** blusas y vestidos sin manga primero, seguidos de los de manga corta, después los de manga tres cuartos y, por último, los de manga larga.
- **Por longitud:** *shorts*, bermudas, faldas pantalón, pantalones pescadores y pantalones largos.
- **Por silueta:** minifaldas, faldas lápiz, faldas en A, faldas sirena, faldas de tablas, faldas midi, faldas maxi y faldas largas.

- **Por formalidad:** de casual a elegante.
- **Por grosor:** en caso de los suéteres, sudaderas, impermeables, bufandas y abrigos.
- **Por tacón:** chanclas, sandalias de piso, *ballerinas*, *flats*, bostonianos/mocasines, tenis, zapatos de tacón medio, *stilettos*, botines, botas vaqueras, botas de caña media, botas de caña alta y botas hasta el muslo.
- **Por estructura:** bolsos pequeños suaves, bolsos medianos suaves, bolsos grandes suaves, bolsos pequeños estructurados, bolsos medianos estructurados, bolsos grandes estructurados, bolsos de noche, bolsos para computadora y bolsos de viaje.
- **Por ocasión:** vestidos para después de las 5 p. m., vestidos de *cocktail*, vestidos largos para playa, vestidos largos *boho-chic* y vestidos largos formales.

Acomodado así, tu guardarropa invita a ir de *shopping* a tu clóset y puedes darte el lujo de experimentar conformando tu *outfit* por colores, siluetas, ocasiones, climas o cualquier otro tema.

Ese divorcio entre las piezas también permitirá que uses el pantalón del traje sastre como una pieza separada y le saques más provecho a él y al saco, que de igual forma adquirirá otra vida al utilizarlo con prendas individuales.

Rompe las reglas llevando tu camiseta y tus *jeans* con los finísimos zapatos de raso que compraste para la boda de tu hermana. Lleva la chamarra de mezclilla sobre tu vestido de noche. Ponte las lentejuelas para ir a trabajar y los tenis para comer en un restaurante. Piérdele el respeto a la moda al divertirte, experimentar y expresarte.

Regla 15

Sé el cambio que nuestro planeta requiere

"Compra menos, elige bien, haz que dure".

VIVIENNE WESTWOOD

Cuando fui directora editorial de la revista *Marie Claire*, hubo una convención de las editoras donde la ponente principal fue Vivienne Westwood. Curiosamente, esta inglesa tenía un negocio exitoso vendiendo ropa, que no era nada barata, por cierto, sin embargo, toda su conferencia se centró en un solo mensaje: comprar menos y aprovechar al máximo las prendas que ya teníamos en el clóset. Vivienne confesó, ante todas las periodistas dedicadas a la moda que estábamos allí, que ella tenía suéteres viejísimos en su guardarropa y que amaba los hoyos en esos tejidos, pues representaban el paso de los años. En ese momento pensé que era contradictorio que la reina de la moda *modern punk* estuviera hablando de no comprar mientras mandaba ropa a las tiendas para venderla. Pero el mensaje caló en mi conciencia, y he intentado implementar el hábito de comprar para siempre, en lugar de para un rato.

Por lo anterior, soy de la idea de que el nuevo lujo está en las prendas de calidad y éstas adquieren aún más valor si detrás de su hechura hay una tradición cultural.

Comprar para usar y no para tirar es la base de esta nueva regla: queremos menos cosas, pero de más calidad. La inversión será importante, pero la clave estará en adquirir menos piezas, usarlas con frecuencia y buscarles innumerables combinaciones.

Buscar tesoros en una tienda *vintage*, de consignación o de segunda mano siempre será más divertido y económico que ir al centro comercial. También puedes intentar tomar prestados los *jeans* o camisa de tu pareja o revisar el armario de tu mamá cuando vayas a visitarla, pues seguramente encontrarás tesoros que ella ya no usa y que serán un aire fresco para renovar tu estilo. Se trata de compartir la abundancia y experimentar con lo propio y ajeno.

Es nuestra responsabilidad reciclar la ropa en lugar de tirarla. Puedes vender tus prendas en aplicaciones y tiendas que ofrecen piezas de segunda mano, intercambiarlas con tus familiares o amigas, regalarlas a quienes puedan sacarles provecho, donarlas a instituciones o causas benéficas y, si realmente no están en condiciones de ser aprovechadas por un ser humano, cortarlas para usar la tela como sacudidor o trapo de limpieza.

Pero no sólo el aprovechamiento de la ropa hará la diferencia para la Tierra y nuestra billetera, sino también para la cultura familiar. Con este afán de lavar la ropa cada vez que la utilizamos, terminamos por desgastarla y avejentarla; además, incurrimos en un gasto absurdo de gas, electricidad y agua. Así que sé muy consciente de lo que necesita limpiarse y no lo introduzcas a la lavadora a menos que tengas suficiente ropa para una carga completa, aunque sea pequeña. No olvides comprar detergente biodegradable y usarlo con mesura. Regresa a secar tus prendas al aire libre, cuando el clima así lo permita. Algunas telas se alisan con el vapor de la regadera mientras te bañas y otras con sólo colgarlas para que se sequen en un gancho, así evitarás tener que plancharlas. Trata lo que tienes dentro del clóset como objetos de valor, no como basura.

El regalo: un futuro distinto

Eufrosina Cruz

Para muchos, 100 pesos pueden no significar gran cosa, pero para Eufrosina Cruz se convirtieron en un pasaporte hacia una vida rica en logros y satisfacciones. Cuando niña, no podía evitar cuestionarse la injusticia constante a la que ella, su hermana y su madre eran sometidas. Le molestaba que, por ser mujeres, tuvieran que ser las primeras en despertarse para calentar el café, preparar el desayuno, ayudar a limpiar la casa, sin que por eso quedaran exentas de las labores en el campo.

No fue hasta que casaron a su hermana, a sus escasos 12 años, que esta pequeña comenzó a temblar bajo las cobijas porque sabía que la siguiente sería ella. "Somos una sociedad de doble moral porque justificamos muchas normas, aunque sean violentas para nuestras niñas, para las mujeres, y más si eres indígena. La justificación: 'Es la costumbre de ellos... así son, así han sido, no saben, así viven'", dice esta activista que relata su impresionante biografía en el libro *Los sueños de la niña de la montaña*. "Esperen, eso no es uso y costumbre, el matrimonio infantil o equiparable (porque a veces no hay boda, sólo entregan a la hija a un hombre) se llama abuso sexual aquí y en donde sea. Al final del día abusan del cuerpo de una niña, lo ultrajan. Lo entiendes mejor cuando lo has vivido, cuando es tu entorno, cuando la angustia te come el cuerpo y no sabes a qué hora alguien va a llegar por ti o cuando tu hermana te dice que entendió que ya era mujer después de haber parido tres hijos. Ella conoció su menstruación después de nueve hijos. Ni siquiera saben de eso. ¿Por qué? Pues porque, a los 12 o 13 años, a muchas de ellas todavía no les ha llegado su primera menstruación. Ah, pero sí salen embarazadas y de cuarentena en cuarentena se les va la vida".

Eufrosina no estaba de acuerdo con eso; su ingenuidad no le impedía percatarse de que el intercambio de una niña por una borrachera con mezcal, unos paquetes de cigarros, una vaca, un terreno o lo que fuera representaba un delito. "Se justifica en el código penal para sancionar a los que roban animales, a los que tienen una mascota exótica, pero argumentan que esos pobres señores no deben ir a la cárcel, pues no saben lo que hacen. ¿No saben lo que hacen cuando reciben un terreno o cuando les dan una vaca? Sí saben que están vendiendo a su hija y eso se llama delito, se llama abuso, se llama trata. Hay que darle el nombre correcto".

Por eso, esta zapoteca originaria de Santa María Quiegolani, Oaxaca, ha dedicado gran parte de su lucha a evitar que destruyan la vida de miles de niñas, impidiendo que las entreguen a una realidad de sumisión sin posibilidades de estudiar o trabajar para realizarse. Además de buscar que se hable de los matrimonios infantiles —los cuales, hasta hace 15 años, eran invisibilizados bajo la excusa de ser parte de los usos y costumbres de comunidades indígenas en Guerrero, Oaxaca y Chiapas—, otra de sus metas es que los estados de la República mexicana homologuen sus códigos penales y la sociedad empiece a sentirse responsable de exigir a los tres niveles de Gobierno y a los congresos locales que se prohíban este tipo de prácticas.

Eufrosina no podía conformarse con esa realidad, ella tenía otros anhelos. "De niña, mi sueño era dormir en una cama como la de mi maestro Joaquín. Ésa era mi máxima ilusión, mi primera meta. Por eso les digo a los chavos: 'Tienen que plantearse su primera meta. Para mí, era dormir en una cama, un día terminar mi secundaria, mi prepa y mi carrera'". Por ello, les comunicó a sus padres su deseo de irse del pueblo y, para sorpresa de todos, ellos accedieron.

A pesar de que dejar ir a su hija menor rompía no sólo con sus expectativas, sino con todos los esquemas culturales, Domingo, el padre de Eufrosina, ofreció encaminarla a casa de un tío que podía recibirla, y su madre, Guadalupe, la sorprendió al darle todo el dinero que tenía guardado. "Un día antes me ayudó a hacer mi cajita y al día siguiente fue la primera que se levantó para calentar el café. Antes de que yo saliera, sacó de su bolsita de *nylon* 100 pinches pesos". Eran todos sus ahorros. "Cien pesos de hace 30 años para una mujer indígena con 10 hijos, aquella que vio a su hija mayor ser mamá a los 13 años, la que nos protegía para que no presenciáramos los golpes que le daba papá. Me dio 100 pesos como diciendo: 'Ve y construye tu historia, no te quedes aquí', aunque ella misma no sabía a dónde iba a irme, porque nunca habíamos salido del pueblo". Cien pesos cambiaron el destino de esa pequeña que sentía tal responsabilidad por haberse llevado el dinero que su familia necesitaba para comprar comida y que sabía que no podía comerse una torta o subirse a un camión para ir a la escuela con ese dinero. Cuando las cosas se ponían difíciles, tampoco se daba el lujo de pensar que podía regresar sin tener esos 100 pesos en la mano.

Eufrosina, desde muy niña, fue conquistando los juegos prohibidos para las mujeres de su comunidad, como las canicas o el basquetbol. Así le daba un sorbo a la libertad y a la igualdad, aunque su padre la golpeaba si se enteraba de que estaba haciendo esas "cosas de niños". Sin embargo, ella asegura que jugar un partido en la cancha del pueblo hizo que sintiera control de la adversidad y que sus decisiones eran propias y de nadie más. Ya siendo maestra en otras comunidades, no sólo ha tenido las agallas de ser la profesora rebelde que se integra a los partidos de básquet, sino que, al hacerlo, ha ido animando a sus estudiantes a que también jueguen. "Ahora mi pueblo fue sede del encuentro cultural, regional y deportivo de los bachilleres, y nuestras niñas han ocupado el primer lugar a nivel regional y el segundo como estado en ese deporte. De haberme preguntado si eso era posible hace 15 años, habría dicho que mis ojos no iban a alcanzar a ver la libertad que puede dar una pelota".

Pero ¿tuvo que encarnar una energía masculina para conquistar sus metas? "No. Yo nunca dejé de ser mujer. Simplemente adquirí la conciencia de decir: 'Yo también lo puedo hacer'. Es como cuando me decían los señores que, si me quería sentar en la mesa (las mujeres en Quiegolani se sentaban en el piso en las comidas comunitarias), tenía que tomarme unos mezcales y pues me los tomaba, porque también tengo garganta, ¿no? ¿Cuántos estereotipos hay que romper para que ya no argumenten que tenemos que adoptar roles de hombre para ocupar esos espacios?".

Para Eufrosina, la incomodidad y el dolor han sido como gasolina. Por ello, se formó como maestra y fue sembrando en las niñas la inquietud de estudiar. "En México existen 6.4 millones de niñas y niños sin acceso a la educación básica. La desigualdad está ahí, donde hay falta de educación. El día que los gobiernos no vean a la educación como una política más, vamos a erradicar muchas cosas; de entrada, la desigualdad". Para lograrlo, sugiere mejorar y dignificar las condiciones en que enseñan los maestros rurales bilingües, que al día de hoy viven con sueldos paupérrimos.

Más adelante, Eufrosina fue rechazada para ser presidenta municipal de su pueblo por ser mujer. "Invisibilizar a una mujer no debe considerarse una costumbre... La costumbre era matar la presencia femenina". Sin embargo, gracias a su lucha por evidenciar las injusticias que marginaban a nuestro género para ocupar posiciones políticas, ella logró no sólo cambiar la constitución, sino ser la primera mujer indígena en ser nombrada diputada local.

El amor ha sido todo un aprendizaje en el camino de esta activista. "Si no eres tu mejor amiga, no te tienes amor. Yo todos los días me digo al espejo: '¡Qué chingona eres!'. Se tiene que partir del amor y del reconocimiento de tu propio camino porque hay mucho dolor, y en esta vida hay de dos: frustrarte y echarle la culpa a todos o abrazar ese dolor. Yo he abrazado el mío. Sobreviví al cáncer gracias a ese amor porque aprendí a escuchar a mi cuerpo la primera vez que me detectaron cáncer de matriz, y noté cuando regresó a mi estómago".

Al pensar en su padre, desde luego reconoce el gran acto de amor que fue dejarla ir a sus 12 años, a pesar de haber sido señalado en el pueblo como mandilón por ello y, pasado el tiempo, ser víctima de agresiones por los cambios que Eufrosina impuso en la política local. El amor de su mamá fue el silencio que acompañó a esos 100 pesos; ella le dio todo lo que tenía para que Eufrosina arrebatara su derecho a progresar. "Claro que mi hijo Diego es la fuerza que me impulsa, la razón de mi causa, porque quiero que crezca en una sociedad donde no le duela tanto construir su historia. Quiero que abrace el amor en sus diferentes etapas y rostros. Espero que jamás una niña llore como lloré yo, no deseo que alguien sienta lo que mi abuelita confesó al reconocer que nunca supo lo que era el amor. El amor no solamente es decir 'te amo', claro que es chida esa parte también, pero el amor inicia por ti. Por eso, cuando regreso a mi montaña, y veo a mi mamá o a mi hermana, encuentro otra vez el motivo para seguir adelante y me digo: 'Todavía me falta mucho por lograr'".

Dilo *con* todo *poder*

Capítulo III

Regla 16

Tu voz es un valioso vehículo de tu mensaje

"La voz humana es el más hermoso instrumento de todos, pero es el más difícil de tocar".

RICHARD STRAUSS

Cuando nos comunicamos, el cuerpo tiene la primera palabra. O, mejor dicho, nuestra comunicación no verbal comienza a expresarse en un lenguaje universal que todos entienden de inmediato, sin necesidad de abrir la boca. En segundo lugar, viene tu voz, que es escuchada y evaluada sin considerar del todo lo que dice. Como en el caso anterior, no importa si te están oyendo en Japón o en Suecia, tu voz expresa mucho sobre ti. Lo más irónico es que el contenido de tu mensaje queda relegado a un tercer momento en el que quizá ya hayas dicho demasiado sobre quién eres. Esto hace que tu voz adquiera una gran relevancia.

Realmente tu voz denota muchas cosas sobre ti: cuando estás nerviosa, triste, harta, asustada, aburrida o siendo sarcástica. Para deducir qué hay detrás de tus palabras, tomamos en cuenta estas características:

- **Volumen:** no es lo mismo decir algo a todo pulmón que muy bajito. Hablar fuerte se interpreta como agresión, mientras que al hacerlo con poco volumen puede parecer que falta seguridad. ¿Por qué grita una persona enojada? Porque se aleja emocionalmente, aunque a quien le grite esté a centímetros de distancia. El efecto contrario ocurre cuando dos personas están enamoradas: se hablan quedito, susurrando, porque sus corazones se encuentran muy cerca el uno del otro.

"Es importante saber hablar y proyectar la voz. Sobre todo cuando te desenvuelves en ambientes cuyos líderes son hombres y eres una mujer", comenta la directora de operaciones Salma Castillo. "La voz debe ser fuerte y clara para ser escuchada y para que no te crean débil o sin conocimiento".

- **Tono o inflexión:** depende de la longitud y grosor de las cuerdas vocales. La entonación es la suma de los diferentes tonos que usamos al hablar y proyecta las emociones, actitudes, significados y opiniones que corresponden a situaciones concretas. Un tono agudo resta autoridad y puede sonar incluso un poco aniñado. En cambio, el grave nos hace pensar en individuos fuertes y poderosos, por lo que lo relacionamos con algo más asertivo.

  "Soy una mujer de voz y carácter fuerte. Mi tono de voz es elevado, algo que rechazo porque me molesta ser igual a mi mamá en ese aspecto; no me gusta que me hablen a gritos", reflexiona Elly Castillo desde su experiencia como diseñadora y docente. "Sin embargo, mi tono de voz me permite ser escuchada y observada por muchos, pues proyecta fuerza, poder y dominio de lo que hablo".
- **Ritmo:** hablar rápido o lento. Hablar lentamente puede ayudar a explicar algo con claridad, pero, si exageras, podría interpretarse como si estuvieras ofendiendo a

quien te escucha, haciéndolo sentir como si tuviera un problema de aprendizaje. Por su parte, un ritmo monótono suena desinteresado y también aburre. La cadencia, sin embargo, permite incrementar la velocidad para ciertas cosas, así la gente pensará que denotan gran seguridad; por el contrario, para otro tipo de información puedes disminuirla y enfatizar cada palabra. Para esto último, resulta efectivo hacer pequeñas pausas estratégicamente y dar respiros al discurso o mensaje, así como subrayar una idea repitiéndola dos o tres veces. Es importante no cantar al hablar, ni tampoco terminar las frases como si estuvieras haciendo una pregunta; en cambio, para parecer creíble y competente, puedes bajar el tono de voz cuando digas algo que debe ser recordado.

"Cuando nos sentimos valientes y seguras, nuestro tono vocal y nuestra respiración son significativamente más variados, haciendo que sonemos expresivas y relajadas", afirma Amy Cuddy. "Cuando nos reprimimos temerosamente —activando el sistema nervioso simpático con una respuesta de alarma—, nuestras cuerdas vocales y el diafragma se constriñen estrangulando nuestro entusiasmo genuino". Por eso sonamos tan agudas como un silbato y sin aliento cuando estamos nerviosas o muy emocionadas.

"Contrariamente a lo que ocurre con el hombre de voz grave —con las connotaciones de profundidad que aporta la simple palabra *grave*—, sucede que, cuando los oyentes escuchan una voz femenina, no perciben connotación alguna de autoridad o, más bien, no han aprendido a oír autoridad en ella... En nuestros cerebros no existe ninguna razón neurológica que nos haga pensar que las voces graves están más acreditadas que las agudas, pero sí en nuestra cultura, en nuestro lenguaje y en los siglos de nuestra historia", afirma Mary Beard en su obra *Mujeres y poder. Un manifiesto*. "No tenemos un modelo mental para imaginarnos a una mujer poderosa, salvo si se parece a un hombre. La convención del traje pantalón o, como mínimo, de los pantalones que visten tantas líderes políticas, desde Angela Merkel hasta Hillary Clinton, puede ser cómoda y práctica... pero también puede que sea una táctica como la de bajar el timbre de la voz para que las mujeres parezcan más viriles y así puedan encajar mejor en el papel del poder".

Hay casos muy famosos de personalidades que han tomado terapias de voz, ya sea porque eran tartamudos, como el duque de York, pues sus mensajes serían escuchados por toda la nación; o Margaret Thatcher, quien fue primera ministra en el Reino Unido y cuyo apodo de la Dama de Hierro no coincidía con su voz aguda, característica que muchos consideraban incompatible con su rol de gobernante. Por esta razón, ella tuvo que ocuparse no sólo de lo que decía, sino del tono en que lo hacía para parecer coherente, confiable y poderosa.

"La famosa frase de 'calladita te ves más bonita' es la peor aberración que le pueden hacer a una mujer, pues anteponen la belleza a su pensamiento crítico", señala Kena Pérez desde su experiencia como directora creativa. Rompamos esa creencia hablando con la certeza de que merecemos ser escuchadas.

Regla 17

Genera palabras poderosas

"Grita para que un día dentro de 100 años otra hermana no tenga que secar sus lágrimas preguntándose en qué lugar de la historia ella perdió la voz".

Jasmin Kaur

En el libro de sabiduría tolteca *Los cuatro acuerdos*, escrito por don Miguel Ruiz, el acuerdo número uno invita a ser impecable con tus palabras, porque ellas tienen el don de plasmar tu poder creativo, tu intención, tu sueño y tu esencia. Las palabras son el instrumento de la magia, pero tienen un doble filo, según este chamán: "Pueden crear el sueño más bello o destruirlo". Las palabras te liberan o te esclavizan, son magia negra o blanca; con ellas puedes hechizar a alguien o rescatarlo de un encantamiento. Porque una sola palabra tuya puede cambiar el mundo; tu mundo o el nuestro.

La arquitecta e interiorista Ximena Díaz ha encarnado ese poder. "Expresar tus ideas fuerte y claro definitivamente te da una sensación de poder. Y por fuerte y claro no me refiero a algún timbre de voz en específico, sino a la oportunidad de hablar sin miedos o a pesar de ellos, a expresar tu sentir o pensar con respecto a ciertos temas ante clientes, jefes, subalternos o quien sea".

El uso indebido de la palabra —por ejemplo, decir mentiras, expresar odio, envidia, celos o chismes— puede convertirse en un infierno privado. Por el contrario, tomar las palabras para amar y estimular hace la diferencia en tu interior y también en tu entorno. Las palabras tienen un peso específico y son tan poderosas —o más— que tus acciones.

"Tus pensamientos positivos deben ser traducidos a palabras positivas", asegura Stan Toler, autor del libro *The Power of Your Personal Impact* (El poder de tu impacto personal). Hablar en negativo, en cambio, te convertirá más en una destructora que en una constructora. El autor dice que a veces nos quejamos de ciertas cosas sobre las que no tenemos influencia o control: del clima, del tráfico o de las injusticias en la empresa. Pero son cuestiones que no podemos transformar y, aunque ventilarlas parecería algo positivo porque sacamos la negatividad de nuestro sistema, resulta totalmente contraproducente. "Si te quejas, la gente te acompañará, y eso se convertirá en una conversación comunitaria. Sin embargo, después del momento de compartir, hay dos cosas que te van a afectar: la primera es que una vez que hayas externado la queja te quedarás con una sensación de desaliento e impotencia. La segunda es que quejarte no te permitirá influenciar a los demás positivamente".

Criticar es otro problema, pues se trata de derribar a una persona sin intención de reconstruirla. "Es fácil criticar porque todos, incluyéndonos a ti y a mí, tenemos muchos defectos", asegura Toler. "Y se siente bien, ya que, por alguna razón, nos vemos un poco más altos cuando nos paramos sobre los cascajos de la reputación dañada de una persona". Y sí, prosigue el autor, la gente te buscará cuando quiera criticar a alguien, pero nunca va a confiar en ti, porque sabrá que hablas mal de los demás.

El *trolling*, por ejemplo, es una manera de criticar o acosar a una persona o negocio desde el anonimato, valiéndonos de todo el apoyo que hay hacia el odio en las redes para concentrar la atención negativa en una víctima. La crítica nos duele porque aborda nuestra fragilidad, inseguridad y miedos. No obstante, el punto es ¿por qué le das entrada a esa persona que te critica y te afecta tanto? Cuando un individuo te critica, tienes que decidir si puede opinar o si debes creerle. ¿Por qué nos dejamos atrapar en esa red de dudas? Al fin y al cabo, cuando escuchas o lees esa crítica, puedes preocuparte o trabajar para mejorar, puedes bloquearte o seguir tu camino ignorando esas palabras y puedes ponerte a la defensiva o liberarte. Piensa cuánto te afecta ser criticada y que muchas veces tú también te has convertido en la victimaria.

Chismear, dice Toler, es compartir información negativa, que puede o no ser verdad, sobre alguna persona que no está presente. La finalidad es sacar conversación sobre algo que escuchaste sin ninguna intención constructiva, "pero que influye en los demás para que no confíen, apoyen o se relacionen con esa persona de la que hablas".

Por su parte, "mentir es un arma que no solamente te quitará completamente la confianza de los demás, sino que probará que tú necesitas argumentos incorrectos para construir tu verdad", agrega Toler. La mentira puede manifestarse de varias formas: a veces es decir la verdad a medias, en ocasiones sólo basta con guardar silencio y, en otras muchas, con desviar la verdad haciéndola parecer como otra cosa.

"Enojarte y explotar llena de ira puede mostrar tu apoyo o incomodidad sobre algo", comenta Toler, pero no debe ser resultado de tu intolerancia o falta de autorregulación. Es preciso tener el criterio para decidir por qué te vas a enojar y en beneficio de quién. "Reserva tu furia para las situaciones que lo ameriten", aconseja.

Por el contrario, decir cosas positivas es una gran herramienta para sobresalir. Subrayar lo que es bueno, correcto y adecuado en una situación, idea o persona te hace lucir confiable y entusiasta ante nuevos individuos. Halagar, por ejemplo, siempre es positivo. "No estamos hablando de adular, sino de verdaderamente considerar y destacar las actitudes, virtudes, buenas ideas y grandes acciones de una persona", explica el autor. A todos nos gustan los halagos, pero es fantástico escuchar el *feedback* positivo de una persona que nos parezca confiable.

No hay que olvidar, según Toler, que dar consejos constructivos o brindar palabras de aliento a otras personas, especialmente cuando han caído en alguna situación difícil, puede hacer la diferencia. "Una palabra compasiva siempre será apreciada". Y recuerda: corrige siempre en privado y halaga en público.

Se vale también ser vulnerable y abrir tu corazón, pero hay que saber cuándo. La diseñadora Carlota Frayle ha reflexionado ampliamente sobre el tema: "Considero que la vulnerabilidad es un arma de doble filo. Puede ser muy poderosa y muy peligrosa al mismo tiempo. Poderosa porque puedes conectar profundamente con una persona y conocerla en verdad, porque cuando tocas en el dolor y conectas con él puede ser un sentimiento muy fuerte de apoyo, de compañerismo, de compartir y compartirte como persona. No obstante, es peligrosa porque, cuando eres vulnerable e inestable, cuando no tienes un ancla, puede llegar cualquiera y moldearte a su manera".

Todo lo anterior nos invita a analizar las palabras que nos dedicamos a nosotras mismas todos los días. ¿Cómo te hablas? ¿Te insultas cuando te equivocas u olvidas algo?

¿Te hieres al verte al espejo? ¿Cómo te refieres cuando hablas de tu situación con los demás? ¿Dices cosas como: "No tengo suerte con los hombres"? La autora *bestseller* y motivadora Louise Hay sugiere que empieces por editar lo que dices, pues recomienda no decir nada que no quieras que se haga realidad para ti. "Hay, literalmente, billones de pensamientos y una infinidad de cosas que puedes decir, haz que sean nutritivos... No pierdas el tiempo creando pensamientos que atraigan problemas. Tú eres la única persona que vive en tu mente", así que todo depende de ti. "Si llegas a un acuerdo contigo para ser impecable con tus palabras, eso bastará para sanar tu interior", dice Ruiz. "Las palabras impecables engendran belleza, pues *impecable* quiere decir 'sin pecado' y el mayor pecado que puedes cometer es dañarte a ti misma, ya que el autorrechazo es un pecado mortal".

Por otro lado, recuerda que tus palabras, acciones y actitudes influyen en los demás, por ello importa —y mucho— cómo articulas tu visión y cuál es el cambio positivo que estás tratando de hacer en ti y en los otros o en el mundo. "Para poder influenciar, tu visión tiene que ser concisa, específica, inspiradora y fácil de recordar para que pueda ser repetida", asegura Toler. Por ejemplo, si dices "Voy a bajar 16 kilos este año" o "Vamos a recuperar la inversión en noviembre". "Si tu afirmación es demasiado larga, no se entiende ni conecta. Y si tiene de cinco a diez palabras, probablemente no será inspiradora". Después de todo, esa visión es tu versión preferida del futuro.

Con años de experiencia frente a los medios, Úrsula Carranza ha desarrollado una perspectiva valiosa sobre la comunicación. "Más importante que la voz es la forma en la que te comunicas. Si tienes una voz fuerte, pero a la hora de hablar te enredas y no eres clara, jamás proyectarás autoridad. Sin embargo, si tienes una voz normal, pero te comunicas con dominio, seguridad y claridad, ten por seguro que la gente te respetará". La clave, según la periodista, está en el equilibrio. "He llegado a la conclusión de que comunicarse de manera profesional, pero con empatía, tiene un efecto muy positivo. La empatía hace que los otros se sientan reconocidos y te conecta con ellos".

Las mujeres como tú, que piensan y hablan en positivo, demuestran que son responsables de su vida, pues se dejan de victimizar o autoflagelar. No obstante, no sólo importa la intención de lo que dices, sino que sea valioso, que cuentes historias que conecten, que te des permiso de ser proactiva, positiva e inclusiva. Que dejes el bla, bla, bla y lo cambies por palabras poderosas.

Regla 18

Hablar para el presente, escribir hacia el futuro

"Me haces tremendamente feliz por mantenerme indiviso —por dejarme ser el artista, por así decirlo—, y sin renunciar al hombre, al animal, al amante hambriento e insaciable. Ninguna mujer me ha concedido nunca todos los privilegios que necesito —y tú, porque cantas tan alegremente, tan audazmente, incluso con una carcajada—, sí, me invitas a seguir adelante, a ser yo mismo, a atreverme a cualquier cosa. Te adoro por eso. Ahí es donde eres verdaderamente regia, una mujer extraordinaria. ¡Qué mujer eres! Ahora me río para mis adentros cuando pienso en ti. No tengo miedo de tu feminidad".

EXTRACTO DE UNA CARTA DE HENRY MILLER A ANAÏS NIN

Si las palabras que aparecen en esta carta —de la cual sólo he rescatado un párrafo para tu deleite— hubieran sido dichas durante una conversación, no importa qué tan íntima y memorable, gran parte del impacto de su pasión y locura se habría diluido. Por eso se dice que a las palabras se las lleva el viento; sin embargo, las que se escriben a veces sobreviven siglos y pueden colmar de gozo a generaciones y generaciones, porque hay una permanencia que permite revisitar esos momentos, volver al placer y al éxtasis de un hombre enamorado que se ríe con toda la plenitud sólo por evocar a su amada.

Las palabras pueden ser un tesoro o un martirio. Qué importante es escuchar que alguien te diga, por primera vez, que te ama. Si tan sólo pudiéramos embotellar y vender ese sentimiento, seríamos millonarias. Sin embargo, no estamos conscientes de que eso es justo lo que sucede en el momento de abrir un sobre (hoy es mucho más probable que sea tu *e-mail*), desdoblar el papel (o dar clic en el mensaje) y ver cómo ha quedado marcada una emoción para siempre.

Las palabras dichas, incluso cuando son hirientes, se van deslizando en el tiempo con una pátina de olvido. En cambio, las que quedan grabadas en blanco y negro nunca pierden su certeza, su fuerza, su vigor y su propósito. Son inmortales. De ahí que sea necesario elegir cómo dirás las cosas y por qué.

Si optas por mandar algo por escrito —una declaración de amor o de guerra, instrucciones para ejecutar un proyecto, tu testamento o lo que te venga en gana—, tienes que hacerlo con toda responsabilidad. La investigadora y autora *best-seller* Brené Brown ha distinguido siete elementos cuando hablamos de confianza, y me parece muy oportuno recurrir a ellos cuando redactes un mensaje, considerando la trascendencia que adoptará al ser enviado por escrito. Se trata de lo que ella denomina *BRAVING* y, como esas siglas corresponden al idioma inglés, te explicaré lo que significan:

- **B-*Boundaries* (límites):** delimitar lo que está bien o está mal y por qué.
- **R-*Reliability* (fiabilidad):** haces lo que dices y dices lo que haces. "En el trabajo, eso significa estar consciente de tus limitaciones y competencias para no prometer de más y ser capaz de cumplir los compromisos y equilibrar prioridades contrapuestas", asegura la experta.
- **A-*Accountability* (responsabilidad):** te adueñas de tus errores, te disculpas y haces las enmiendas necesarias para resarcir el daño.

- **V-*Vault* (encriptar):** no compartes información o experiencias que no son parte de tu historia personal. "Necesito saber que mis confidencias serán resguardadas y que no vas a compartir información de otras personas que debería ser confidencial", indica Brown.
- **I-*Integrity* (integridad):** sé íntegra al elegir el valor antes que la comodidad y opta por lo correcto en lugar de lo divertido, rápido o fácil. O lo que es lo mismo: predica con el ejemplo cuando se trata de tus principios.
- **N-*Nonjudgment* (sin juicio):** se vale pedir ayuda. Tú puedes pedírmela y yo puedo pedírtela, sin temor a ser juzgados. Podemos incluso hablar de sentimientos sin juicios.
- **G-*Generosity* (generosidad):** darle la interpretación más generosa a las intenciones, palabras y acciones de los demás. Es decir, cuando algo sucede, asumir que hay una intención positiva, en lugar de ponerse a la defensiva, partiendo de la idea de que hay una mala intención. Recuerda que es válido pedir a la otra persona que se explique, "otorgándole el beneficio de la duda antes de montarte en ira".

"El inventario *BRAVING* puede utilizarse como una herramienta de diálogo, una guía de conversación, con colegas o personas cercanas, que nos dirige a través de un intercambio desde la curiosidad, el aprendizaje y, en última instancia, la creación de confianza", explica Brown.

Las palabras están cargadas de energía, pero la manera en la que son expresadas puede hacer la diferencia no sólo de forma instantánea, sino al trascender.

Regla 19

Una voz sin punto de vista es muda

"Encuentra tu voz e inspira a otros para que encuentren la suya".

STEPHEN COVEY

Me voy a tomar la libertad de describirte esta regla a través de mi oficio. Cuando comenzaron las revistas de moda, su labor era comunicar los códigos de vestimenta indicados para las diferentes clases sociales, de manera que pudieran ser adoptados correctamente. Después, se empezaron a publicar mensajes de prescripción, en los que un artículo podía exponer las nuevas tendencias marcadas por los diseñadores. No obstante, el verdadero periodismo de moda no nace hasta que la revista decide dar su punto de vista: opinar sobre el valor de una nueva colección, criticar un atuendo, destacar las tendencias favoritas o halagar el trabajo de determinado diseñador. Cada revista de moda tiene no sólo una voz identificable, sino su punto de vista, es por ello que compras una y no otra: porque encuentras la más afín a ti.

Parece algo muy sencillo, pero tener un punto de vista a veces no resulta tan fácil siendo mujeres. Hablar abiertamente de tu posición, opinión, solución, dar una sugerencia o expresar un sentimiento puede sentirse como dar un brinco al vacío; sin embargo, no hacerlo nos ha mantenido fuera del juego laboral o político por demasiado tiempo y, a muchas de nosotras, incluso del emocional.

"Cuando las mujeres defendemos alguna cuestión en público, cuando sostenemos nuestra posición, cuando nos expresamos, se nos califica de estridentes, dicen que lloriqueamos y gimoteamos", afirma Mary Beard en su libro *Mujeres y poder. Un manifiesto*. "Un aspecto más interesante es la conexión cultural que surge cuando una mujer defiende opiniones impopulares y polémicas". Beard asegura que la respuesta de los hombres es algo como: "No es que esté en desacuerdo con ella, es que es tonta" o "Lo siento, cariño, pero es que no lo entiendes...". Y agrega: "He perdido la cuenta de las veces que me han llamado cretina e ignorante. Estas actitudes, supuestos y prejuicios están profundamente arraigados en nosotros".

"Siento que, para que la gente te escuche y te respete, debes ser clara, firme y consecuente con las cosas que dices y haces. Debes tener el valor de defender tu visión aun cuando otros no la vean claramente, y ser perseverante con tus proyectos", aconseja la periodista Úrsula Carranza. "El respeto no se gana de un día al otro, o porque alguien hable con autoridad. Se gana demostrando sabiduría en el tema y un manejo comprobado de la materia. Eso a veces toma tiempo".

No podemos adueñarnos del poder sin expresar nuestro parecer sobre lo que sea: tu relación amorosa, la economía familiar, las reglas laborales, las injusticias sociales o la educación que imparten en la escuela de tus hijos. "Con palabras se entiende la gente", decía mi mamá, y es importante que impregnes tu visión y opinión al acomodar los cuadros en los muros de tu departamento o al planear un proyecto cultural para todo un país. Se vale hacer patente lo que piensas y cómo quieres cambiar tu mundo y el de los demás.

Regla 20

El silencio no es sano si viene cargado de represión

"No le des a la gente tanto poder sobre ti como para que su silencio haga que cuestiones tu valor".

THE SILENT TREATMENT. CHRONICLES OF AN ORANGE-HAIRED WOMAN!

"Una mujer debe ser como los movimientos musicales: a veces hablar quedito, pero que te oigan. Y otras, fuerte", asegura María Elena Ríos, una saxofonista de origen mixteco que fue quemada con ácido por su agresor, Juan Vera Carrizal. "Y, como saxofonista, en una sinfonía a veces paso 15 compases sin tocar, pero después hago maravillas con mi instrumento".

Ojalá el silencio de una mujer estuviera tan regulado y siempre tuviera un gran final sinfónico. Pero lo cierto es que muchas veces ese silencio tiene que ver con la herida del rechazo, la cual suele desencadenarse al no haber sido bien recibida en su infancia y haberse desarrollado en un entorno amenazante. Entonces, ante cualquier desaire, calla e intenta desaparecer, pues vuelve a sentirse en un mundo hostil donde no tiene las herramientas para hablar y ser escuchada. Esto me ha pasado a mí más de una vez: enmudezco por no saber articular mi vulnerabilidad, mi desacuerdo, mi disgusto o mi rabia.

La ley del hielo, que es un trato silencioso, es violencia pasiva llena de agresión y el único remedio contra esto es la voluntad de hablar, aunque sea mostrando las dolorosas heridas. Mi madre se enojaba y nos dejaba de hablar; el papá de mi hijo podía pasar días sin dirigirme la palabra y yo también me he especializado en ese tremendo purgatorio de callar para no reventar, por lo que he pagado y he cobrado facturas muy caras en mis relaciones de pareja.

El miedo a ser grosera hace que haya una confusión entre ser asertiva y ser agresiva. Cuando Monica Johnson, autora de *Push back* (Hazte valer), está con sus pacientes, se ha dado cuenta de que las personas no son asertivas porque no puedan expresarse correctamente, sino porque evitan hacerlo. "Incluso si eres del tipo que se muerde la lengua y luego explota, ésa es una manera de evadir", indica la experta.

El silencio también suele deberse al resentimiento que se acumula cuando notas que tú haces más de la cuenta y empiezas a considerar eso como un abuso de tu pareja, tus hijos, tus padres, tus hermanos, tus colegas o tus jefes. "Una de las cosas que más enoja a las mujeres son las actividades que hacen sin que les paguen, no ser vistas o que no les agradezcan", indica Kasia Urbaniak, la exdominatriz autora del libro *Unbound* (Sin ataduras).

Por ello, propone que realices una lista de todas las cosas que haces, porque tú te lo adjudicas como parte de las tareas que tienes que llevar a cabo para nutrir, consentir o cuidar a las personas antes de que siquiera te lo pidan. Por ejemplo: ¿tu pareja cree que la ropa se lava sola? ¿Tu equipo es descuidado y confía en que tú harás una última revisión de la presentación? Aquí el remedio es obvio: es necesaria una redistribución de labores para liberarte de ese yugo que tanto te frustra. "Una vez que concientizas la cantidad de labor invisible que haces, las personas a tu alrededor también lo notarán. Y en cuanto empiecen a darse cuenta de la cantidad de cosas que haces como labor invisible, comenzarán a darte crédito. Pero, aunque nadie más te lo dé, tú empezarás a pedirle cosas a todo el mundo y en todo momento, y dejarás de ser la persona que pensaba que no tenía derecho a pedir nada. Comenzarás a ver tu labor como un verdadero trabajo, no como un impuesto que debes pagar por ser mujer".

Asimismo, la autora reflexiona que, por tanto callar, cualquier mujer puede terminar perdiendo la voz. "Una chica buena se siente incómoda en la posición sumisa porque no quiere parecer que está demasiado necesitada, que es frívola o dependiente, así que se vuelve una mujer que no requiere nada", afirma Urbaniak. Entonces, cuando le preguntan a dónde quiere ir, ella contesta: "Donde tú prefieras, tú elige...", por miedo a ser vista como ambiciosa o egoísta. Por lo tanto, asegura la autora, "nunca cosecha los fabulosos frutos que vienen de que alguien la cuide. Lo único que cosecha es verse como un fruto que no es suficiente".

Más allá de tu vida cotidiana, se encuentran tus anhelos no dichos. "Lo primero que tienes que saber sobre tus deseos es que no son negociables. Lo que deseas no lo escoges. Eso incluye el deseo sexual tanto como el deseo profesional", explica la exdominatriz. Digamos que no desaparecen si los tratas de negar. "El deseo que no se identifica o que es reprimido o no es honrado se queda por ahí y te da lata hasta que lo reconozcas. ¡Ningún deseo va a ser ignorado!". ¿Estás casada y quieres estar en los brazos de otro hombre, por ejemplo? Todos los cambios empiezan por el deseo y muchos de ellos han colapsado empresas, gobiernos y países completos. Es por eso que Urbaniak busca que las mujeres aprendamos a identificarlos, a ser creativas con nuestros anhelos y a lidiar con esa fuerza superior y a veces destructiva.

Ella asegura que existe una prohibición cultural sobre lo que queremos. "No se espera que tengamos apetitos, sino que seamos deseadas. Nosotras no debemos demostrar nunca que tenemos hambre, que queremos sexo y, si somos ambiciosas, se nos tacha de ser antifemeninas. Incluso el deseo por amor nos hace ver débiles". Entonces comienzan las quejas femeninas, pues resulta más fácil decir: "Tú nunca me compras flores", en lugar de pedir un ramo de flores. Cada queja marca un deseo mal gestionado. Especialmente por la condición de "la chica buena".

Pedir es un lujo que no cualquier mujer se permite. Urbaniak dice que ese poder la liberó del peso de la independencia, bajo el cual ella tenía que hacer todo sola; elevó sus relaciones interpersonales e invitó a personas que conocía a interactuar en su vida de maneras inesperadas. No obstante, continúa la autora, a las mujeres nos cuesta mucho trabajo pedir porque hemos aprendido que hacerlo es la última posibilidad cuando estamos instaladas en la debilidad. Además, sabe como una súplica, una humillación, un ruego, que es la máxima expresión de nuestra vulnerabilidad. "No puedo pedir algo que puedo pagar, no puedo pedir algo que puedo hacer y no puedo pedir si no me lo he ganado", sintetiza la experta. "No puedo pedir si la persona no me debe nada, no puedo pedir si eso significa que voy a quedar en deuda, no puedo pedir a menos que esté desesperada y, peor aún, no puedo pedir algo que quiero, pero no necesito". Así es como pensamos muchas de nosotras. Para colmo, agrega, quizá pedir te hace parecer demandante. Pide algo que no puedes pagar y te sentirás como una patética necesitada. ¿Quién crees que eres disfrutando de algo que no te has ganado? ¿Te has sentido así? ¡Yo sí!

"Las mujeres somos reticentes a pedir porque pensamos que eso inevitablemente traerá una deuda y esa factura tendrá que pagarse con favores sexuales. Y algo más común todavía es que las mujeres no pedimos porque le tememos al 'no'. Otra trampa en la que caemos es hacer algo con la intención de que nos regresen el mismo favor: quizás has practicado demasiado sexo oral sin recibir nada a cambio. Y el resultado de estas peticiones jamás expresadas es que no obtenemos lo que deseamos o no, cuando menos, exactamente como lo queremos", indica Urbaniak.

Pedir puede resultar difícil para quienes hemos crecido y defendido nuestra independencia. Sin embargo, vemos que los hombres piden y su éxito se debe, en gran medida, a que han solicitado ayuda. Es una tontería pensar que vamos a hacerlo todo solas, especialmente las cosas importantes, como emprender un negocio, formar una familia, jubilarnos después de años de trabajo. De que podemos, podemos, no es cuestión de capacidad, pero no es necesario e incluso puede ser peligroso considerar que debemos cargar el peso del mundo solas. Pide ayuda, expresa tus deseos, haz realidad tus sueños. Habla, no te calles lo bueno ni lo malo. No apagues tu voz. "Cuando una persona invierte en ti y ve resultados, quiere volver a apostar por ti porque te apoyó, te acompañó o simplemente vio el efecto de felicidad que las cosas que hizo tuvieron en tu persona y querrá volver a ser partícipe de tu felicidad", concluye la autora.

Regla 21

Escucha lo que el otro tiene que decir

"El arte de conversar reside en escuchar".

MALCOM FORBES

Escuchar es uno de nuestros cinco sentidos, pero no siempre lo utilizamos en todas sus dimensiones. Resulta placentero oír la música que nos gusta y vital cuando suena la alarma sísmica que nos hace buscar un lugar seguro para resguardarnos. Lo difícil es entrenar al oído para captar información de valor, poder procesarla y, después, actuar en consecuencia. De hecho, la escucha activa es una de las habilidades blandas más efectivas de un buen líder y las mujeres la tenemos naturalmente más desarrollada.

Escuchar activamente requiere de varios elementos:

- **Tu lenguaje corporal hablará sin pronunciar palabra:** desde tu postura, pasando por tu mirada y gestos faciales, expresarán aprobación, rechazo, indiferencia, intolerancia, enojo o tristeza, por mencionar sólo algunas posibilidades. Pon atención para estar en sintonía en ese momento y mostrar a través de tu comunicación no verbal que estás abierta a escuchar.
- **Paciencia para oír a la otra persona:** a veces nos cuesta tanto escuchar que empezamos a apurar a quien nos habla. Recuerdo lo mucho que me costaba animarme a platicar con mi papá y, cuando finalmente lo hacía, él no me dejaba terminar lo que quería decir. Me pedía que

fuera breve o llegaba a una conclusión prematura que cuarteaba mi seguridad.

- **Evitar la necesidad de réplica:** a veces sentimos la urgencia de interrumpir para aportar un comentario, juicio u opinión, rompiendo el ritmo, la concentración o la confianza del emisor. No siempre es necesario un consejo o tratar de encontrar una solución. Muchas veces la persona que habla necesita explayarse, ser escuchada, sin que por eso quiera tu intervención o, peor aún, y esto es muy importante para los hombres: a las mujeres puede desalentarnos que inmediatamente nos quieran recomendar un remedio, pues nos hace sentir insuficientes.
- **Utilizar la empatía:** el ser humano tiene la capacidad de ponerse en los zapatos del otro y, cuando lo hace, su cuerpo le ayuda a expresar que entiende y encarna lo que le están contando. Eso logra que la otra persona se sienta acompañada y apoyada. La diseñadora de interiores Lucía de Luna ha aprendido el valor de la conexión: "La compasión es una virtud que nos hace más humanos, más conscientes de la realidad y, a su vez, más agradecidos de nuestra situación personal; además, nos abre los ojos para ver dónde podemos poner nuestro granito de arena".
- **Validación del mensaje y palabras de refuerzo:** es importante que puedas intervenir cuando se haga una pausa o cuando el individuo ha planteado por completo su tema, diciendo algo que le haga sentir que estás con él, que lo entiendes, que lo apoyas y, especialmente, que no ha sido un desperdicio que te haya elegido para contarte.
- **Hacer un pequeño resumen o clarificación de las ideas:** sobre todo si el tema se presta a confusión o a

diversas versiones. Por ejemplo, podrías decir: "Lo que escucho es que sientes que no te presto suficiente atención a partir de que nació nuestro bebé. ¿Estoy en lo correcto?". Esto minimizará los mal entendidos y pondrá en evidencia que has puesto atención y corazón a lo que escuchaste.

- **Otorgar una respuesta u opinión, si te la piden:** no siempre se requiere, pero muchas veces quien nos habla quiere un *feedback* y, si eso es importante, es preciso que seas tú quien tome el turno de expresarse, esperando que la otra persona pueda escucharte activamente.
- **Recordar lo que se dijo:** parece mentira, pero muchas veces la persona que te escuchó dice no acordarse de lo que se habló en cierto momento. Si en verdad estás escuchando activamente, recordarás con claridad tanto los sentimientos que se expresaron como los acuerdos y planes futuros que se discutieron.
- **Jamás utilizar lo que escuchas en contra de la persona que está confiando en ti:** si quien te habla se muestra vulnerable, esa información es sagrada y hay que sellarla como parte del aprecio, cariño o amor que le tienes. "Algunas personas coinciden a través de su vulnerabilidad", reflexiona Mora Ruiz, quien trabaja con decenas de artesanas en sus diseños de moda.

Cuando una mujer está en una situación de poder, es preciso que considere lo que los demás tienen que decir, no sólo para obtener información valiosa que puede utilizarse para mejorar las condiciones de todos, sino también para tomar decisiones informadas. Además, puede resultar muy efectivo para estrechar las relaciones laborales y personales.

Disruptiva de corazón

Saskia Niño de Rivera

Si algo hace bien Saskia Niño de Rivera es romper las reglas, pero con la ventaja de que ella ha creado las suyas: sólidas, humanas, complicadas de entender para muchos, pero en sintonía con la cultura integral que ha construido para su vida.

No puede negarse que sorprende el aplomo con el que ingresa o sale de las cárceles de alta seguridad en México, donde ha realizado diversos trabajos con personas privadas de la libertad como licenciada en Psicología con especialidad en temas de criminología y política criminal por el Inacipe. "Cuando trabajé en la policía federal como directora de Enlace Penitenciario, mi chamba era la segregación de secuestradores adentro de las cárceles. Una vez teníamos la geolocalización de un secuestro que se estaba llevando a cabo en la cárcel, porque quien estaba negociando el secuestro estaba privado de la libertad en un penal que está en Matamoros. Eso acabó en un operativo donde terminamos rescatando a la víctima, que estaba allí adentro también. Y el preso obviamente tuvo que afrontar un juicio penal".

Casos como ése han conformado el enorme prestigio de Saskia, columnista invitada en temas de activismo y seguridad del periódico *El Universal*, así como cofundadora y vocera de la organización Reinserta. Como si esto fuera poco, es creadora de un exitoso pódcast llamado *Penitencia*, en donde humaniza y da voz a las personas que están tras las rejas, cuyos casos han sacudido las conciencias de la sociedad mexicana. "Ha sido un aprendizaje tremendo que viene del acercamiento con personas privadas de la libertad, pero también de la reacción de la gente", comenta al reiterar la importancia de que el contenido no genere la victimización de los presos.

El requisito para ser entrevistado voluntariamente es que la persona en prisión acepte su delito, con excepción de los inocentes, a quienes se les hace una investigación previa del expediente. Idealmente todos deben estar sentenciados "para que de alguna manera no puedan verse beneficiados o perjudicados por la entrevista que den, y todo esto se realiza pensando en las víctimas". Como es de esperarse, cada episodio despierta pasiones. "He tenido muchos aprendizajes con *Penitencia*, no me arrepiento de haber sacado una sola entrevista, incluyendo las que más me han golpeado. Por ejemplo, la de José Luis fue un aprendizaje brutal, porque me generó muchísimo conflicto a nivel emocional. Me enojó mucho el descaro y el cinismo de este hombre feminicida, quien, con la mano en la cintura, justificó por qué había matado a su esposa. Era como sacado de una película de sátira donde decía: 'Es que no me hacía de comer, mi ropa no estaba planchada. Entiéndame, seño, imagínese que usted viene de trabajar y la sopa está fría'. Y yo pensaba: '¡Este güey simboliza todo lo que está mal con el machismo de este país!'. Pero la reacción de la gente fue de mucho enojo por no tenerle compasión durante la entrevista y haberme puesto más dura. Lo defendieron, especialmente las mujeres, pues hubo varios comentarios que decían que ella se lo merecía, porque si él estaba trabajando y traía el pan a la mesa, debió hacer la parte que le tocaba. ¡Eso fue brutal! O el caso de Lupita, a quien los medios llamaron Calcetitas Rojas; ese episodio también se viralizó muchísimo".

Sucede que Saskia no se conforma con que escuchemos la voz del victimario, sino que desea eliminar lo que describe como "la narrativa típica del movimiento feminista en este país de que los hombres son malos y las mujeres son buenas". La activista aclara que quien mató a Lupita fue su mamá, pero a quien culparon fue al padrastro y le dieron una sentencia muchísimo mayor que a ella. "Lo mismo pasó con el episodio de 'Los Monstruos de Ecatepec', con Juan Carlos y Patricia", reitera, pues en esos casos se trata a las mujeres como "pobrecitas" porque son víctimas de ellos. "Y no necesariamente es así, en esos dos casos, Patricia y la mamá de Lupita, son peores que los hombres que estaban a su lado. Ellas fueron quienes cometieron los homicidios, las mentes detrás de lo que sucedió". Por eso, el pódcast busca visibilizar, hablar de lo que nadie quiere confrontar. "Sacar esa entrevista de la niña de las calcetitas rojas fue muy duro, porque me *funaron* en redes sociales, fui *trending topic* de X, pues la gente estaba muy ofendida por darle voz a esa mujer. Sin embargo, fue importante apegarme a mis valores: tengo muy claro el porqué lo hago y entiendo que es muy disruptivo y que estamos en una sociedad que ha confundido la venganza con la justicia, pero yo no estoy de acuerdo con eso".

Pero ¿cómo se puede vivir en un mundo tan oscuro y no contaminarse de esa energía? "Aprendes a vivir con lo que haces, te forja la personalidad. El otro día mi mamá me mandó unas fotos de cuando yo tenía entre 18 y 20 años y me dijo: '¡Te has vuelto más dura!'. Y respondí: 'Pues sí, claro que me he vuelto más dura, no me dedico a hacer pasteles'. Aprendes a vivir con ello, a separar tu vida y encontrar esos espacios donde te proteges y te cuidas. Para mí es pasar tiempo con mi hija y con mi esposa, viajar cuando puedo o ver una serie de tele que nada más me haga reír".

En la vida de Saskia hay poco, si no es que nulo espacio para el temor. "Hoy reconozco que el miedo es un sentimiento natural que existe para proteger nuestra vida, nuestra existencia y poner nuestros límites. No estoy loca, sí puedo ver eso. La valentía tiene que ver con la pasión y la intensidad con la que haces las cosas, y empecé a concientizar más el miedo cuando nació mi hija, pero no me arrepiento para nada de haberlo visto en retrospectiva, porque eso me dio la gasolina de imponerme y de posicionarme en un mundo de hombres".

El perdón, sin embargo, juega un papel esencial en la vida de Saskia. No en vano fue capaz de publicar una carta en el periódico perdonando al individuo que abusó sexualmente de ella por mucho tiempo durante su infancia. Pero que quede muy claro que su historia personal nunca ha influido ni para bien ni para mal en su trabajo. "Confundirse con que las historias personales rigen el movimiento de un individuo es la excusa perfecta para que, quienes no lo hayan vivido, no hagan nada. ¿En qué momento nos volvimos una sociedad tan individualista, en donde algo me tiene que pasar a mí para que me involucre en estos temas que nos afectan a todos?", se pregunta la también autora de cinco libros. Al final, en México, 5 de cada 10 niñas viven algún tipo de violencia antes de sus 15 años, según cifras de la Unicef. "Es como esta famosa frase de cuando estaban matando a los judíos: 'Me dijeron y yo no hice nada, porque yo no soy judío; luego estaban matando a las mujeres y no hice nada, porque yo no era mujer; y luego, cuando vinieron a matarme, no hubo nadie que hiciera algo por mí'".

Lo que sucede es que Saskia dimensiona lo que para nosotras, que vivimos lejos de esos casos de injusticia y desgracia, nos es imposible concebir con objetividad. Ella recuerda a la mamá de una niña que fue descuartizada a unas cuadras de su casa. Se trata de una mujer "que ha decidido frenarse en el duelo con el enojo", a pesar de que se le ha hecho justicia. Desafortunadamente para ella, uno de los asesinos era menor de edad, así que, por cuestiones legales, salió en libertad después de haber cumplido la condena máxima de cinco años. "Cuando la veo, pienso: '¿Cómo superas que te hayan descuartizado a tu hija chiquita de esa manera y cómo te imaginas ya no estar enojada? ¿Cómo te despiertas un día y dices: «Ya no voy a luchar, voy a reparar, voy a perdonar y pasaré a la siguiente etapa después del duelo»'. Eso también requiere de muchos factores que no necesariamente tienen que ver con la voluntad, sino con una educación donde hayas tenido una red de apoyo fuerte que consolide ciertas características de tu personalidad y que poseas las herramientas o metas emocionales para salir adelante".

En su vida privada, Saskia también ha hecho las cosas a su manera. Se divorció de su marido amistosamente. "Antes de divorciarnos, Manuel y yo llevábamos dos años en un proceso de acompañarnos para estar solos, donde el compromiso mutuo fue que siempre predominara el amor hacia nosotros y hacia nuestra hija Pía, quien es lo más importante que tenemos". Tiempo después, Manuel encontró pareja y Saskia se enamoró y se casó con Mariel Duayhe, con quien, en el momento en que escribo esto, acaba de dar a luz a su hijo. Sin embargo, eso no impide que el exmarido entre a la casa de ambas, todos los días, a vestir a Pía y no se vaya de ahí hasta después de subirla en el autobús escolar. La misma Saskia habla de que su hija será criada por tres mamás y alberga en su corazón que ésa sea una buena forma de que su nena crezca llena de amor.

Sin duda, Saskia ha sabido darle voz a las personas a las que la sociedad, queriendo o no, ha dejado en el olvido. Lucha por los casos de quienes han sido privados de su libertad injustamente. Navega en ese mundo tenebroso buscando la luz del entendimiento y, en muy honrosas ocasiones, la dignidad perdida de quienes se ven forzados a aceptar un futuro tras las rejas. Por mucha oscuridad que haya en el sistema penitenciario mexicano, ella ha encontrado un propósito que enaltece valores como la justicia, la solidaridad, la verdad, la compasión y el amor.

Capítulo IV

El poder de pertenecer

Regla 22

El amor empieza por ti

"Ahora veo que adueñarnos de nuestra historia y amarnos a través de ese proceso es lo más valiente que haremos jamás".

Brené Brown

La autoestima es la reputación que tienes de ti misma. Se parece un poco a la autopercepción, en el sentido de que la vamos amalgamando desde pequeñas con una colección de memorias sobre lo que la gente nos ha dicho; cómo vimos que las personas a nuestro alrededor nos trataban; la aprobación de todos respecto de nuestra personalidad; si hemos demostrado inteligencia; la valoración de los demás sobre nuestro físico; nuestras herramientas para resolver las situaciones y la manera en que sentimos que pertenecemos o somos marginadas del entorno, por sólo mencionar algunas ideas. Con toda esa información externa e interna, aceptamos o rechazamos quienes somos. Se dice que es autoestima porque, si es saludable, aprecias quién eres: te gustas, te aceptas y te honras. En el caso de una baja autoestima, sientes que careces de algo, te desagradas e incluso puedes llegar a repudiarte.

"Desde pequeñas hemos aprendido que nuestro valor depende de alguien más, de la validación del mundo exterior, y de adultas lo tenemos arraigado", dice la arquitecta e interiorista Ximena Díaz. "Aprendemos a complacer a los demás, a vernos a través de los ojos de otros, a que todo lo que hacemos tiene que ser apreciado por alguien más y olvidamos que nuestro valor viene de nosotras mismas".

Pertenecer y ser amado es una parte fundamental de la experiencia humana. "Somos una especie social que está diseñada para vivir en comunidad, en familia y en pareja; si pudiéramos ver las funciones y capacidades del cuerpo, incluyendo el cerebro, observaríamos que están hechas para tener, mantener y gozar las relaciones interpersonales. Sería sorprendente contar la cantidad de funciones que están diseñadas justamente para poder socializar", afirma el doctor Bruce D. Perry en el libro que escribió con Oprah Winfrey llamado *¿Qué te pasó?* La capacidad de estar conectados, en un sentido significativo y saludable, está formada por nuestras relaciones tempranas. El amor es la fundación de nuestro carácter. Incluso, es el pegamento emocional que conforma las comunidades.

Al respecto, Oprah comenta que todos los políticos, activistas y celebridades de altos vuelos que ha recibido como invitados para entrevistarlos en su programa de televisión, desde presidentes hasta Beyoncé, sin excepción, le han preguntado si se desenvolvieron bien durante la transmisión. Ésta es una pequeña prueba, dice la líder de opinión, de que están buscando su aprobación para sentir que pertenecen.

"Me resta poder el no sentirme capaz, suficiente o merecedora. Muchas veces me he conformado con lo que obtengo por pensar que eso es lo que merezco o, como se dice vulgarmente, que es 'para lo que me alcanza', tanto en lo profesional como en lo personal. Tardé en dar el paso de ser independiente y formar mi propia empresa por pensar que nadie creería en mí o en mi proyecto, que yo no tenía nada diferente a otras empresas o personas que ofrecían los mismos servicios y que nadie me elegiría a mí teniendo otras opciones delante", confiesa Ximena. "Lo mismo en lo personal: la primera vez que pensé que debía divorciarme fue después de que nació mi primer hijo. Apenas tenía un año de casada y tres años de relación. Me divorcié nueve años después porque estaba paralizada y aterrorizada, pensaba que sin él yo no iba a lograr nada, que él era mejor arquitecto que yo, que nunca iba a ganar lo que él, que no iba a poder sola, que no debía hacerle eso a mis hijos, que sería la culpable de destrozar a mi familia y que era mi deber aguantar y mi responsabilidad hacer que todo funcionara. ¡Qué equivocada estaba!".

El verdadero arraigo, dice la investigadora y conferencista Brené Brown, es una práctica espiritual y tiene que ver con la habilidad de ser parte de algo, pero también de tener el coraje de quedarte sola; tener la posibilidad de decir: "Formo parte de algo más grande, pero además puedo quedarme sola cuando así lo necesite".

"La gente sabe que soy una persona a la que no le gusta quedar mal. Me cuesta mucho trabajo mostrarme como alguien irresponsable y he pagado una cara factura al no poner mis límites", reflexiona Salma Castillo, quien desde sus inicios como directora de operaciones ha luchado contra la necesidad de complacer a todos. "Creo que, si digo que no, la gente puede pensar que soy malagradecida o maleducada, y constantemente acepto más trabajo o responsabilidades por mantenerme con ese estatus".

Es parte esencial de la autoestima saber que sólo tú puedes decretar tu valor. "No vayas por el mundo buscando evidencia de que no perteneces porque siempre la encontrarás. No vayas buscando pistas de que no eres suficiente porque siempre las encontrarás. Nuestro valor y pertenencia no son negociables con otras personas. Eso lo guardamos dentro de nuestro corazón", agrega Brown. "Yo sé quién soy y no voy a negociar eso contigo".

Laura Morgan Roberts, investigadora de ciencias para maximizar el potencial en organizaciones y comunidades diversas, propone estas preguntas para que identifiques lo mejor de ti:

1. ¿Cuáles son las tres palabras que mejor te describen como individuo?
2. ¿Qué es único en ti y que te lleva a tus momentos más felices y de mejor desempeño?
3. Reflexiona sobre un tiempo en específico, en casa o en el trabajo, en el cual actuabas de una manera que se sentía "natural" y "correcta". ¿Cómo podrías repetir ese comportamiento hoy?
4. ¿Cuáles son tus fortalezas distintivas y cómo puedes usarlas?

Kristin Neff, autora del libro *Autocompasión fiera*, asegura que la autoestima es una amiga voluble: si las cosas van bien, te acompaña y crece en ti. Pero si algo va mal, te abandona o se reduce justo cuando más la necesitas. Allí es donde la autocompasión es una buena alternativa, indica Neff, pues ésta no necesita que te sientas mejor que los demás, no depende de que las otras personas te aprueben o que les gustes y no requiere que hagas las cosas bien. Lo único que necesitas para tener autocompasión es ser humana, como todos los demás, y esta herramienta se convertirá en una fuente constante de soporte y refugio para ti.

Hay que entender y aceptar que el amor es lo opuesto al control. El amor es confianza y, por lo tanto, el amor propio es tener una relación contigo misma basada en la confianza y la lealtad. Como explica la investigadora Amy Cuddy: "Al encontrar, creer, expresar y comprometernos con nosotras mismas, especialmente si lo hacemos antes de nuestro reto más grande, podemos reducir nuestra ansiedad respecto al rechazo social e incrementar nuestra apertura con los demás. Y eso nos permite estar presentes", pues ya lo afirmó George Bernard Shaw: "La vida no consiste en encontrarte a ti misma. La vida consiste en *crearte* a ti misma".

Regla 23

La familia no es una jaula

"Está bien apartar de tu vida a los miembros tóxicos de la familia. La sangre no es más importante que tu tranquilidad".

ANÓNIMO

Aunque quizás algunas hemos experimentado que la familia puede atarnos, desvalorarnos o presionarnos en ciertos momentos de la vida, muchas hemos logrado encontrar y honrar nuestros propios valores ya lejos del hogar donde nacimos. Sin embargo, hay casos en donde el rompimiento con esa parentela que no elegimos se convierte en el único medio de sobrevivencia capaz de darnos un salvoconducto a la salud mental. Éste fue el caso de Tara Westover, quien, a manera de terapia o exorcismo, se vio en la necesidad de contar su propia pesadilla en el libro *Educated* (Una educación), publicado en 2018, el cual se mantuvo como *bestseller* del *New*

York Times durante 132 semanas consecutivas, además de haber sido galardonado con varios premios que lo validan como una memoria maravillosa.

Sin afán de arruinarte esa biografía, que vale muchísimo la pena leer, te daré un breve contexto de la situación de Tara. Ella nació en una familia mormona que vivía en Buck's Peak, en Idaho, Estados Unidos. Era la menor de siete hermanos que fueron aislados de su entorno, porque su padre sospechaba de los hospitales, las escuelas y el Gobierno, de manera que fueron educados y atendidos, ante cualquier situación de salud, en casa y por su madre.

El conflicto inició cuando Tara intentó tener una vida normal con actividades fuera del hogar. Convivía con un chico que le interesaba y ambicionaba estudiar algo que la pudiera alejar de la hermética prisión en la que se había convertido su casa. Desafortunadamente, en la historia que relata, somos testigos de que algunos miembros de su familia la hostigan cual carceleros y, por todo este abuso y presión, la joven Tara debe elegir entre su vida y su familia.

Tara se vio en la necesidad de poner distancia física para lograr construirse un mundo en el que su salud mental fue prioridad, por lo que comenzó a buscar historias que la ayudaran a entender lo que había sucedido en esos años de marginación y manipulación. "Escribí el libro que desearía haberme regalado a mí misma cuando estaba perdiendo a mi familia. Con esa experiencia, me di cuenta de lo importantes que son las historias para decirnos cómo vivir: cómo debemos sentirnos, cuándo debemos estar orgullosos o sentirnos avergonzados", declaró en 2018 al *New York Times*. "Estaba perdiendo a mi familia y me parecía que no había historias sobre qué hacer cuando la lealtad a tu familia entraba, de alguna manera, en conflicto con la lealtad a ti mismo. Y el perdón. Quería una historia sobre el perdón en la que no se confundiera con la reconciliación o que no tratara la reconciliación como la forma más elevada de perdón. En mi vida, sabía que ambas cosas podían estar siempre separadas. No estaba segura de si algún día me reconciliaría con mi familia, pero necesitaba creer que podría perdonar, a pesar de todo".

La familia en la que naciste puede ser un imán que te retiene; sin embargo, en ocasiones desafortunadas, lo hace con grilletes o como una prisión hecha a tu medida. Si estás ahí en este momento y sientes que los barrotes son demasiado fuertes como para alcanzar la libertad, es necesario que te concentres en ese espacio abierto que queda entre esas pesadas barras y la posibilidad de apostar por ti. Como en el caso de Tara, ya se verá si existe un futuro en el cual puedas compartir tu historia con quienes fueron tus carceleros.

Tú no elegiste a tus padres, abuelos o hermanos. No obstante, con la edad y la salud mental, puedes crear tu nueva familia: ya sea con tus amigos, con tu pareja o contigo misma, que eres la primera piedra que edifica tu nueva vida. No puedes transformar a quienes te rodean, pero sí puedes elegir con quienes compartir tu espacio y tu tiempo.

Regla 24

Estás completa, tu pareja no tiene que llenar los huecos

"Si no estás feliz soltera, no vas a estar feliz con alguien. La felicidad viene desde adentro, no de los hombres".

ANÓNIMO

Hay animales fabulosos con diseños extraordinarios, pero creo que no me equivoco al asegurar que uno que nos fascina a todos es la mariposa. Existe, desde luego, toda la mística que involucra que una oruga —que no es particularmente atractiva— se envuelva en su propio capullo o crisálida y, a través de una metamorfosis, salga de ahí no sólo hermosa, sino con unas alas que parecen obras de arte. Ver a varias mariposas revoloteando es un espectáculo difícil de explicar porque la gracia de su aleteo, la cadencia con la que vuelan, la delicadeza cuando se posan para absorber el néctar en cada flor y la forma en que danzan en el aire resultan una experiencia conmovedora. Pero ¿sabes cuál es la gran ironía en todo ello? Que las mariposas jamás ven sus propias alas, no saben que su inusual iridiscencia, el contraste de sus tonos, la brillantez en su color o la doble vista de sus alas nos cautivan.

La mariposa necesita que otro ser la vea y le describa la magnificencia de su ser. De igual forma, las personas esperamos que nuestro ser amado descubra nuestra belleza, que nos exprese que somos un milagro en esta vida y nos haga ver el gran potencial que tenemos. El amor nutritivo hace justo eso: los involucrados crecen al admirarse y juntos logran sentirse dignos de la felicidad. Sin embargo, eso no siempre sucede y acabamos por pensar que, si el otro no nos encuentra hermosas, no lo somos; si no nos dice que le importamos, degradamos nuestra valía y terminamos creyendo que algo nos falta, que no somos suficientes.

Entonces, cuando entramos a una relación amorosa, lo hacemos desde la carencia y con nuestras debilidades por delante, en lugar de amar con nuestras fortalezas. Sentimos que, como si fuéramos un queso gruyer, esa persona va a venir a llenar todos nuestros huecos, lo cual, además de imposible, pone una responsabilidad inaudita en el otro. Así como el agua hace flotar al barco, también puede hundirlo. Cuando permitimos que nuestras heridas guíen el amor, es como un barco agrietado por donde se filtra el agua. El naufragio es inevitable.

Nadie llega solo y ligero a la siguiente relación amorosa. En el intento de formar una pareja traemos, cada uno, nuestro árbol genealógico atrás y nos presentamos frente al otro como si fuéramos parte de un rompecabezas. El reto es cómo dos personas empiezan a intentar embonar sus piezas hasta construir una relación. Que implica trabajo, desde luego que sí. Pero no es el amor el que requiere del esfuerzo, las lágrimas y el sudor, porque el amor es fácil y placentero. La relación es la que necesita una construcción llena de acuerdos, negociaciones, cambios, cooperación, disponibilidad para ceder y, en algunos casos, incluso sacrificar algunas cosas con el fin de completar el rompecabezas. No obstante, siguiendo esta misma analogía, si ambas personas llegan al encuentro con piezas faltantes, jamás podrán formar una relación sólida y con posibilidades de crecimiento.

El primer paso, entonces, es restaurar todas esas partes que se han roto dentro de ti debido a abandonos, traiciones, decepciones y duelos, por mencionar algunos factores. En mi libro *El poder de reinventarte* hablo del concepto japonés de *kintsugi*, en el que una pieza rota de cerámica o porcelana es pegada con barniz de oro para mostrar las grietas que la unen. Amo esa tradición que habla de la belleza de la imperfección y, aún más importante, de mostrar con orgullo nuestra historia, porque cada fisura pintada con oro es una rendija para ver la luz del otro e iluminarlo al mismo tiempo. Las personas rotas que no se restauran acaban rompiendo. Las que llevamos un mapa lleno de hendiduras doradas sabemos que hemos vencido, aunque sentirnos completas nos haya llevado años de dolor y muchas lágrimas.

Para lograr ser parte de una pareja, se necesita haber restaurado tu amor propio y tu identidad. Sabes que no vas a encontrar a tu media naranja porque lo ideal es que ambos estén completos, pero van a intentar unir las piezas de su nuevo rompecabezas en el que cada quien sume sus estilos de vida, sus sueños, sus emociones, sus historias y su identidad. Ahí es donde el rompecabezas requiere que cada pieza se ajuste conjuntando lo que ambas personas son y desean.

A veces las mujeres consideramos honorable ignorarnos a nosotras mismas en pro de cimentar, según nosotras, una relación armónica. La actriz Viola Davis afirma que, antes que nadie, ¡tú tienes que ser el amor de tu vida! Ella fue una de esas mujeres que, si tenía que hacerse pequeña para construir su relación, lo hacía. "Sacrificar nuestras necesidades por otros resulta muy importante para nosotras, pues nos consideramos fuertes cuando lo hacemos", confirma Viola. Sin embargo, tarde o temprano llega el momento de pasar factura: quien ejerce el dominio pagará caro el resentimiento de la persona sometida, que sacrificó primero sus anhelos y después el equilibrio de la relación.

Cuando dirigía la revista *Glamour*, procurábamos tocar varias veces el tema de la pareja desde diferentes perspectivas y decidí, junto con mi equipo, incluir una columna masculina en la que un hombre nos diera su opinión sobre aquellos asuntos que a las mujeres nos resultan enigmáticos y sobre los que necesitamos un punto de vista sincero que nos ayude a comprenderlos mejor. Una de las preguntas clave fue ¿por qué un chico puede estar en una relación con una chica por muchos años y, al terminar con ella, no tarda en casarse con su próxima novia? La respuesta decía más o menos así: "Porque un hombre se casa no con la mujer que lo fascina físicamente ni con aquella que le hace tocar el cielo en la cama, sino con quien le da estabilidad. Nos casamos con quien nos hace sentir que hemos llegado a casa".

La actriz Jane Fonda, con vasta experiencia después de tres matrimonios, asegura que las tres cosas que necesitas de una relación de pareja son:

- Sentirte segura en esa relación.
- Ser mirada por tu pareja.
- Ser apreciada.

"Son dos personas enteras que mantienen su individualidad porque no se trata de perderte a ti misma en pro de la relación", concluye Jane.

Así que no te conformes con menos sólo por querer estar acompañada. Ser soltera no es símbolo de debilidad. Por el contrario, eres fuerte y capaz de esperar lo que mereces.

Regla 25

Terminar una relación es una oportunidad para reinventarte

"El día que la mujer pueda no amar con su debilidad, sino con su fuerza, no escapar de sí misma, sino encontrarse, no humillarse, sino afirmarse, ese día el amor será para ella, como para el hombre, fuente de vida y no un peligro mortal".

SIMONE DE BEAUVOIR

En febrero de 2024, la revista *National Geographic* publicó un artículo escrito por Daryl Austin sobre lo que nos sucede cuando estamos enamoradas y cuando nos rompen el corazón. En él cita a la neurocientífica Stephanie Cacioppo, de la Universidad de Oregón, quien afirma: "El amor es una necesidad biológica tan vital para el bienestar de una persona como el agua, la comida y el ejercicio".

Por su parte, el autor asegura que cuando nos enamoramos lo hacemos con la ayuda de siete hormonas cuyo coctel produce atracción física, sensación de cercanía, deseo de compromiso, ganas de proteger a la persona amada, motivación para pasar más tiempo con ella, deseo sexual, incremento de energía, así como algunas obsesiones, entre las cuales están los celos. "El amor es un fenómeno sensorial extremadamente complejo que afecta a nuestro cerebro de forma profunda y misteriosa", dijo a la revista Jacquie Olds, profesora asociada de psiquiatría clínica en la Escuela de Medicina de Harvard.

El corazón se rompe cuando perdemos a nuestro ser amado, pues con él (o ella) desaparece la gran mezcla hormonal que nos producía felicidad y placer, dejando a nuestro cuerpo en una desintoxicación repentina que nos hace sentir un dolor casi corporal. De ahí que experimentemos que física, mental y emocionalmente estamos quebradas. Además, esa desoladora sensación se incrementa debido a una sustanciosa dosis de cortisol y noradrenalina, ambas hormonas relacionadas con el estrés. Se pierde el sueño, el hambre, el peso y la paz al tiempo que se suman mucha ansiedad y depresión. "Buscas a la persona que no está más allí para saciar los sentimientos positivos asociados al amado", dice Cacioppo.

"Cuando hay crisis es porque uno de los implicados ya no estaba bien... Es decir que el punto de partida es una situación que ya no está funcionando, así que debe ocurrir una transición para ir a un lugar nuevo", dice Ana Ibáñez, de Mind Studio. "¿Qué le ocurre a nuestro cerebro en la transición? Que él, a pesar de saber que no estabas bien allí, prefiere lo malo por conocido que lo bueno por conocer. Entonces, ¿qué va a hacer en ese momento? Te va a llenar de pensamientos obsesivos, destacando lo mejor de la realidad pasada, que no era buena, sólo porque te quiere convencer de que lo que había antes era mejor que lo que está por llegar. Sin embargo, eso es falso", dice Ibáñez. Sólo se trata de un mecanismo cerebral, de modo que lo fundamental es no permitir que los pensamientos automáticos nos controlen. Es muy importante que recuerdes con objetividad cómo te sientes cuando todo va bien contigo misma y la sensación de paz que te invade cuando te encuentras emocionalmente estable, así podrás ver que será posible vivir en armonía más adelante.

Najwa Zebian coincide con lo anterior cuando cuenta en su libro *The Only Constant* (La única constante) su propia historia de desamor, pues señala que, en el proceso de sanación, descubrió que a veces es el cuerpo el que quiere quedarse en un lugar conocido, aunque sea amenazante o infeliz. Y advierte: "Si lo que es familiar para ti es tratar de que la otra persona te vea, eso no es normal. Si estás peleando para ser escuchada, no es normal. Si lo que es normal para ti es pelear para ser amada, no es normal. Tienes que familiarizarte con ser vista, escuchada y amada", sostiene la también poeta. "Lo único que merecen las personas que te dañan y que no te ven es tu perdón".

Hay que saber que tu corazón se adapta al dolor como tus ojos a la oscuridad, dice Zebian, la también autora de *Welcome Home* (Bienvenida a casa). "La relación te va haciendo acostumbrarte poco a poco y no importa qué tan mal esté, te vas a acoplar y, una vez adaptada, querrás fluir en ella (piensa cómo tantos seres humanos se adaptaron a la imposible vida en los campos de concentración), aunque sea una relación mala o tóxica, y esto aplica no sólo con el ser amado, sino también contigo misma".

Caro Saracho, la autora del libro *Mesa para una. #SoySola*, piensa que las mujeres manejamos mucho mejor la ruptura. "Cuando sales de una relación, sobre todo si tú lo estás eligiendo, el final ocurre primero en tu mente y pasan unos meses antes de que puedas hacer realmente esta separación física y emocional, ese cortón final". Conforme a esta teoría, las mujeres iniciamos el proceso de separación emocional mucho antes de avisarle al otro de nuestras intenciones, lo cual permite que el duelo se viva dentro de la relación y, en ese proceso, vamos confirmando nuestra decisión o, incluso, tenemos todavía la posibilidad de cambiar de opinión.

Obviamente, no es lo mismo cuando la otra persona toma la decisión por ti y es totalmente sorpresivo. "Pero, en general, las mujeres tenemos muchas más ganas de trabajar en nosotras mismas, de conocernos, de pedir ayuda. Creamos estas redes de apoyo y de contención que encontramos en otras mujeres, mucho más sólidas y que nos ayudan a navegar estos procesos de mejor manera. Tenemos más herramientas emocionales y nos interesa más fortalecerlas que a los hombres", confirma Saracho. "Nosotras echamos mano de la terapia, leemos más libros de autoayuda, nos preocupamos más por el crecimiento personal y eso nos ayuda a seguir gestionando una ruptura o cualquier piedra que la vida nos aviente en el camino", agrega. "Poco a poco vamos manejándolo mejor y esto también te lo dan los años de experiencia: no es lo mismo que te rompan el corazón a los 16, cuando crees que ya se te acabó la vida, que a los 38, cuando dices: 'Ay, bueno, uno más y una experiencia para el libro'. La mujer piensa: 'Lo tengo que hacer por mí, por mi familia y por este espíritu luchón que logra que nada me tumbe'".

"Si el otro termina la relación, transitas por un periodo de *shock* y, aunque quizá tú también querías separarte, el hecho de que alguien haya tomado la decisión por ti te hace sentir vencida, sin poder y poco digna de ser amada", dice Zebian. En este descontrol, la autora asegura que puedes sentirte incompleta, en plena negación o, simplemente, tratando de evadir la situación. Sin embargo, lo peor es que quizá te lleve un buen tiempo tratar de aceptar el cambio y te juzgues por ello. "Ese juicio viene de tu ambiente. Ha habido suficientes personas que te han juzgado, toma la decisión de no ser una de ellas", pide Zebian. "Sé compasiva contigo".

Como mencioné en la regla anterior, en la revista *Glamour* teníamos una columna masculina que resolvía nuestras dudas. En una ocasión diferente, le preguntamos al columnista:

¿por qué el hombre termina una relación amorosa y lo primero que hace es buscar a otra mujer con quien salir, besarse o acostarse? Mateo —que era el seudónimo de los periodistas que participaron en esta columna— contestó algo más o menos así: "Porque nuestros tiempos son diferentes a los de las mujeres. Nosotros experimentamos el desprendimiento como una liberación que nos abre la puerta a muchas oportunidades en el primer periodo del duelo. Pero, conforme pasan los meses y muchas chicas, vamos sintiendo el vacío que deja la persona que amamos. Podemos continuar viendo a otras mujeres o hasta estar en una relación, pero en el fondo sabemos que no importa qué tan guapa o interesante es la que está enfrente de nosotros, no es la que queremos. El problema es que cuando nos damos cuenta de que extrañamos a nuestra ex, ella ya ha pasado por su propio duelo y puede que sea demasiado tarde para volver a esa relación".

Por favor, no te atormentes con lo que hace tu ex y menos aún con lo que sube a sus redes sociales. Por cierto, el paso número uno para la transición a la soltería es bloquear a esa persona. "No busques la cura en el veneno. Ahí no está la sanación: está dentro de ti", continúa Zebian. "Si estás dolida porque con esa persona tuviste amor, gentileza y entendimiento, entonces vuelve a ti misma por ese amor, gentileza y entendimiento. Deja que él (o ella) se quede con lo que se llevó de ti. Después de todo, ¿por qué escogerías quedarte con alguien que te quiso dañar a propósito?".

La escritora Ángeles Mastretta dice que las mujeres inteligentes siempre se enamoran como unas idiotas. Y, pues, yo reconozco haberme sentido así: primero en una borrachera de amor, pasión y entrega pura, para después del rompimiento levantar mis pedazos y vivir la resaca de la desintoxicación hormonal, el duelo por mis ilusiones y la sensación de no tener la fuerza suficiente para volver a empezar. Pero todo pasa y el día menos pensado estaba enviándole el siguiente mensaje a una amiga, quien ya no creía poder tener otra pareja: "Hay que aprender a soltar, Ale. Un día me encontré una cita, nada menos que en la revista *Vanidades*, que decía: 'Hay que amar mientras encuentras el amor'. Y así lo creo porque el corazón es un músculo y, al no usarlo, se atrofia. Necesitas ejercitarlo, no escatimar tu cariño, porque amar es lo más lindo del mundo. Entiendo que no quieras sufrir, pero ¿sabes qué? ¿No te arrepentirías si después de muerta llegaras al cielo y vieras que tu duro corazón nunca más sintió amor?".

Ana Checa, quien ha construido una exitosa carrera en medios digitales, lo ve así: "Los hombres son como los camiones: pasan uno detrás del otro, y así lo he confirmado. En un planeta con más de siete mil millones de habitantes, siempre habrá más de una posibilidad para cada una de nosotras". Mi amigo José Manuel me aconsejaba desprenderme de mi relación pasada como si fuera un curita: "De un solo jalón". O mi amiga Marce recordaba un dicho que usaba su papá cuando existía la tentación de mantener contacto con un ex: "Muerto el perro, se acabó la rabia". Esta frase indica que no habrá más dolor si asumes la muerte del vínculo y comienzas tu duelo en solitario. Especialmente aplica cuando uno de los dos quiere regresar, o cuando se han involucrado en una relación tóxica donde se lastiman, pero siguen respondiendo a las provocaciones del otro. Como dice Zebian, "poner lo que sucedió en el pasado no significa que lo minimices, sino que lo estás dejando atrás".

Yo remataría con un acto de amor para la persona que estoy dejando ir. Le diría: "Te regalo mi ausencia, mi silencio y mi olvido. Después vendrá el perdón". "Perdonarte es despedirte de la persona que pensaste que tenías que ser", indica Zebian. "Perdonar al otro te permite aceptar lo que pasó y dejar ir la necesidad de cambiarlo" (para profundizar sobre el perdón, ve a la regla 46).

Una vez asumido que no hay vuelta atrás en la relación, viene el trabajo de reencontrarte y volverte a habitar. "Yo me atoraba en la resignación de aceptar las cosas como eran, y hoy entiendo que lo que significa la aceptación radical es validar que yo quisiera que la situación fuera diferente y tomar la decisión de no malgastar mi energía en cosas que no puedo controlar", dice Zebian. Hay que aceptar que el duelo implica dolor, mucho dolor. No obstante, la autora distingue entre el dolor limpio, que es resultado de la experiencia, y el dolor sucio, que es el conjunto de sentimientos y pensamientos que rumiamos cuando ya ha pasado el evento lastimoso. Es decir, repetir la película del rompimiento hasta el cansancio, sufrir como si la traición, la mentira, la injusticia o el desamor estuvieran pasando en el presente. Es preciso aterrizar en él y mirar el pasado con la óptica de que ambos hicieron lo que pudieron, conforme a las herramientas con las que contaban. Olvídate de los hubiera y concéntrate en lo que puedes hacer hoy por ti y por tu salud emocional, mental y física.

La mayoría de las mujeres, contrariamente a lo que describió Mateo para *Glamour*, lloramos ríos de lágrimas, agotamos a nuestras amigas y a nuestros terapeutas con la misma historia de decepción y vamos desgastando el dolor con la ayuda del tiempo, pero también con las herramientas que encontramos en el camino para sanar. Después viene la etapa de autosuperación, en donde quisieras ponerte más linda, más *fit*, sentirte más *sexy* y te da por comprarte ropa nueva, ponerte a dieta, hacer ejercicio, cortarte el pelo o ponerte un poco de bótox para verte más fresca. No importa qué tan larga o corta haya sido la relación, hiciste concesiones y negociaste cosas que quizá quieras retomar, como irte de copas con tus amigas, viajar sola, tirarte a la cama a ver un maratón de *Sex and the City* o retomar tus clases de inglés. Tal vez te aventures a aceptar un puesto en el extranjero, a tener un gato o a cambiarte de vecindario. Pero lo más importante es que cierres esa puerta para abrir mil ventanas que después se convertirán en caminos y, más adelante, en grandes posibilidades.

Ante la pregunta de si un clavo saca otro clavo te diría que, en mi opinión, cada persona tiene su sitio y, por lo tanto, nadie viene o debe llenar el vacío de alguien más. Pero, como le dije a mi amiga Ale, hay que seguir amando hasta encontrar el amor.

Muchas veces la libertad es el mejor regalo que vas a recibir. Puede que sea amarga al principio, pero, conforme construyas, como diría Zebian, "tu propia casa dentro de ti", honrarás a quien eres, vivirás con tus valores y conocerás el delicioso poder de capitalizar el rompimiento de una relación para convertirlo en una oportunidad fantástica para reinventarte.

Regla 26

El poder no se vincula a tu estado civil

"¿Soltera? No, sólo estoy en una relación con la libertad".

Anónimo

Hace unos meses leí en el perfil de Instagram de la comunicóloga y escritora Caro Saracho que su libro *Mesa para una. #SoySola* había sido traducido al inglés para venderse en Singapur, Malasia, Tailandia, Indonesia, Filipinas, Vietnam, Camboya, Myanmar, Brunéi y Laos, lo cual, además de llenarme de orgullo, me reitera que ella tiene un mensaje importante para todas nosotras. Así que cuando decidí que teníamos que hablar de la vieja idea de que una mujer sin pareja es amargada, indeseable, indigna de compasión o hasta peligrosa, no se me ocurrió nadie mejor para colaborar conmigo y opinar sobre esta nueva ley de poder femenino que nos libera del peso que la sociedad ha impuesto sobre quienes somos felizmente solteras.

"No debería, pero considero que para ciertos grupos de personas de nuestra sociedad tradicional y puritana que una mujer tenga pareja es un símbolo de estabilidad personal, de prestigio por 'tener un marido'", reflexiona Marisol Conover, quien con su experiencia como académica ha observado estos patrones. "Pienso que, como mujeres, tenemos que ser más solidarias, empáticas y comprensivas entre nosotras, para enaltecer y celebrar nuestro valor como seres humanos, independientemente de que tengamos una pareja o no". Esta visión encuentra eco en Ana Checa, cuya voz en redes sociales ha impactado a miles de seguidores: "Desafortunadamente, he estado en grupos de señoras y cuando hablaban de alguna mujer con grandes méritos laborales, alguna de ellas los descalificaba diciendo: 'Pero no tiene *güey*', como si además de los logros profesionales, fuera necesario llenar las casillas de esposa y mamá para que éstos tuvieran valor".

Aún predomina la idea de que vivir acompañada te otorga un dejo de prestigio. "Tener una relación sana con un hombre da poder interior porque satisface una necesidad afectiva y, por lo tanto, aporta para la vida diaria", opina la publirrelacionista Lissy Bernal. Desde su perspectiva, "[tener pareja] también da estatus porque dos son más fuertes que uno".

Lo cierto es que a pesar de que ya muchas cosas se han liberado o relajado en esta época, el tema de la soltería en una mujer se sigue viviendo como un estigma. La asesora de seguros Alejandra Orozco lo ha experimentado de primera mano: "En diferentes círculos en los que he estado percibo que les dan lástima las mujeres solas. Es una triste realidad, las mujeres solas no están apestadas, pero así se les hace sentir. Obviamente esto no sucede entre solteras, sino en la perspectiva de quienes sí tienen pareja, incluyendo hombres y mujeres".

"Creo que, en general, la sociedad está construida para darle más valor a la vida de pareja y, por lo tanto, la mujer que logra tener ese vínculo es más reconocida", dice Caro Saracho. El problema es que muchas experimentan tanta incomodidad con ese juicio que empiezan a sentirse defectuosas, con necesidad de dar explicaciones, o hasta evaden todo evento en el que se sientan vulneradas por esta razón. "Tiene mucho que ver con tu trabajo personal. Si sientes que nadie te escoge, que no eres capaz de mantener una pareja, que no vales lo suficiente para que alguien te quiera, que no te mereces una relación o un amor bonito, entonces vas a llegar no sólo a la reunión con tus amigos, sino a todos lados, sintiéndote así: 'Pobrecita soltera'".

Pero, ojo, mientras todas esas personas te hacen sentir como la rara, ninguno de ellos sabe que tu último novio era un verdadero patán, que tienes varios pretendientes y no haces uno de todos o que, simplemente, estás en pausa en tu vida sentimental porque tienes muchas otras cosas interesantes en la vida. "Si tu soltería es una elección, te pueden decir lo que quieran y a ti te da igual ser el centro de la broma, incluso hasta tú haces los chistes, y te es indiferente que te quieran emparejar con el de la oficina que está solo", agrega la autora. "Entonces entras a la reunión o al trabajo con la seguridad de que eso es lo que quieres para ti y que mañana puedes cambiar eso si conoces a una persona que te dé tranquilidad. Te estás eligiendo a ti primero y a tu paz, por encima de la vida acompañada que los demás esperan de ti".

Sin embargo, no sólo inspiras lástima si llegas sin acompañante. "Creo que vivimos en una sociedad en donde las mujeres solteras somos tratadas como peligrosas [risas]", asegura la emprendedora Adriana Carranza. "A la amiga soltera no la invitan a cenas de parejas porque los demás te están poniendo la etiqueta no sólo de apestada porque no tienes pareja, sino de apestada y buscona, a ver a cuál tipo agarras", agrega Caro Saracho. Eso sin contar que las que fueron tus amigas piensan que tu divorcio puede ser contagioso y prefieren mantenerte en cuarentena. Nada de qué preocuparte. Según Caro: "Sigue siendo fiel con quien eres; tal vez tendrás que ir cambiando de círculo de amigos para que no seas la rara soltera. Pero que tus amigas sientan que eres una amenaza o que sus maridos te pueden voltear a ver es un reflejo de la relación entre ellos, no es personal".

Como todo, ser soltera tiene sus grandes ventajas, que incluso pueden despertar envidia en las que sí tienen pareja. "Una vez leí que 70% de las mujeres exitosas eran solteras o divorciadas. Yo creo que tiene sentido porque tienes más tiempo para enfocarte en el trabajo. Tener pareja engorda [risas] y te quita tiempo laboral porque deseas pasarlo a su lado", agrega Wendy Crespi, consultora en imagen estratégica. La empresaria Adriana Escobar lo descubrió por experiencia propia: "En mi caso, al momento de ser soltera a los 43 años, empecé a crecer como mujer, como persona y a nivel económico, y hoy me considero exitosa, he logrado cumplir muchos de mis sueños". Pilar Pérez Manrique, experta en organización de eventos y *marketing*, ofrece una perspectiva similar: "El éxito puede significar muchas cosas para cada mujer, y en la soltería hay una sensación de mayor libertad para hacer lo que se te dé la gana, sin que nadie te cuestione ni te pida explicaciones. Por ello, se abre la posibilidad de miles de cosas en la carrera profesional y en la vida personal".

Con lo anterior, de ninguna manera busco restarle importancia al amor de pareja, al deseo de formar una familia, tener un acompañante en las fiestas o bailar un tango con alguien. "El otro día escuché a una persona diciendo que si tuviera pareja no sería tan exitosa como es, y me quedé pensando que la vida es de circunstancias y que cada quien se acopla a la que le toca", dice la diseñadora de moda Mora Ruiz. "En mi caso, mi marido ha sido un gran impulsor y eso me ha inspirado, pero depende de qué tipo de pareja tengas, porque algunos hombres pueden ser castrantes".

Para Pilar Arcila, diseñadora de joyería, la clave está en la distribución de las responsabilidades: "En mi experiencia personal, todo depende del apoyo de la pareja y de cómo se distribuyen las tareas que los hijos conllevan. En un matrimonio convencional de México, me atrevo a decir que la responsabilidad se le deja prácticamente a la mujer, por lo cual disminuye el tiempo que le puede dedicar a la carrera, sobre todo durante la infancia de los hijos. Entonces concluyo que no es un freno absoluto, pero sí posterga los tiempos para llegar a las metas u objetivos propios". No en vano la publicación *The Economist* señala cuál es el *child penalty*, es decir, el índice de impacto en el trabajo después de tener un hijo. Para los hombres es de 0% y para las mujeres de 30 por ciento.

No importa si estás sola o acompañada, si te sientes realizada en tu situación actual o deseas cambiarla, el caso es que ser soltera, divorciada, viuda, arrejuntada, casada o, como dice Facebook, en una relación complicada, es tu decisión y sólo tú tienes el dominio para tomar el camino que te lleve a la plenitud.

Regla 27

La maternidad es una opción, no una obligación

"La idea arcaica de que una mujer que no está casada y no tiene hijos a los 30 es un tanto antinatural probablemente va a existir siempre y, como casi todos los estándares sociales, es ridículo".

BETH DITTO

En el libro *El trato social. Costumbres de la sociedad moderna en todas las circunstancias de la vida, nueva guía para la gente elegante* escrito en 1921, la condesa de Tramar aborda el tema de la maternidad de la siguiente manera: "Algunas mujeres se rehúsan a fundar una familia: si aceptan el matrimonio es porque su posición depende de él, pero se espantan ante los hijos, no quieren conocer la dulce alegría de la maternidad, formar almas jóvenes, solidificar el lazo que las une al esposo. Habrá que esperar a que termine esa época de demencia y la mujer reconquiste sus deberes tras comprender que el fin de la maternidad es muy noble, que es muy bello sentir el palpitar entre sus brazos; pequeños seres que le deben la vida y cuyas caricias serán las más sinceras que ha de recibir en el mundo".

Lo irónico es que, al parecer, más de 100 años después de publicado ese libro, para un número considerable de personas, la creencia de que la mujer se realiza con los hijos no se ha modificado gran cosa. "Yo creo que muchas mujeres tienen hijos porque 'es lo que sigue' después de casarse, porque no nos hemos cuestionado realmente a profundidad y con honestidad si es lo que en verdad queremos y si estamos capacitadas para serlo, y porque socialmente se sigue esperando que las mujeres sean madres", comenta Ana Checa, productora y creadora de contenido, quien ha encontrado su realización sin hijos. No obstante, la tasa de natalidad ha ido disminuyendo en las nuevas generaciones, que parecen no estar de acuerdo con que ser madre es un deber ni mucho menos un placer; y ya no digamos que su posición dependa de un matrimonio o que los hijos sean necesarios para consolidar el amor de pareja.

Las mujeres que deciden no tener hijos son cuestionadas constantemente y vistas por los demás como si fueran a perderse del verdadero sentido de la vida. A veces se abusa de su tiempo en el trabajo porque la gente considera que a ella nadie la espera en casa. Pero quien tiene estos prejuicios se olvida de dos factores: el primero es que un hijo impacta la vida emocional, familiar, económica y profesional de la madre; cambia su futuro. El segundo es que la libertad es uno de los valores más apreciados por nosotras, después de siglos sin gozarla.

Es decir, la maternidad es una elección personal y, como mujeres, debemos respetar por igual a quien apuesta por ella o prefiere omitirla. Muchas mujeres, entre las que me encuentro yo, dimos prioridad a construir una carrera y cuando quisimos embarazarnos, nos dimos por enteradas de que nuestro cuerpo ya no estaba en condiciones de concebir naturalmente.

Algunas mujeres han decidido congelar sus óvulos para tener la opción de ser mamás más adelante en sus vidas y carreras, mientras atienden otras prioridades. Hay también las que han determinado que la maternidad no entra en sus planes o que el mundo no está en condiciones de recibir a más niños.

Sin embargo, en nuestra situación actual, que una mujer decida tener hijos no debería ser un obstáculo en su carrera. "Siento que el ámbito laboral es poco compasivo con las mujeres. Darte 30 días de posparto es algo que no logro entender, yo me recuperé bien en más de 10 meses", señala Wendy Crespi, quien como consultora estratégica ha podido observar el entorno profesional. "Por un lado, he escuchado comentarios de que cuando una mujer se embaraza, hay que reemplazarla en el trabajo y me parece inmensamente injusto. Por el otro, es obvio que las mujeres queremos pasar tiempo con nuestros hijos, se convierten en nuestra prioridad, por lo que siempre dejaremos a un lado todo cuando ellos nos necesiten".

Para las que optan por trabajar y ser mamás hay una constante: "La maternidad se vive con mucha culpa cuando eliges trabajar, y el trabajo se hace con mucha culpa también", asegura Caro Saracho, autora del libro *Mesa para una. #SoySola*. "La carrera profesional de los hombres siempre va en ascenso, independientemente de si son papás o no, y la de las mujeres se enfrenta a muchos baches, decisiones y obstáculos que tienes que sortear sobre la marcha".

Es una realidad que las empresas dudan en apostar por una mujer para puestos de alto rango por el temor a que renuncien a causa de los hijos, interrumpan su labor por un embarazo o no se sientan capaces de comprometerse con las largas jornadas y los frecuentes viajes debido a sus responsabilidades como madres. Y, desafortunadamente, este miedo no es infundado, ya que muchas determinan hacer una pausa en su profesión para dedicarse de tiempo completo a maternar, dejando a un lado todos los años de estudio y de carrera que las llevaron a alcanzar sus metas. Décadas después, ya con el nido vacío, resulta complicado reintegrarse a su profesión, pues están desconectadas, poco actualizadas y gran parte decide poner un negocio que, en su mayoría, no tiene nada que ver con su carrera inicial. Para hacerlo más complicado, algunas se divorcian o sus parejas pierden el trabajo, con lo cual tienen que convertirse en cabeza de familia con grandes desventajas respecto al puesto que pueden ocupar y el salario que perciben después de varios años de ausencia.

El verdadero problema es que nos hacemos responsables de los hijos, los padres, los suegros, la lavadora, las mascotas y lo que se ofrezca en su momento, sin contar con que queremos mantenernos delgadas, sensuales, informadas, ser buenas líderes y encantadoras con los que nos rodean. "Me parece importante recalcar que una cosa es pensar que los hijos sean un freno y otra muy distinta hacernos creer que tenemos un superpoder para ser excelentes esposas, madres presentes, ejecutivas y emprendedoras dando el 100% en todos los ámbitos de la vida y en todo momento", concuerda la interiorista Lucía de Luna. "Me parece que hay que ser realistas: los seres humanos no somos perfectos ni los días tienen 48 horas para dedicar el tiempo suficiente para hacer todo y hacerlo bien. Creo que cuando una mujer elige ser madre, sus prioridades cambian, sin mencionar la energía física y las responsabilidades".

Mi hermana María Pía, quien es doctora en Filosofía y recientemente fue la primera mujer en recibir un reconocimiento como Profesora Distinguida por el Departamento de Filosofía de la UAM Iztapalapa, empezó su discurso de agradecimiento diciendo que no se sentía la única merecedora de tal honor y mencionó a algunas otras mujeres que habían abierto brecha sin ser galardonadas. Al final mencionó nuestra disyuntiva como género: "Que en mi división hayan tardado tanto en reconocer a una mujer nos dice mucho de cómo las instituciones universitarias y culturales del país son todavía fieles a los criterios patriarcales. Las carreras de las mujeres a menudo tienen un ritmo diferente a las de los varones, entre otras cosas, porque las mujeres todavía están sometidas a tener que hacerse cargo del cuidado de sus hijos, luego de sus padres y, al final, de sus maridos. Antes se pensaba que estas tareas eran esenciales de género, sin pensar que sólo aventajaban a los hombres. Ahora sabemos que fue una forma de explotación y, en la actualidad, reivindicamos que las 'tareas del cuidado', como las llamamos los filósofos, hayan hecho posible que los hombres pudieran triunfar en sus profesiones y con sus ambiciones.

Muchas de las académicas que han logrado cumplir con sus proyectos y sus deseos de autorrealización han tenido que elegir entre su trabajo, su vida afectiva y familiar. Nosotras, las que estamos ya en etapas de madurez y de recibir estos reconocimientos, tenemos el deber de insistir en que esto no debería ser así. Nuestras alumnas tendrán alternativas sólo si sus padres, sus parejas y sus profesores insistimos en que esto no sólo no es posible y deseable, sino que es el único imperativo para la transformación hacia el bien del país. Tenemos que rehacer esta narrativa trágica de tener que elegir una carrera profesional y de las dificultades que ello supone para las familias. Las jóvenes tienen que estar protegidas con protocolos para contrarrestar todo tipo de violencia y exclusión, tanto dentro de sus familias como en las instituciones en donde estudian. Las elecciones profesionales son una prioridad para tomar esto en consideración. No hay progreso posible sin las mujeres.

Hasta hace unos años se nos presentaba el panorama cultural, artístico, científico y filosófico diciéndonos que no había suficientes mujeres o que pocas habían dejado huella o presencia en sus instituciones. Con el tiempo hemos descubierto que esto no es cierto. A Jean Paul Sartre le otorgaron el Premio Nobel, que por cierto rechazó, pero hoy tenemos claro, como lo ha dicho muy bien el filósofo Michael Walzer, que el trabajo más interesante y el que realmente ha resistido el paso de los años no ha sido el de Sartre, sino el de su compañera Simone de Beauvoir. Al principio, Pierre Curie tuvo que renegociar su aceptación del Nobel con la condición de que lo compartiera con su colega y esposa Marie Curie, menos mal que ella ganó un segundo Nobel ya sola. Hoy día, todo esto cobra especial relevancia porque los hombres en la academia tienen que tomar posturas más progresistas en el mundo de la ciencia, de la filosofía, de la sociología, de la historia, de las artes y de la antropología.

El futuro son las mujeres porque sólo con más voces, presencia y visibilidad podremos cambiar el mundo. '*L'avenir appartient aux femmes*' (El futuro es de las mujeres), dice el famoso eslogan francés que circula ahora por todos lados. Esto significa que hay mujeres que pueden sensibilizar problemas que antes pasaban desapercibidos... Si es cierto, ¡el futuro es de las mujeres!".

Regla 28

Infancia no es destino

"No me gustaba mi vida, así que creé otra vida".

COCO CHANEL

Elegir a Chanel para hablar de esta nueva regla de poder femenino me sitúa en una posición ambivalente: por un lado, está el hecho de que Gabrielle Chanel realmente se reinventó en cada etapa de su vida y que, efectivamente, generó no una, sino varias biografías para escapar del recuerdo de su triste infancia abandonada en un orfanato. Y, por el otro, está la dureza que adquirió su corazón, por lo cual podía ser despiadada con sus palabras y actos, con tal de seguir sobreviviendo a la batalla de un mundo hostil de la que salió siempre vencedora. Lo que es irónico y admirable en ella es que trató de dejar atrás el sentirse nadie; con un punto de vista muy específico en su propuesta de moda y gracias a su arduo trabajo, consiguió convertirse en la diseñadora más influyente, recordada y famosa de la historia hasta nuestros días.

Pero déjame platicarte otra historia, también de una diseñadora de moda exitosa, cuya infancia pintaba como para tener el más terrible final. Marisa Webb forjó su célebre carrera en Nueva York, donde trabajó en varias posiciones en la marca J. Crew, llegando a convertirse en la cabeza del diseño de ropa y joyería de la línea femenina. El impacto de sus colecciones allí la hizo famosa y consiguió que consumidoras que no tenían interés por el *look preppy* tradicional de la marca —entre ellas yo— se volvieran fanáticas de sus prendas y de la joyería protagónica que la hizo distintiva. Por ello, Banana Republic la fichó y, aunque sólo fue directora creativa por 18 meses en esa empresa, sin duda despuntó como la mejor época de la marca. Después de eso, Marisa nos ha seguido deleitando con sus creaciones, pero ahora ya con su propia marca homónima. Ella es, sin duda, el ejemplo perfecto para demostrar que la infancia no es una premonición del futuro y que ninguna de nosotras estamos sujetas a ser rehenes de lo que nos sucedió en la infancia.

Marisa nació en Corea, en una familia pobre. Su papá la entrenó para trabajar y ayudar a la manutención de su numerosa parentela. ¿Cuál fue el oficio que le enseñaron? El de carterista. A los tres añitos, Marisa convirtió sus pequeñas manitas en delicadas herramientas para extraer carteras y dinero de los bolsillos ajenos. Desafortunadamente, la historia de esta nena y sus hermanos se complicó cuando su madre murió y el padre los abandonó a todos en un orfanato. Allí, nuestra menudita heroína de corazón roto se volvió ruda para defenderse y proteger a sus hermanos de las agresiones de otros niños. Sin embargo, a los pocos meses, una pareja de estadounidenses se interesó en adoptar a Marisa y a tres de sus hermanos (ella cree recordar que eran más), y se los llevaron a vivir a Estados Unidos, donde les brindaron una nueva vida llena de esperanza. "Si fuera a escribir mi historia, podría hacer cinco libros de distintas etapas de mi vida. Sé que tengo una suerte increíble y, al mismo tiempo, sé que requirió mucha fuerza interior porque no fue un camino mágico. He conocido a muchas personas adoptadas y algunas ven la adopción como una lucha y otras piensan que es lo más fabuloso del mundo. Hay quien le echa la culpa a todo por ser adoptado. Yo no lo veo como un factor enorme en mi existencia", dice Marisa. "Ése es el mensaje que me gustaría dar: sigue el camino hacia tus sueños y haz que se hagan realidad. No importa tu historia, de dónde vienes, cómo te ves o cualquier otra cosa que creas que puede detenerte. Tú, de verdad, controlas tu propia vida".

En pequeña o gran medida, todos crecimos con circunstancias que ya estaban ahí o que se fueron dando sin que pudiéramos evitarlo, pero nuestro presente es el resultado de nuestras decisiones y así también será el futuro. "Crecí en una familia con muchas carencias, por lo que desde niña elegí hacer cosas que no implicaran mayor gasto. Por ejemplo: en la secundaria me salí de dibujo técnico para irme a taquimecanografía; en las optativas de prepa escogí humanidades porque en diseño gráfico era más caro comprar todos los materiales; y en la universidad quería estudiar diseño de moda, pero tampoco había posibilidades económicas para apoyarme, así que me fui a comunicación en otra institución más barata", cuenta Pilar Pérez Manrique, quien hoy organiza eventos y desarrolla estrategias de *marketing* y comunicación. "Sin embargo, esa semilla de la creatividad y la moda siempre estuvo ahí, así que me involucré en eventos e incluso mi círculo social fue de diseñadores de moda y gráficos, enriquecido por músicos y comunicólogos. Así fui creciendo en este ambiente, en el cual aprendí mucho, además de que me permitió desarrollarme en distintas vertientes de mi carrera, desde coordinar un desfile, organizar un evento inaugural, gestionar la hospitalidad de personalidades VIP; *marketing*, comunicación. En realidad, sigo creciendo y estoy agradecida porque, aunque esas decisiones fueron forzadas, mi convicción, mis ganas de aprender y mi iniciativa me abrieron estas puertas que sigo tocando".

Puede ser que tu comienzo haya sido sinuoso, pero el resto del camino como adulta está esperando ser construido con tu determinación.

Regla 29

Tus amigos son la red de tu trapecio

"Con quien pasas tiempo es en quien te conviertes".

TONY ROBBINS

La abundancia comienza por mis amigos. Tenerlos en mi vida ha sido tal fuente de inspiración y cariño que durante muchos años no experimenté la necesidad de tener una pareja, pues siempre había alguien con quien divertirme, viajar, trabajar y sentir esa complicidad que es invaluable. Y cuando las cosas se tornaron difíciles, ahí estuvieron mis amigos para cacharme, como si fueran la red de mi trapecio.

En realidad, ésa es "la familia elegida" con la que crecí, que se conformó en diferentes etapas y que suele tener más en común con mis valores, intereses y necesidades que la biológica, que me esperaba en casa para celebrar el Día de la Madre, la Navidad o el Año Nuevo.

Un verdadero amigo conoce tus virtudes y defectos, tus debilidades y fortalezas, y lejos de intentar modificarte o ceñirte a sus propios valores, puede aceptarte y quererte con todo tu equipaje.

Conoces a tus amigos cuando llega la desgracia: la enfermedad propia o de alguien cercano, la carencia económica, la separación amorosa, el divorcio, la muerte de alguien importante, la depresión o el fracaso en tu vida profesional. Ahí es cuando realmente se acercan los que son tu red de salvación para abrazarte, ayudarte a resolver los problemas, aclarar tu mente, subir tu autoestima, escucharte repetir la misma historia mil veces, beber tus penas en grata compañía, rescatarte en los momentos difíciles, recordarte tu valor y, sobre todo, ayudar a abrirte camino para reinventarte.

Lo que muy pocas personas distinguen es que un buen amigo también sabe estar en la prosperidad, cuando te va muy bien. Tú pensarás: *pero ¡es obvio!* No, no lo es. Una de las resistencias inconscientes del triunfo consiste en temer quedarte sola; separarte de tu familia y de aquellos amigos que no pueden aceptar, sin resentimiento o envidia, que te hayas hecho rica, que tengas una mejor casa, que te cases y tengas hijos y un largo etcétera.

Las personas que te acompañan desinteresadamente en tus mejores momentos son tus verdaderos amigos. Quienes te aplauden si te sacaste un premio, si lograste cerrar un negocio, si llegaste con un auto último modelo, si te vistes con prendas de diseñador o si has logrado conquistar a Brad Pitt, no importa en qué consista tu buena racha, mereces disfrutarla rodeada de personas que se sumen a esa abundancia con admiración, alegría y reconocimiento genuino de tus méritos.

Al escribir esto, puedo pensar en aquellos que estuvieron en contacto conmigo acompañándome con cartas, llamadas y esporádicas visitas a Nueva York cuando pasaba por un divorcio muy complicado, estando lejos de mi familia y de mi país. Y qué deleite saber que son los mismos que me ayudaron a encontrar trabajo a mi regreso y me han aplaudido durante las presentaciones de mis libros o cuando he celebrado estar enamorada.

En esta montaña rusa que es la vida todo es más placentero si sientes que hay alguien cubriendo tu espalda, protegiéndote de todo, incluso de ti misma. Eso no quiere decir que en las amistades jamás habrá conflictos, momentos de distanciamiento, enojo y terribles mal entendidos. Hay también la posibilidad de que en el camino se presente una bifurcación y su destino sea separarse. No todas las amistades son para siempre y algunas implican un propósito particular que, una vez que se ha cumplido, tienen una caducidad natural. Recuerda: no escogiste a tu familia biológica, pero la que construyes con tus amigos es voluntaria y se fundamenta en el placer de la convivencia.

Regla 30

Alimenta el poder de otras mujeres

"Amigas. Hermanas. Mamás. Maestras. Cuando las mujeres afirman a las mujeres, desbloquean su poder. Nos dan permiso de brillar intensamente".

Elaine Welteroth

Rosi Orozco fue diputada federal en México y hoy es una gran activista en la prevención y combate contra la trata de personas. Se ha dedicado a rescatar e integrar con éxito a quienes han sufrido diferentes formas de explotación sexual, laboral, trabajo y matrimonios forzados, mendicidad, entre otras. Uno de sus grandes méritos ha sido fundar valientemente los primeros refugios para recibir a las víctimas (tanto a hombres como mujeres), una vez que han sido encontradas. Esta labor, por demás riesgosa, se enfrenta a una mafia y red de criminales que no sólo están dispuestos a matarlas, sino también a quienes pretenden liberarlas.

En 2007 se abrió Camino a casa, en el que llegaron las primeras jóvenes rescatadas personalmente por Rosi. "La primera que recibimos ahí hoy ya tiene su salón de belleza, está casada y se encuentra ayudando a su familia", dice la exdiputada. "Me siento muy orgullosa de ella porque es exitosa, ¡qué orgullo de chica!". Sin embargo, no todas gozan de la misma suerte, pues, según la activista, algunas de las víctimas han tenido que lidiar con circunstancias tan traumáticas que desarrollan bloqueos mentales como mecanismo de defensa, lo que les impide estudiar. De cualquier manera, hay un grupo de expertos que se encarga de reintegrarlas, ya sea con un oficio o carrera, para poderlas convertir en mujeres autosuficientes y exitosas. "Por ejemplo, Laura [los nombres han sido modificados por seguridad de las víctimas], quien llegó de nueve años, con Ana, de seis. Ana ahora está estudiando una carrera y Laura pinta precioso, pero no pudo estudiar ni siquiera la preparatoria".

La labor de Rosi y su equipo es muy personalizada y comprende enormes complejidades porque hay personas que llegan afectadas psicológicamente o son tan vulnerables que pueden volver a ser captadas por la delincuencia. El panorama para estas adolescentes, cuya edad promedio está entre los 12 y los 16 años, aunque, como en el caso de Ana, también llegan a rescatar niñas, ha sido marcado por la pobreza extrema, la violencia y la desintegración familiar, lo cual las hace ser presas fáciles para los tratantes o, incluso, para sus propias familias, que llegan a venderlas o prostituirlas. En toda nuestra frontera hay muchísimos giros negros donde se produce pornografía infantil, tenemos playas que son destinos privilegiados para pedófilos que vienen a gozar de un turismo perverso. "Sólo el 1% de las cautivas es rescatada y únicamente el 2% sobrevive. Es gravísimo", afirma contundentemente Rosi.

A lo largo de los años de esta labor ha habido resultados excelentes y otros no tan buenos. "Algunas chicas no se creen capaces de salir adelante, escuchas que están en un proceso de restauración, pero, desgraciadamente, siguen viéndose a sí mismas sucias, indignas, quieren causar lástima en lugar de admiración", comenta la exlegisladora. "Y en otras es impresionante el fuego y sus ganas de superarse; percibes que tienen autoridad, se sienten libres, se ven a sí mismas como triunfadoras".

Todavía queda mucho por hacer, hacen falta cientos de refugios y otras posibilidades de acompañamiento porque no sólo se están reintegrando víctimas, sino que se están forjando mujeres exitosas. En mi libro *Imagen, actitud y poder* hablo sobre dos formas en que nos podemos auxiliar como mujeres. La primera es siendo una mujer escalera, como lo ha sido Rosi, convirtiéndose en la herramienta o los escalones para facilitar el triunfo de esas chicas. La segunda consiste en unir a dos mujeres que se pueden auxiliar mutuamente, y es lo que llamo mujeres eslabón. Hoy me gustaría invitarte a que te conviertas en una escalera o en un eslabón para ser parte de la increíble labor que están llevando a cabo esta activista y su equipo. Puedes donar desde uno hasta 15 mil pesos, que es lo que cuesta un mes de manutención, ayuda legal, salubridad, apoyo psicológico y acompañamiento de las víctimas; o simplemente difundir las campañas de prevención para que las niñas de primaria y secundaria estén mejor informadas y no caigan en las redes de las mafias. Aquí te dejo la página: https://comisionunidos.org/.

Si la lucha contra la trata no es tu llamado, no importa. No todas poseemos la visión y valentía de Rosi, pero sí la posibilidad de alimentar el poder de otra mujer que está en condiciones menos privilegiadas que nosotras, así que será importante contar contigo para que seas su escalera o su eslabón en la primera oportunidad que se te presente.

Al final de nuestra charla sobre este tema, le pedí a Rosi que nos compartiera una nueva regla del poder femenino y esto es lo que dijo: "Una mujer verdaderamente empoderada tiene toda la capacidad de darle la mano a alguien vulnerable, hasta que esté en su mismo nivel de poder".

No pudo haberlo dicho mejor. Suscribo.

Regla 31

Tu felicidad debe ser inmune a las críticas

"La única cosa que te hará feliz será ser feliz con quien eres".

GOLDIE HAWN

Criticar puede ser el deporte favorito de muchas, pero termina siendo un hábito tan corrosivo con los demás como con quien lo practica. Imaginemos que una mujer ha sido educada bajo las estrictas reglas morales de su religión. Ella estudió en escuelas de mujeres, sus padres no le permitieron estar a solas con hombres ajenos a la familia ni mucho menos tener novio. En un momento dado, los padres acordaron casarla con un joven de otro pueblo y se llevaron a cabo las nupcias sin que ella y su esposo se hubieran conocido o elegido. Por cuestiones de trabajo, ellos se van a vivir a un departamento a las afueras de Nueva York y tienen como vecina a una mujer de 34 años, recién divorciada, que está probando suerte con Tinder y quien regularmente recibe en su departamento a diferentes hombres. Lo lógico es que a la protagonista de esta historia le parezca indebido lo que hace su vecina e incluso se dé el lujo de criticarla a sus espaldas y mirarla con desprecio si se la encuentra en el pasillo. La realidad es que la amargura que le produce la vecina tiene más que ver con una envidia disfrazada que con su desaprobación. Me explico: cuando ella cumplió con todas las reglas y se sacrificó casándose con un extraño para obedecer a sus padres, hizo un esfuerzo impresionante y ahora ve que la chica del departamento de al lado no tiene que replegarse ni ceñirse a ninguna regla, así que esto le produce rabia. No hacia la vecina, sino a la diferencia entre ellas. Así sucede con la chica que se mata en el gimnasio haciendo ejercicio y que se come viva a la mujer que sale feliz en traje de baño sin que le importe lucir un cuerpo lleno de celulitis. A algunas madres les da coraje poner tanto esfuerzo para que sus hijos sean educados, mientras que hay otras que los dejan correr como cabras salvajes en cristalería y su reacción es criticarlas.

Pero, bueno, ya analizado el tema que nos impulsa a criticar, lo que corresponde es que resolvamos nuestras propias cuentas y dejemos de atacar a las mujeres que viven como se les da la gana. Quizá la mejor idea para hacer esto es comenzar por nosotros: ¿de qué te criticas? Yo, a bote pronto, te confieso que tengo un problema cuando voy de compras. Te voy a dar un ejemplo real: fui con una amiga a Marruecos y entramos a una tienda de ropa típica. Nos probamos varios sacos y yo no pude resistirme y me compré tres, cuando mi amiga salió feliz de allí con uno. ¿Era necesario que me llevara tres? Claro que no, pero difícilmente puedo controlar el impulso de compra. No puedo decidirme y, en lugar de elegir, compré las prendas que me gustaron, pero después me llené de culpa. Conmigo sucede lo contrario de la señora que va al gimnasio: me reprocho por no tener más control y me regaño rudamente.

"¡Miles de cosas me critico! Desde mi pelo rizado y rebelde, que antes veía como un defecto por no saber sacarle provecho, pero que he aprendido a querer y adaptar como parte de mi identidad, hasta mi peso variable, el cambio de mi cuerpo después del embarazo, mis problemas recurrentes de acné, y así podría seguir. Pero nuevamente, aunque esas inseguridades no se van, con la edad he aprendido a aceptarlas y abrazarlas como parte de quien soy y de mi propia historia de vida", confiesa la arquitecta y diseñadora de interiores Ximena Díaz. "Cada vez que una inseguridad me llega, intento verme desde afuera, y me obligo a pensar: 'Si yo fuera otra persona y me viera llegar a algún lugar, ¿sería en esas cosas en las que me fijaría? ¿Criticaría eso de otra mujer o más bien admiraría algo de ella?'. Y así es como logro salirme de este estado de ansiedad e intento ser más compasiva conmigo".

Además de nuestra autocrítica, solemos lidiar con la necesidad de no ser criticada por los demás, cosa por demás imposible. Eso es algo que está fuera de nuestro control y, como vimos en los ejemplos anteriores, siempre habrá alguien que siente que sus propias restricciones le dan derecho a amargarse por nuestras libertades.

En la vida real, especialmente en las nuevas generaciones, hacerse un tatuaje no tiene nada que ver con el viejo prejuicio de que eso era únicamente para los presos y los marineros; no casarse es irrelevante para su felicidad, decidir no tener hijos y volcar su amor hacia su mascota es una elección personal y no cuestionable; lo mismo que preferir llegar a la clase de yoga a desvelarse para terminar el proyecto laboral. Se trata, pues, de hacer lo que te da la gana, sin darles explicaciones a los que no tendrían por qué cuestionarte o aprobarte.

Al final de tu vida, en el lecho de muerte, a la única persona a quien le tendrás que rendir cuentas es a ti misma. No permitas que la opinión ajena te limite, tu bienestar no requiere de la aprobación de nadie.

Regla 32

Las redes suman hasta que restan

"La privacidad ha muerto y las redes sociales sostienen la pistola humeante".

PETE CASHMORE

Todos hemos escuchado sobre la demanda que diversos padres presentaron contra Meta. Según argumentan, sus hijos adolescentes y jóvenes han desarrollado trastornos mentales y de autoestima debido a la exposición a contenido no filtrado en sus redes sociales, diseñado con algoritmos para crear adicción. Además, han sido víctimas de *cyberbullying* (amenazar, molestar, avergonzar o atacar a una persona por medio de la tecnología) y *phishing* (intentar robar información sensible como cuentas bancarias o identidad). Los efectos de salud incluyen depresión, ansiedad, pensamientos suicidas, dismorfia corporal, desórdenes alimenticios y adicción a las redes sociales, entre otros. Eso sin considerar la red de pederastas que recluta a sus víctimas haciendo uso de las redes, el acoso y violencia sexual digital o el fenómeno social llamado "cancelación", que permite a un grupo de personas reprochar abiertamente un comportamiento que repudian —aun cuando los actos que recriminan no sean un delito o no puedan comprobarse— a través de un ataque incesante en las redes sociales para arruinar la reputación del receptor.

Como muestra de lo que puede suceder en las redes está el sonado caso de Olimpia Coral Melo, cuya pareja de juventud publicó en 2014 un video sexual, no autorizado por ella, que rápidamente se viralizó a través de las redes sociales. La avalancha de comentarios machistas y burlones, sumada a las críticas sobre su cuerpo, la llevaron a enfrentar una profunda depresión. Pero, como una mujer que sabe capitalizar incluso los momentos de crisis, a raíz de ese incidente, Olimpia formó en Puebla la Organización de Mujeres contra Violencia de Género; después, en Ciudad de México, fundó el Frente Nacional para la Sororidad; y, tras siete años de trabajar para penalizar esta práctica, logró que se creara la Ley Olimpia, la cual sanciona hasta con seis años de prisión a quienes comparten materiales íntimos sin consentimiento, reconociendo la violencia digital como un delito.

En cuestiones de autoestima, el uso de las redes sociales tiene efectos ambivalentes. Por un lado, se sigue usando el antiguo modelo de las revistas femeninas, en el que las mujeres sienten admiración y siguen en redes a aquellas personas que lucen hermosas, delgadas, inalcanzables, ricas, famosas y felices, con un deseo de ser como ellas y sentir que les faltan años luz para poder verse o sentirse así. Por el otro, la belleza se ha diversificado digitalmente, aceptando que cuerpos menos "perfectos", distintos pesos y tallas, varios colores de piel, etcétera, son parte de la nueva —y más auténtica— estética femenina.

En el artículo "I Feel Pretty and the Rise of Beauty-Standard Denialism" (Me siento guapa y el auge del negacionismo de los estándares de belleza), publicado el 23 de abril de 2018 en el *New York Times*, Amanda Hess asegura que, junto a los tutoriales de YouTube y las *influencers* de moda en Instagram, la negación de los estándares de belleza ha explotado en línea. "En una cultura cada vez más visual, todas somos voceras de nuestras propias marcas. Las redes sociales ponen aún más presión en las apariencias, pero también en proyectarlas de maneras políticamente correctas, incluyendo la promoción de conceptos como la aceptación corporal, el amor propio y una visión más amplia de la belleza que incluya la diversidad de cuerpos". La autora concluye que, a raíz de esta intervención digital, se espera que las mujeres seamos femeninas y feministas al mismo tiempo.

Pero hasta con esa inclusión, la sensación general es que hay una realidad maquillada que nos hace sentir en desventaja. Nadie ignora que antes de publicar una foto se lleva a cabo una intensa edición y retoque con filtros en la que los defectos se minimizan y las escenas privilegiadas —como una propuesta matrimonial, una boda, una gran gala o un viaje de lujo— parecen ser parte de la vida de sueños de quienes aparecen en nuestro *feed*. Si tú estás en casa cambiando el quinto pañal de tu bebé, trabajando sin haberte bañado y tratando de ganar lo suficiente como para pagar tu tarjeta de crédito este mes, es lógico que te sientas frustrada, como si hubieras hecho algo mal.

No obstante, es hora de preguntarte quién es responsable de esa desazón, ¿tú, las *influencers* o las redes sociales? No mires más lejos, la única responsable de tu salud mental y tu autoestima eres tú. Por lo tanto, es hora de dejar de seguir a todo aquel que te haga sentir menos, te quite tiempo de calidad o te lleve a verte como víctima. Evadirte de la realidad sólo se justifica si puedes regresar a ella más informada o empoderada. Sin embargo, si lo que no quieres es enfrentar tu vida tal como está, te toca hacer algo para cambiarla y eso no tiene nada que ver con las redes.

"Para mí, las redes han sumado porque yo decido qué contenido seguir y no creer en todo lo que dicen allí, sino investigar lo que me interesa y crearme un criterio propio", afirma Lucía Galindo, quien ha aplicado su formación como licenciada en Relaciones Públicas y Turismo para navegar en el mundo digital. "Han sumado también porque gracias a ellas encontré viejos amigos y compañeros de escuela que de otro modo no hubiera vuelto a ver; así puedo mantenerme en contacto con mis familiares y amigos que viven en otras ciudades y países. Creo que cuando las redes restan a tu vida es porque te has centrado demasiado en ellas, dedicándoles más tiempo que a las cosas realmente importantes".

¿Qué papel juegas en la vida de los demás a través de tus redes? Es obvio que se trata de compartir y que, como en cualquier selección de tus fotografías, no escogerás aquellas en las que no sales favorecida. Pero si te descubres queriendo impresionar a los demás o tratando de causar admiración o compasión, quizá sea bueno que te plantees por qué buscas aprobación ajena. "En este momento, parte de mi trabajo es hacer contenido para redes sociales, entonces no puedo renegar de ellas; pero, en lo personal, no veo la necesidad de estar contando todo lo que una hace para ser validada", dice la periodista de moda Pilar Luna.

Sin duda, hay personas que dependen de su número de seguidores, los *likes* y las interacciones de su audiencia, pero para que las redes realmente sean positivas deben jugar un papel menor al de tu vida cotidiana.

Mujer que honra a otras mujeres

Cristina Morató

Tenía 20 años y estaba estudiando Periodismo en la Universidad Autónoma de Barcelona, en el campus de Bellaterra, cuando decidió ser reportera de guerra y viajar con su cámara fotográfica a Nicaragua para cubrir la llegada de los sandinistas al poder. Llegó a Managua sola, sin cartas de recomendación ni contactos, casi sin dinero y ningún carnet que la acreditara como periodista. Ése fue el súbito bautismo de fuego de Cristina Morató, en el que enfrentó por primera vez la muerte, la violencia y las injusticias sociales. Sin embargo, estaba claro que nunca sería una buena reportera de guerra porque, ante la tragedia, dejaba la cámara a un lado y se disponía a ayudar. La verdadera enseñanza de esa peligrosa aventura fue que su corazón vibraba al viajar y su curiosidad de periodista jamás se saciaba al conocer otras culturas, lo que la ha llevado a vivir largas temporadas en África, Asia y América Latina fotografiando y escribiendo artículos sobre las mujeres en las zonas rurales.

De hecho, las mujeres son el tema central e hilo conductor del trabajo de Cristina. Entre otras cosas, en su natal España, se le conoce como pionera de la literatura femenina de viajes. En libros como *Viajeras intrépidas y aventureras*, *Las reinas de África* o *Las damas de Oriente* ha rescatado las hazañas de grandes viajeras y exploradoras del pasado olvidadas por la historia. "Desde los tiempos más remotos, peregrinas, conquistadoras, misioneras, aristócratas, esposas de exploradores o diplomáticos, solteronas, aventureras y científicas se lanzaron allí donde los mapas estaban en blanco, contribuyendo con sus viajes a un mayor conocimiento geográfico del planeta. En el siglo XIX, en la época victoriana, donde las mujeres eran casi invisibles y vivían tuteladas por sus maridos o por sus hermanos mayores, los hombres de ciencia tachaban a las viajeras de 'marimachos, locas y excéntricas'. Se creía firmemente que una mujer no estaba capacitada ni física ni mentalmente para viajar y recorrer el mundo. No obstante, para ellas los viajes significaban libertad y la posibilidad de huir de una sociedad en la que no encajaban. Aquellas viajeras no contaban con el apoyo de las grandes sociedades geográficas del momento como la Royal Geographical Society de Londres, a la que tengo el privilegio de pertenecer hoy".

Cristina ha decidido hacer de sus viajes una escuela de vida. "Desde muy joven he fotografiado a las mujeres indígenas en distintos países de América Latina. Mi primer contacto fue con las indígenas kuna de Panamá. Viajé al archipiélago de San Blas y me quedé con ellas viviendo un tiempo para conocer su forma de vida y fotografiar sus textiles artesanales. Me fascinó su fuerza, su capacidad creativa, su lucha por mantener las tradiciones y su respeto por la naturaleza. Desde aquel primer viaje he visitado otros pueblos indígenas en Colombia, Argentina, Chile y México, fotografiando sus rituales y sus textiles. He vivido con las campesinas en sus humildes chozas y las he visto trabajar duro en sus milpas. Las mujeres kunas, mayas o las que habitan la Amazonia sufren discriminación, son víctimas de la violencia y carecen de derechos fundamentales". Es así como esta autora *bestseller* ha podido compartir con el mundo su pasión y su conocimiento sin caer en la idealización de esas mujeres, pues ha visto cómo viven, cómo les quitan las tierras de sus antepasados, cómo carecen de todos los derechos a la salud, a la educación o a una vivienda digna. "Ellas son el motor de su comunidad, las guardianas y protectoras de su cultura ancestral, pero, a la vez, son las más vulnerables. Para mí, conocerlas ha sido una lección de vida. Ellas sí son heroínas anónimas".

En 1995, Cristina viajó por primera vez a los Altos de Chiapas para realizar un reportaje sobre los textiles que elaboran las mujeres mayas. Ligera de equipaje, con apenas una mochila y su equipo fotográfico, se aventuró sola por remotas aldeas del altiplano donde las campesinas tejen en primitivos telares. "Sus vistosos huipiles bordados con flores y pájaros son algo más que una prenda de abrigo: constituyen sus señas de identidad y, a la vez, su bandera de resistencia". En ese entonces, la periodista jamás imaginó que dos años más tarde se casaría en la iglesia de la aldea maya de Zinacantán, en Chiapas, y que las tejedoras le obsequiarían un magnífico huipil de novia, blanco y emplumado, que guarda como una reliquia.

La obra de esta escritora ha explorado a decenas de mujeres famosas, muchas de las cuales han tenido que librar obstáculos, sobrepasar desgracias y seguir adelante. Pero de todos esos mujerones, a quien Cristina destaca por su capacidad para romper esquemas es Coco Chanel. "Resulta extraordinario que la creadora del *glamour* fuera, en realidad, una muchacha de origen humilde, educada en un orfanato por unas monjas que le enseñaron a coser. Coco fue una luchadora que supo adaptarse como un camaleón a las circunstancias y se enorgullecía de haberlo aprendido todo por sí misma. Llegó a ser una de las primeras empresarias y, en la cúspide de su carrera, contaba con 3 000 empleados y tiendas en París, Deauville y Biarritz. Revolucionó la moda y contribuyó con sus atrevidas apuestas a emancipar a la mujer. Acabó con los corsés y las varillas, con las cinturas de avispa y los sombreros recargados; inventó la ropa deportiva, el traje de chaqueta más imitado de la historia, así como las joyas de bisutería. Diseñó como vivió: sin ataduras ni reglas preconcebidas. Fue, sin duda, la creadora más influyente del siglo XX".

Asimismo, María Callas es una de las heroínas que Cristina nos presenta magistralmente en su libro *Las divas rebeldes*. Es su resiliencia lo que admira y expone para nuestro deleite en sus páginas. "Fue capaz de superar el dolor emocional y todas las situaciones adversas que golpearon su vida y pudo salir fortalecida de ellas. Su talento era fruto de una férrea disciplina, un absoluto dominio de la técnica y una sensibilidad extrema. En realidad fue una niña solitaria, explotada por su ambiciosa madre y muy infeliz en el amor. Fue engañada y explotada durante 10 años por su esposo y agente, hasta que Aristóteles Onassis se cruzó en su camino. El rico naviero griego fue su gran amor, pero, para él, la diva sólo fue un trofeo más en su vida. Sin embargo, a pesar de haber tenido una infancia desdichada, de sentirse muy acomplejada por su aspecto físico (su madre la llamaba gorda) y de sus desengaños amorosos, trabajó muy duro y se convirtió en la diva más grande de la historia. Nadie como ella —que vivió en carne propia los celos, el rechazo, el amor intenso, la culpa y el abandono— pudo meterse en la piel de una Norma, una Lucía o una Violeta, de manera tan sublime y dramática. La

Callas fascinó al mundo porque representó a través de sus colosales personajes femeninos su propia vida marcada por el sufrimiento y las frustraciones".

Entre las páginas de *Reinas malditas* destaca particularmente la historia de Victoria de Inglaterra. La soberana del mayor imperio del planeta que ocupó el trono durante 63 años tiene un lugar especial en su corazón. Contrariamente a las nobles señoras famosas por su espectacular belleza, como la emperatriz Isabel de Baviera, mejor conocida como Sissi, quien tenía la cabellera más larga y lustrosa de su época, o el increíble estilo de Eugenia de Montijo que la convirtió en una *influencer* de su tiempo, Victoria era una mujer bajita, robusta y poco atractiva, pero terminó por convertirse en una de las figuras más importantes de la historia británica. "Su vida estuvo plagada de altibajos y tragedias, pero hoy es recordada como una reina modélica y una de las mujeres más poderosas de su tiempo. Fue coronada con 18 años y supo rodearse de veteranos consejeros. Victoria dio nombre a la 'era victoriana' cuando el Imperio británico alcanzó su máximo esplendor. Con su adorado esposo, el príncipe Alberto, tuvo nueve hijos y varios de ellos se casaron con miembros de la realeza de otros países, una estrategia de Victoria para forjar alianzas".

De su libro *Reinas de leyenda*, Cristina considera que la vida de la emperatriz Cixí de China fue extraordinaria, pues, de ser una concubina de bajo rango que llegó a la Ciudad Prohibida de Pekín con 16 años para formar parte del harén imperial, acabó convirtiéndose en la poderosa emperatriz viuda Cixí, quien gobernó durante medio siglo sobre una tercera parte de la población mundial. "Era una mujer implacable y astuta que sacó a China de su aislamiento y llevó al país a la modernidad.

Pero, a pesar de ser la soberana más poderosa del Imperio chino, se vio obligada a gobernar oculta tras una cortina de seda porque, como mujer, no podía exponerse a las miradas masculinas", comenta la autora.

Entre esas grandes e infelices historias también se encuentra la de Carlota, la desdichada emperatriz de México. Esta princesa belga y archiduquesa de Austria, casada con Maximiliano de Habsburgo, se embarcó en la fatal aventura de fundar un Segundo Imperio en México cayendo en una trampa mortal. "La historia ha sido muy injusta presentándola como una mujer manipuladora y loca, cuando en realidad ella gobernó México en ausencia de su esposo y estaba mucho más preparada que su inepto marido. Carlota no sólo destinó importantes sumas de dinero para obras de caridad, guarderías, asilos y orfanatos, sino que impulsó una ley para mejorar la situación de los indígenas, para acabar con los castigos corporales, con la explotación infantil y reducir las jornadas de trabajo. Fue la primera gobernante de México con sólo 25 años y, a pesar de su preparación, su esposo no le permitió interferir en asuntos de Estado".

Cristina asegura que la mayoría de estas reinas eran más competentes que sus esposos, por lo que podemos decir que los mejores soberanos de la historia fueron mujeres. Sin embargo, la destacada labor de esta escritora no sólo es poner en el mapa a las grandes, sino también a las que son guerreras anónimas, con la misma admiración, respeto y orgullo. "Escribo sobre mujeres porque son las grandes olvidadas de la historia y es necesario recuperar sus nombres, poner en valor sus hazañas y sus logros femeninos. Es tremendamente injusto y refleja la misoginia que aún existe en muchos ámbitos, como la invisibilidad de la mujer en los libros de historia".

El poder de la vulnerabilidad

Capítulo V

Regla 33

La vulnerabilidad no es debilidad

"La vulnerabilidad es la esencia de la conexión y la conexión es la esencia de la existencia".

LEO CHRISTOPHER

La mayoría de las personas a las que nos gusta trabajar en nuestro desarrollo personal nos hemos topado con el tema de la vulnerabilidad y su vocera más importante, la investigadora Brené Brown, quien no sólo le ha dedicado muchas páginas de sus libros, sino que ha llevado una campaña positiva para redimirla. "La vulnerabilidad es lo primero que queremos encontrar en las personas y lo último que deseamos mostrarles de nosotros mismos", asegura la autora *bestseller*. Porque para ella —y coincido completamente—, la vulnerabilidad es valentía pura. "Riesgo emocional, exponerte, incertidumbre... es la medida más certera de nuestro coraje".

Recuerdo una tarde en la que estaba en una videollamada con un hombre. Como suelen ser los romances hoy en día, nos habíamos escrito textos durante varias semanas, después hicimos llamadas telefónicas y, conforme nos sentimos más cómodos e interesados, pasamos a platicar a través de nuestras pantallas. Sin duda, no sólo había atracción física, sino también muchas cosas en común, pero la conversación era la típica entre dos personas que están intentando saber más sobre el otro. Hasta que él me contó una historia muy íntima y transformó completamente la dinámica entre nosotros. En su relato desplegó su alma y yo, conmovida ante su vulnerabilidad, empecé a amarlo en ese instante en el que pasó de ser un hombre presentando sus mejores credenciales para conquistarme a ser una persona sensible y frágil como tú y como yo. Al día siguiente, me contó más adelante, estaba arrepentido de haberse puesto en una situación así, tan rápido, y temió que nuestra relación incipiente hubiera cambiado. Tuvo razón en cuanto al cambio, en donde se equivocó fue en pensar que su historia podía afectarnos, cuando lo que hizo fue fortalecernos como pareja.

"Gracias a la vulnerabilidad y a los estados dolorosos que conlleva su experiencia, tenemos la oportunidad de abrir nuestro corazón y suavizarlo. En consecuencia, cuando somos testigos de una situación similar en alguien más, lo entenderemos, pues ya cruzamos ese abismo y es entonces cuando llega la compasión", dice la diseñadora gráfica Marcela Morales.

Lo cierto es que todos hemos pasado por momentos difíciles que han desencadenado experiencias tan fuertes que nos duele tan sólo recordarlos. Hablar de ellos, desde luego, requiere no sólo de valentía, sino de sentirnos en un lugar seguro, en donde lo que digamos no será usado en nuestra contra, jamás. "Es difícil manejar la vulnerabilidad, ya que puedes entregarle un tesoro a una persona equivocada", coincide la empresaria Adriana Treviño. "Pero si lo logras, sí fortalece mucho una relación, pues crea conexiones significativas que pueden perdurar por muchos años".

La primera gran verdad del Buda, según el libro *Cuando todo se derrumba*, de la monja budista Pema Chödrön, es que "sufrir es inevitable para el ser humano mientras creamos que las cosas duran, que no se desintegran y que puede contarse con ellas para satisfacer nuestra hambre de seguridad". Desde ese lugar, la única certeza que tenemos "es cuando nos han quitado la alfombra y no tenemos dónde aterrizar". Nos guste o no, las situaciones siempre están en transición. "Cuando más me duele es cuando me estoy aferrando demasiado", afirma la monja.

Todo lo que nos hace sentir dolor detona el ímpetu de culpar. Cuando culpamos a alguien de nuestra desgracia, fortificamos una barrera de resentimiento que nos incomunica y nos hace creer que tenemos la razón, lo cual nos lleva a arremeter contra el otro: lo acusamos de estar equivocado, de ser injusto o de ser una mala persona.

El dolor es incómodo y muy mal consejero, pero, cuando se acompaña de vergüenza, pesa como un edificio que tenemos que cargar en nuestra espalda. Por eso buscamos, como mecanismo de defensa, un oponente, un enemigo que nos ha herido. Se fermenta el odio, se cocina la venganza, se prepara todo un caso de defensa para vencer, pero no curamos la herida, no sanamos y no hay batalla que podamos ganar mientras sigamos sangrando por algo que ocurrió en el pasado.

"Podemos alejarnos de esa posición ancestral, en la que queremos que todo sea a nuestro modo. La manera de empezar es sentir esa tendencia a culpar, entrar en contacto con nosotros para ver qué es lo que nos hace aferrarnos a nuestras creencias o deseos tan ciegamente", continúa Chödrön. "¿Cómo se siente culpar? ¿Cómo se siente rechazar? ¿Cómo se siente odiar? ¿Cómo se siente estar indignada?". Todos tenemos una parte muy suave, y ahora se trata de ir y tocarla, como si fueras a meter el dedo en la llaga.

Entonces viene bien analizar lo que brota de esa herida. Cuando se trata de ira, dice la monja, sólo hay dos maneras de relacionarnos con ella: la primera es culpar a alguien más y la segunda es culparnos a nosotras mismas. Pero justamente hay que evitar armar equipos contrarios para emprender una batalla. Lo que Chödrön sugiere, en primera instancia, es dejar de pelear. En lugar de pegarle al otro o autoflagelarnos, hay que contemplar nuestro dolor sin juicios. "Cuando estamos oprimidas nuestra mente se cree pequeña, nos sentimos desgraciadas, víctimas, nos vemos como un caso patético y sin esperanza. Y, aunque no lo creas, en ese momento de confusión y fragilidad, nuestra mente podría hacerse más grande: en lugar de tomar lo ocurrido como una afirmación de nuestra debilidad o del poder de alguien más sobre nosotras, pensar que somos estúpidas y que la otra persona es poco amable, debemos desechar todos esos reclamos hacia nosotras y hacia los demás. Hay que hacer lo contrario: vamos a estar ahí desarmadas, sin saber qué hacer, quedándonos sólo con la situación en crudo y conviviendo con la energía vulnerable de ese instante".

El segundo proceso que recomienda Chödrön consiste en usar el veneno como medicina o gasolina para despertar. Cuando sucede algo vergonzoso o doloroso, en lugar de tratar de deshacernos de esa sensación, debemos inhalarla y exhalarla mientras pensamos que no somos las únicas experimentando ira, amargura o aislamiento. Así que respiramos nuestra emoción en nombre de todas las personas que están sufriendo por lo mismo. Este veneno es parte de la condición humana, el material que necesitamos para entender cómo ponernos en los zapatos de los demás. "En lugar de empujar el dolor para que se vaya o correr hacia el otro lado, inhalamos y conectamos con él completamente, con la intención de que todos nosotros podamos liberarnos del sufrimiento, y exhalamos con la sensación de crear un espacio grande, de ventilación y frescura. Debemos utilizar todo lo que nos sucede como el momento para despertar y sentir que nos importan los demás, quienes muchas veces se encuentran en pleno dolor".

El tercer punto es ver todo lo que llega como una manifestación de sabiduría, es decir, usar lo que te sucede, por doloroso que parezca, para tu desarrollo personal, como experiencia y como material para crecer en la práctica de la compasión. "Todas las opiniones conllevan un juicio y el problema es que, al ser tus propias opiniones, asumes que se trata de juicios verdaderos, que tienes la razón en tus manos", afirma Chödrön. "Cultivar una mente que no esté en lo cierto o en el error te da un camino fresco para vivir. Nunca te des por vencida contigo misma; de esa manera, nunca te darás por vencida respecto a los demás".

Por su parte, la consultora en comunicación, imagen y relaciones públicas Claudia Vega asegura: "Mi percepción es que nos da pena sentirnos y demostrarnos vulnerables. Pero si sabemos que alguien está pasando por lo mismo que nosotras, esa vulnerabilidad puede convertirse en una conexión de empatía: sentimos lo mismo y nos acompañamos. Lo ideal es que ese compañerismo o complicidad sea usado para salir adelante y no para quedar en el 'hoyo' juntos".

Así que, por un lado, está lo que podemos hacer con nuestro pesar y, por el otro, cómo podemos compartir vulnerabilidades para conectar verdaderamente con los demás. A mí, por ejemplo, me han preguntado por qué me abrí tanto cuando escribí mi libro *El poder de reinventarte.* Para muchos es sorprendente que, de ser considerada la editora de gran parte de las revistas femeninas internacionales, decidiera compartir mis dudas, desaciertos, caídas y todas las herramientas que me han ayudado a fortalecerme. Lo cierto es que buscaba una conexión conmigo misma y con los demás, algo más profundo y sin sentir vergüenza por ello.

"Cuando he reconocido y aceptado mi vulnerabilidad es cuando mayor empatía y más puntos de contacto y afecto siento hacia las personas. Me he encontrado más sociable cuando compartimos experiencias y testimonios de momentos débiles o vulnerables", comenta Elly Castillo, diseñadora, docente y emprendedora. En ese sentido, Melba Hernández, especialista en relaciones públicas, también añade: "Han surgido grandes proyectos a raíz de mujeres que han unido sus experiencias de vulnerabilidad. Conectando y uniendo fuerzas entre todas pueden lograrse cosas superpositivas". Eso es muy cierto: piensa nada más cuántos poemas, libros, canciones, cuadros, esculturas, etcétera, se han creado cuando una mujer siente que le han quitado el tapete donde pensaba —si no volar— cuando menos aterrizar.

Regla 34

No existe una mujer perfecta

"Lo que sí depende de ti es aceptar o no lo que no depende de ti".

EPICTETO

Si tuviera que nombrar una creencia muy arraigada, pero falsa, es que hay que trabajar muy duro para triunfar. No digo, con ello, que no debamos esforzarnos por mantener un matrimonio estable, un prestigio impecable o unas calificaciones dignas de mención honorífica, sino que no tenemos que morir en la raya para sentirnos poderosas.

"Es una batalla diaria. La frase con la que lucho diariamente es *'Stop the Glorification of Busy!'* (Basta de glorificarte por estar ocupada)", afirma la empresaria Adriana Carranza. "Es impresionante cómo no podemos estar descansando sin hacer nada, ni pensar nada. El no ser productivas es un caso de estudio [ríe]".

Sin duda, nos exigimos más y más bajo el yugo de "la perfección", que es una carrera sin final. Sólo queremos terminar el trabajo para ir a trabajar más a casa. Nos sentimos productivas utilizando nuestro tiempo libre para hacer el *lunch* de nuestros hijos universitarios, en lugar de que ellos se hagan cargo y puedan disfrutar de tiempo junto a su mamá relajada.

En ese estándar de perfección, ¿para qué y para quién usas tu tiempo? La perfeccionista se refugia tras la idea de que hay que saber muchos datos antes de tomar una decisión y tener una gran cantidad de méritos para pedir más equipo, mejor salario o incrementar su presupuesto. "Y entonces no se lanza o se lanza mal porque está demasiado contenida", asegura Charles Pépin en su libro *Las virtudes del fracaso*.

"Nunca he realizado las cosas partiendo del sentimiento de que tenía que hacer esfuerzos extras para agradar o ser aceptada por la gente, pero supongo que es un anhelo inconsciente que tenemos las mujeres", dice la periodista Úrsula Carranza. "La presión que yo siempre he sentido ha venido de intentar hacer todo bien en cada aspecto de mi vida. Era una responsabilidad que me imponía sola y tenía que ver con mis niveles de exigencia y no con complacer a otros. Lo mismo me pasa con cada proyecto que emprendo. Sufro innecesariamente porque todo quede bien. La factura que siempre pago tiene que ver con mi salud porque paso mucha ansiedad y estrés".

Seamos realistas: la perfección no existe y nadie, más que nosotras mismas, espera que seamos la excepción. Tratar de hacer todo puntal e increíblemente bien mientras eres una gran líder, una amante ardiente, una mamá amorosa, una empresaria millonaria y con un cuerpo talla cero es absurdo. No hay quien lo logre, aunque así lo parezca en las redes sociales, y mientras la perfección sea tu cometido, estarás ansiosa, frustrada, agotada y probablemente infeliz.

Contrario a lo que parezca, para los empleadores resulta un mal negocio contratar a una perfeccionista. Es típico que, cuando le preguntas a una candidata a un puesto cuál es su mejor virtud, ella conteste que es perfeccionista. ¡Gran error! Eso indica que cualquier proyecto le llevará más tiempo porque intentará que sea el mejor de todos, quedará inconforme siempre porque no alcanzan las 24 horas del día para obtener resultados insuperables y estará en constante competencia con las personas que hacen bien su trabajo.

La empresaria Adriana Treviño cuenta que encontró una oportunidad increíble en un trabajo a sus 21 años. "Tenía una confianza arrolladora y contundente", reconoce. "Hoy en día, a los 54 años, me encantaría que mi yo de 21 me diera una buena charla para obtener la seguridad que tenía entonces, la cual he ido perdiendo y no sé por qué". Resulta que una joven no sabe que no sabe y eso la hace sentirse más capaz. Sin embargo, conforme vamos creciendo, aprendiendo, comparándonos y autoexigiéndonos, empezamos a descalificarnos u optamos por la filosofía que predica el "más es más".

Hay sólo una buena vida para ti y es la que quieres y te construyes. "Siempre ha sido difícil luchar con la autoexigencia, reconocer que somos humanas y que nos equivocamos; debería ser un trabajo desde la formación de nuestro carácter. Aceptar nuestros errores y convertirlos en experiencias es arduo", agrega la empresaria Adriana Escobar.

Elegir la calidad antes que la cantidad en tu vida tendrá resultados increíbles. ¿Sabes que ningún moribundo, en su lecho de muerte, se ha arrepentido de no haber trabajado más? Habla con esas mujeres que admiras porque viven en grande, aquellas que se dan el lujo de disfrutar tanto de los viajes como de cuidar personalmente de su jardín y pregúntales cómo han logrado el equilibrio y qué resultados han obtenido en sus relaciones personales, su estado de ánimo y su salud.

En el libro *Necessary Endings* (Finales necesarios), el doctor Henry Cloud determina que la sostenibilidad es una de las razones por las que tienes que tomar decisiones como un final necesario si se te están agotando los recursos, ya sea en una relación interpersonal o en el negocio, y te hace los siguientes cuestionamientos:

- ¿Te encuentras en una situación insostenible, pero sigues ahí sin una buena razón?
- ¿Tu condición física es precaria?
- ¿Tienes demasiados viajes, mucho trabajo y pocas horas de sueño?
- ¿Tu relación te está agotando y sientes que ya no es sostenible?
- ¿El miedo te obliga a someterte a las exigencias de otra persona?
- ¿Alguien ejerce poder sobre ti y te menosprecia?
- ¿Estás en una situación profesional que no es sostenible?
- ¿La cultura laboral o la relación con tu jefe te están dañando?
- ¿Estás en un estado espiritual insostenible?

- ¿Te encuentras en una situación financiera desastrosa?
- ¿Observas que estás utilizando más tus debilidades que tus fortalezas?
- ¿Has notado que casi nunca puedes ser tú misma?

Si has respondido que sí a la mayor parte de estas preguntas, quiere decir que te encuentras explotando tu energía de tal manera que pronto terminará por agotarse.

Es el momento de apostar por la vida, me refiero a la tuya. Comienza por compartir tus responsabilidades con tus socios, colegas, colaboradores, pareja e hijos; no todo lo tienes que hacer tú. Acostúmbrate a dormir tus ocho horas, a tomar pausas para despejar la mente y estirar las piernas, y a entretenerte con algo que no tenga que ver con trabajo. Retoma tu *hobby*, regresa a hacer ejercicio, haz una cita con tus amigas o métete al cine a perderte en la trama de una película.

Haz cosas por ti y para ti. Ya verás que el mundo no se cae si dejas de intentar sostenerlo sola.

Regla 35

Está bien no querer ser líder

"El mejor líder es aquel que nadie sabe que es el líder".

LAO TSE

Ser líder está sobrevalorado. Supongo que es porque se asume que quien dirige tiene el poder, y con éste vienen ganancias como el estatus y el dinero. Pero ¿a qué precio? "Alguna vez fui cabeza de todo un evento y equipo, casi me cuesta la vida, a partir de ahí preferí mi salud física y mental", reconoce la organizadora de eventos, *marketing* y comunicación Pilar Pérez Manrique.

Así como en una sinfonía se necesitan sonidos producidos por los instrumentos, también se requieren silencios. "Tan importante es saber dirigir un proyecto, como saber seguir instrucciones y realizar una ejecución impecable", dice la académica Marisol Conover. Sinceramente, son tan esenciales y dignos los que barren las calles como los dueños de un banco.

Se adjudica a la poca ambición el no querer ocupar una posición de liderazgo, pero en muchas ocasiones puede más bien tratarse de una persona introvertida que disfruta su trabajo en solitario. No obstante, hay quien puede ser muy sociable, pero que no desea más responsabilidades. La profesora Nydia Lara, con décadas de experiencia en las aulas, lo expresa con claridad: "Se vale no querer ser líder. A veces es más cómodo seguir a alguien o, simplemente, pasar desapercibido".

"Ser líder no es para todos, y tratar de serlo a como dé lugar puede crearte un estrés innecesario", reflexiona Lucía Galindo, especialista en turismo y relaciones públicas. "Mientras seas feliz en tu rol, haciendo lo que más te gusta, no importa si alguien más es el líder. Pero también es bueno saber reconocer a un líder y aprender de él".

Según la psicóloga social Amy Cuddy, varios estudios demuestran que los introvertidos tienen cualidades que facilitan un liderazgo y emprendimiento efectivos, como la capacidad de concentrarse por largos periodos de tiempo, una mayor resistencia a tomar decisiones que puedan arruinar a organizaciones enteras, menos necesidad de validación externa sobre sus logros, además de su capacidad de escucha, observación y herramientas para sintetizar eficazmente.

De hecho, solemos equivocarnos al pensar que los líderes tienen que ser muy sociables. "La mayor parte del liderazgo en una corporación se realiza a través de reuniones pequeñas y a la distancia, por escrito y a través de comunicación por video. No se ejecuta frente a grupos grandes", asegura Susan Cain, autora del libro *Quiet. El poder de los introvertidos en un mundo incapaz de callarse*. Adam Grant, quien ha sido consultor de los 500 ejecutivos de *Fortune* y de líderes militares, coincide: "Tiene sentido que los introvertidos sean excepcionalmente buenos a la hora de tomar iniciativas por su inclinación a escuchar a los demás e implementar sugerencias, además de su falta de interés por dominar las situaciones sociales".

"La definición del éxito es diferente para cada persona. Para algunos, ser el jefe es sinónimo de éxito. Para otros, no serlo, pero tener un buen trabajo que te permita pasar tiempo con la familia y un poco más de libertad es el verdadero éxito", aclara la periodista Úrsula Carranza. "Ser líder de un equipo o de un proyecto es tremendamente recompensante, adictivo y enriquecedor, pero conlleva estrés, y el estrés pasa factura a unos más que a otros. Para aquellos a quienes les pasa factura, elegir no ser líder en pro de una buena salud y menos estrés puede ser la opción más válida y sabia. Al final, la clave está en escucharse a uno mismo, al cuerpo, y ser honesto sobre lo que realmente te hace bien".

Regla 36

Mereces porque eres más que suficiente

"Concéntrate menos en la impresión que estás dando a los demás y más en la impresión que estás dándote a ti misma".

AMY CUDDY

Por mucho que hayamos trabajado en nuestra autoestima y que consideremos que vamos bien en la vida, siempre hay detonadores que nos hacen sentir insuficientes, que no estamos a la altura de las circunstancias, carentes de lo que creemos necesitar para ser amadas, aprobadas y aplaudidas. "La mentalidad de escasez tiene que ver con pensar que todas las cosas son finitas, que los recursos son escasos, y que, una vez que empleo uno, no es retornable", afirma Stan Toler, autor del libro *The Power of Your Personal Impact* (El poder de tu impacto personal).

"La sociedad se ha encargado de tenernos encasilladas en una burbuja con altos estándares familiares y, si no encajamos en ellos, sentimos que fallamos. Pero, en realidad, desde que nacemos somos seres individuales y autosuficientes, si nos inculcaran eso desde niños, seríamos jóvenes y adultas más felices y con una muy alta autoestima", aclara la administradora Beatriz Gordoa.

El caso es que, como dice la psicóloga social Amy Cuddy, "minorizamos nuestros triunfos y exageramos nuestros fracasos. Una sola decepción nos da la evidencia que necesitamos para creer que somos unos farsantes". Lo peor es que ni siquiera nos damos el merecido crédito, aunque triunfemos, pues afirmamos que tuvimos suerte. Ah, eso sí, "si fracasamos, somos incompetentes".

Cuando se presentan algunas oportunidades como la convocatoria para un trabajo en el extranjero en el que se requiere hablar inglés, es sorprendente que los chicos se apuntan como candidatos aunque no hablen bien el idioma. En cambio, las mujeres no nos atrevemos porque sentimos que nuestro inglés no es impecable. Los hombres aceptan un nuevo puesto con la tranquilidad de saber que no tienen todas las herramientas necesarias, pero confían en que las adquirirán sobre la marcha. Nosotras no hemos ni llenado la solicitud y ya pasamos la noche sin dormir sopesando las consecuencias familiares que traería un nuevo puesto, aterradas al sentir que no cumpliremos con las expectativas de aquella función desde el primer momento y, después de noches de desvelo, decidimos quedarnos donde estamos porque "más vale malo por conocido que bueno por conocer".

"En continuas ocasiones he sentido que no merezco, que mis esfuerzos no han sido suficientes para merecer ese puesto", confiesa la diseñadora, docente y emprendedora Elly Castillo. "La idea y el comportamiento de ser una impostora es frecuente, y me he dado cuenta de que, cuando más cabizbaja estoy emocionalmente y cuando tengo problemas familiares, es cuando siento que no merezco nada bueno".

¿Y quién no ha padecido el síndrome del impostor, si las investigaciones aseguran que el 70% de las personas lo hemos experimentado, especialmente adultos entre 18 y 34 años, en su mayoría mujeres?

En este terrible estado te sientes un fraude, crees que no tienes el talento requerido ni las herramientas para llevar a cabo un proyecto, los otros saben hacer lo que tú ignoras, descuentas las alabanzas que te hacen tus colegas o amigos, socavas tus logros y crees que debes trabajar mucho más para estar a la altura de lo que la gente espera de ti.

En caso de que ya hayas obtenido el puesto, el salario, la beca, el novio o lo que estabas deseando, consideras que la suerte ha sido determinante para que te vaya bien, sientes que no mereces el resultado obtenido y, por lo tanto, muy pronto serás descubierta como una impostora. Este síndrome suele atacar a las personas que son autoexigentes y demandan de ellas mismas grandes logros.

La arquitecta e interiorista Ximena Díaz conoce bien esa sensación: "Lo he sentido muchas veces, aunque, afortunadamente, cada vez menos, porque si algo he aprendido con la edad, es a confiar más en mí misma y he trabajado en mi merecimiento. Cada vez que algún pensamiento similar cruza por mi mente, me recuerdo que he trabajado duro para estar donde estoy, pero definitivamente esa sensación me ha acompañado durante muchos años y me he dicho infinidad de veces: '¿Qué hago aquí? Yo no pertenezco'".

Para personas como yo, que crecimos en una familia en la que las acciones y triunfos son lo que valen, resulta aún más complicado librarte de la presión de alcanzar tus metas y sostenerte en una situación en la que se aplaudan tus méritos. Obviamente, hay un gran temor al fracaso y, peor aún, a la humillación familiar y pública; a no ser nadie sin un título y, al mismo tiempo, a dudar si realmente tienes los méritos para mantenerlo. Cuddy considera que las personas que temen más al fracaso son las que han obtenido triunfos, personas que se han demostrado ser todo, menos fraudulentas. Pero ese ciclo vicioso se convierte en la rueda de un hámster:

por más que avanzas, sientes que no llegas a ningún sitio en donde puedas relajarte.

Bueno, y cuando ya estás en un lugar privilegiado, con un puesto de poder en el trabajo, con casa propia, ahorros millonarios en el banco y buena compañía para disfrutar la vida, de pronto vuelves a encontrar la manera de boicotearte. Cuddy asegura que una frase muy común en aquellos que sufren del síndrome del impostor es: "Algo está mal en mi situación porque es imposible que la esté disfrutando al mismo tiempo que estoy siendo recompensada por ello".

¡Basta ya! Es hora de tomar cartas en el asunto y darte cuenta de que, aunque no seas extraordinaria, eres lo suficientemente buena y absolutamente merecedora de las cosas maravillosas que tienes y tendrás en el futuro.

El síndrome del impostor se alimenta del silencio. Mientras te guardes esas inseguridades, sólo las exaltarás. El remedio consiste en abrir el tema: háblalo con personas cercanas.

Otro remedio importante es hacer un análisis objetivo. Por ejemplo, si Mario lleva dos meses invitándome a salir todos los fines de semana, es porque está interesado en mí. O me ofrecieron un ascenso porque los números de mi último proyecto superaron los diagnósticos de la empresa. Que sean los hechos los que prueben tu valor. Pero, si no crees verte con ojos positivos, pídele a un amigo o colega que te diga qué considera que haces bien y qué aspectos tuyos detonaron esa nueva relación u oportunidad.

¿Alguna vez has tratado de hacer algo y has fallado? ¡No importa! Intenta otra vez. De hecho, en lugar de pensar en cómo te equivocaste, haz una lista de tus aciertos. Esa lista puede abarcar tus grandes y pequeños triunfos, como haber salido tres veces a correr en la semana o la última presentación con tu cliente más importante.

Por último, aunque no menos importante, recuerda que no estás sola. Muchas de nosotras hemos tenido la sensación de no ser suficientes, pero hemos descubierto no sólo que somos valiosas y relevantes, sino que sabremos mostrarte que tú también lo eres. Apóyate en nosotras.

Regla 37

No eres lo que te pasa, sino lo que haces con lo que te pasa

"Yo nunca pierdo: o gano o aprendo".

NELSON MANDELA

Por muy optimista que seas, es natural que no quieras fracasar. Tener éxito se siente delicioso, logras tus metas y, por lo general, la gente te aplaude por ello. No obstante, el aprendizaje de un fracaso es invaluable, incluso es un hecho que se convierte en un escalón más hacia el éxito.

Nuestro primer problema de actitud reside en asumir que fracasar nos hace unas fracasadas. Nada más lejano, pues, como dice Charles Pépin en su libro *Las virtudes del fracaso*: "Hay victorias que sólo se obtienen perdiendo batallas". La diseñadora Tere Netza comparte un ejemplo revelador: "Una buena amiga era la hija encargada del negocio familiar y rechazaba todas las ofertas de trabajo que le llegaban por no hacer enojar a su papá. Incluso pensaba que realmente le interesaba su negocio, hasta que un día hubo un pleito familiar y ella, por coraje, aceptó un puesto en otro lado, sin darse cuenta de la oportunidad tan grande que era. Hoy lleva seis años siendo jefa de una importante cadena comercial".

Todas hemos escuchado hablar del fracaso más famoso del mundo, en el que Steve Jobs demostró que haber sido despedido de su propia empresa fue lo mejor que le pudo haber pasado, especialmente porque esto le enseñó una lección de humildad. *Humildad*, dice Pépin, viene del latín *humilitas*, derivado de *humus*, que significa "tierra". Es decir, la humildad nos obliga a volver a la tierra al ser despojadas de la arrogancia y el orgullo que, cuando todo va bien, nos hace sentir infalibles. Pero lo mejor del desenlace de Jobs fue que, junto con la humildad, regresó su creatividad.

"Podemos fracasar, porque somos libres: libres para equivocarnos, libres para corregir, libres para progresar", asegura Pépin y agrega: "Algunos teóricos revelan que los emprendedores que han fracasado pronto y que han sabido obtener rápidamente lecciones de esos fracasos tienen más éxito —y, sobre todo, mucho antes— que los que exhiben recorridos sin percances".

Muchas de nosotras nos hemos equivocado, no nos ha quedado más que admitir que nuestra intuición ha sido incorrecta y más de una vez nos hemos visto forzadas a comenzar de nuevo. Sin embargo, hay personas cuyo oficio diario consiste en fallar y su éxito final se ha dado gracias a la serie de rectificaciones que las ha llevado a encontrar la fórmula perfecta, ya sea para encender una bombilla eléctrica o para crear un nuevo perfume.

Ser mamá, por no ir más lejos, es un vivo recordatorio de que cada error en la crianza es una oportunidad para mejorar. Pero eso sólo es posible si tenemos la madurez de reconocer que nos equivocamos y, con lo aprendido, somos capaces de reparar el daño o hacerlo mejor en la siguiente oportunidad.

Ahora bien, nuestro segundo problema es que las mujeres, en especial las que tenemos más de 40 años, no hemos sido lo suficientemente entrenadas para fracasar. Curiosamente, los deportes se encargan de dar valiosas lecciones sobre el fracaso a los varones: un equipo pierde el partido de futbol este fin de semana y al siguiente enfrenta a un nuevo rival con ímpetu de ganar. Desde luego, hay nenas que también hacen deporte y ganan o pierden constantemente, pero los juegos que los adultos inducen a las niñas suelen tener que ver con la maternidad, al darles muñecas, o con el cuidado de la casa, cuando les compran una cocinita, por poner un par de ejemplos, lo que omite enfrentar a un oponente. Para colmo, la educación que últimamente se imparte en las escuelas no mejora el escenario, pues premian a los estudiantes ya no por ganar, sino por competir, dejando de lado la importante dinámica de caer y levantarte para seguir adelante porque, como diría Samuel Beckett: "Lo intentaste. Fallaste. No importa. Vuelve a intentarlo. Falla de nuevo. Falla mejor".

"Cuando quebró mi escuela fue muy doloroso. Tuve años muy oscuros y de poco entendimiento personal, me alejé de mí misma por sentirme fracasada. Es algo con lo que aún vivo", comenta la consultora de imagen estratégica y comunicación auténtica Wendy Crespi. "Pero me ha permitido concentrarme en nuevos y grandes proyectos que me tienen inspirada".

Charles Pépin pone sobre la mesa la posibilidad de que nuestro fracaso se deba a lo que los psicólogos llaman un acto fallido, es decir, no se trata de un accidente, sino de la manifestación de una intención oculta. "Cuando el fracaso es un acto fallido, nos está pidiendo que abramos los ojos", afirma el escritor y filósofo. "Y si se repite, tal vez quiera decir que nos empeñamos en mantenerlos cerrados". En estos casos, puede ser que este revés se deba no tanto a factores externos, sino a una infidelidad con tu propia esencia. O, en otras palabras, que tu verdadero deseo ha sido ignorado para optar por un camino que parece más sencillo o tal vez más redituable, olvidando tu verdadera misión. Así lo constata la diseñadora gráfica Marcela Morales: "Mi hermana Mireya recién falleció y socialmente siempre fue exitosa porque, además de ser bonita, estaba casada con un hombre igualmente guapo, con quien engendró una niña fantástica. Aunque mi hermana era inteligente y capaz, su belleza le abrió la mayoría de las puertas laborales y sociales. Desde mi perspectiva, su vida era un fracaso porque había abandonado sus ideales, su anhelo de vivir recorriendo el mundo, y hacía mucho que había abandonado su espíritu, pues dedicaba todo su tiempo a ganar dinero, a lamentarse, a atender a la familia o a cumplir con los lineamientos sociales hasta que fue diagnosticada con cáncer de páncreas en etapa terminal y, en sólo tres meses y medio, se topó con la muerte. Aquí la sentí doblemente fracasada porque se había abandonado hacía más de 20 años y ahora tenía una enfermedad incurable. Sin embargo, en este corto tiempo de vida, con ayuda de varios especialistas del ámbito emocional, logró una inmersión en aguas profundas del corazón y de la mente. Con ello logró reconocer sus resentimientos, sus ambiciones, sus anhelos frustrados para tratarse con total suavidad, autocompasión y aceptación. De esta manera logró perdonarse para soltar lo que nunca sería. El resultado extraordinario fue que emergió con la fuerza de un dragón de corazón suave y dulce como el de una niña de cinco años. Esto para mí definitivamente es una historia de vida con un rotundo éxito. Y tendrá por siempre mi absoluta admiración e inspiración para cuando llegue mi momento de partir".

Entonces, puedes ser la creadora de tu propia trampa provocada por la traición a tus sueños. Pero, ojo, también hay fracasos con final feliz. "Me viene a la mente cuando decidí soltar y renunciar a mi trabajo; parecían ser tiempos complicados, pues era en plena pandemia y sabía que todo iba a cambiar: perdería mi independencia al regresar a vivir con mis papás en lo que encontraba un nuevo trabajo", cuenta la directora de operaciones Salma Castillo. "Esto para mí era el fracaso de los fracasos: dejar la ciudad y mi camino recorrido para regresar al lugar de donde salí, un retroceso en todos los sentidos. Pero me ofrecieron un empleo inesperado a los pocos días de mi renuncia, y haber vivido con mis papás me ayudó a ahorrar como nunca, a sentir el calor de un hogar de nuevo, a poder comprar cosas que antes no había podido y, sobre todo, a tener un trabajo en paz y en casa".

Claro que también están las mujeres que no fracasan porque, simplemente, no se atreven. A ellas les tengo una pésima noticia: eso no es más que un fracaso *a priori* porque no hay error más grande que carecer del ímpetu de arriesgarse a ganar o a perder. "Hay un costo asociado a la acción, pero la inacción es aún más costosa", asevera Pépin. "Muchas cosas grandes son posibles sin principio de precaución. Ninguna lo es sin sentido de riesgo".

El valor de cada error es que debe dejarte una experiencia, y ésta te dará elementos en tus siguientes decisiones hasta depurar tus fracasos o desaparecerlos. Tan es así que es más recomendable contratar a una persona que ha tenido grandes retos y algunos fracasos en sus puestos anteriores, que a aquéllas cuya trayectoria ha estado libre de problemáticas.

Pero cuando el fracaso llega, la verdadera pregunta es qué vas a hacer con él. Bueno, el primer paso es recordarte que ese error no te hace una fracasada y, al sacudirte esa absurda vergüenza, debes concentrarte en lo que hay que evitar, hay que reforzar y hay que aprender para la próxima ronda. Por ejemplo, puedes detectar los factores en común que te han hecho terminar mal en tus emprendimientos. Una vez que has podido distinguirlos, seguramente sabrás que necesitas trabajar en ciertas cosas, como tu administración de recursos, lograr ciertas metas antes de lanzarte a armar un modelo de negocios muy ambicioso, etcétera. Después de ese proceso de reconocimiento, implementación de mejoras y aprendizaje, estarás lista para elegir y, probablemente, mejorar las posibilidades de éxito en tu siguiente iniciativa. "Si es verdad que uno tiene que trabajar los puntos débiles para que no se conviertan en incapacitantes, hay que reforzar sobre todo los puntos fuertes, apostar por el propio talento", sugiere Pépin. La cuestión principal, agrega el filósofo, ya no es ¿qué es lo que sabes?, sino ¿qué vas a hacer con lo que sabes?

"El éxito", declaró Winston Churchill, "es ir de fracaso en fracaso sin perder el entusiasmo". Nada más cierto porque sólo vamos a llegar a la meta quienes tenemos ganas de hacerlo.

Regla 38

Hay cosas peores que llorar en el trabajo

"Llorar no indica que eres débil. Desde el nacimiento, siempre ha sido una señal de que estás viva".

CHARLOTTE BRONTË

Rose Lynn Fisher, una fotógrafa estadounidense que atravesaba una época de grandes cambios y pérdidas en su vida, tuvo la gran idea de observar sus lágrimas bajo el microscopio para fotografiarlas y descubrió que cada emoción produce una composición molecular diferente. Las lágrimas de alegría son distintas a las de rabia, nostalgia, desesperanza o risa, por mencionar sólo algunas posibilidades. *La topografía de las lágrimas,* que es la colección de estas fabulosas imágenes, revela que el agua, los anticuerpos, las proteínas, los minerales, las hormonas y las enzimas que componen las lágrimas se dosifican y agrupan de manera particular expresando lo que sentimos. "Las lágrimas son el medio de nuestro lenguaje más primario en momentos tan implacables como la muerte, tan básicas como el hambre y tan complejas como un ritual de iniciación. Son la prueba de que nuestra vida interior desborda sus límites y se derrama en la conciencia. Sin palabras y espontáneas, nos liberan a la posibilidad de realineación, reunión, catarsis, resistencia intratable y cortocircuito. Derramar lágrimas es mudar la piel vieja", dice la fotógrafa.

Llorar es una forma de expresión que permite a los seres humanos recién nacidos comunicarse. Si esa criatura está mojada, hambrienta, cansada, enferma, incómoda, etcétera, nos lo hará saber con su llanto para provocar la asistencia de sus cuidadores primarios. De hecho, los bebés que son ignorados cuando lloran, como sucede en los grandes orfanatos gubernamentales de países como Rusia, pierden ese instinto y dejan de protestar o pedir ayuda.

La educación conservadora ha puesto en entredicho el derecho de los varones para llorar. Si a un infante se le permite el llanto por enojo, frustración, tristeza, necesidades básicas como hambre, frío o sueño, con el paso de los años se le entrena a reprimir ese impulso y se le adjudican adjetivos como valentía, fortaleza o virilidad al hecho de que no derrame lágrimas.

En las mujeres es otro cantar. A nosotras se nos permite llorar porque "somos sensibles". Se espera que rompamos en lágrimas ante una decepción amorosa, una mala noticia, la muerte de alguien o una injusticia, siempre que no sea en el trabajo. En una situación laboral, en la que hemos adquirido responsabilidades y condiciones antes exclusivamente masculinas, no existe lugar ni comprensión para las lágrimas.

Sin embargo, lloramos. No nos sentimos orgullosas de ello; por el contrario, hay un dejo de vergüenza al traicionar nuestra imagen poderosa y mostrarnos como las mujeres sensibles que hemos tratado de ocultar en las juntas y negociaciones con clientes.

Para escribir este libro repartí un cuestionario a varias mujeres de distintas edades, profesiones y nacionalidades en el que incluí las incómodas preguntas: ¿has llorado en el trabajo? ¿Cómo te sientes por haberlo hecho? Algunas mujeres no contestaron, simplemente se saltaron la pregunta, ¿por qué sería?... Pero de las que respondieron, 77% admitió haber llorado en el trabajo, no todas con una opinión favorable hacia ellas mismas por haberlo hecho. Entre los motivos que estimularon sus lágrimas figuran la frustración —la razón más habitual en las respuestas—, enojo, coraje por injusticia, rabia, miedo, humillación, duelo, impotencia, desesperación, problemas y responsabilidades familiares al ser mamá. Sólo una mujer reportó haber llorado de alegría.

"Sí, ¡he llorado muchas veces! La primera vez me sentí cobarde y apenada. Recuerdo que viví el machismo y frialdad de un jefe que, sin sentimientos ni escrúpulos, nos gritaba y ofendía a las mujeres. Pero no me quedé callada, aunque nadie quiso hacerme segunda, lo denuncié en el Departamento de Equidad del Trabajo y después se fueron acumulando las demandas y terminaron despidiéndolo", reconoce la diseñadora, docente y académica Elly Castillo. "También he llorado por los problemas familiares y emocionales que he atravesado después de ser mamá, cuando los sentimientos están más a flor de piel. Como yo lo he hecho constantemente, no critico ni juzgo a las mujeres que también lo hacen. Creo que, para muchas, nuestro trabajo es un lugar seguro para apartarnos de la rutina y los señalamientos que vivimos en casa".

Ojalá todas sintiéramos, como Elly, que nuestro ámbito laboral es un lugar seguro. Si lo fuera, no habría tantas emociones negativas propiciando el llanto de las mujeres en el trabajo. La mayoría de las veces no está bien visto que lloremos, pues, al hacerlo, se nos acusa de ser excesivamente susceptibles, hormonales, inmaduras o hasta infantiles. Y esos juicios no vienen exclusivamente de los hombres, también las mujeres solemos considerar que llorar en el trabajo es indebido.

"Pienso que ni hombres ni mujeres, en general, deberían llorar en el trabajo, no es el espacio correcto para liberar ese tipo de emociones, esas expresiones se deben mantener en la vida privada, con círculos cercanos de amistad, tu psicólogo o contigo misma", afirma la académica Marisol Conover. "No estoy de acuerdo con esta nueva tendencia de espacios dentro del trabajo para que todas las personas hablen de sus emociones y dificultades emocionales. Obvio, es válido si atraviesas un momento difícil, puedes compartirlo con tu jefe directo, solicitar algunos días fuera de la oficina, tomar vacaciones, pero eso de que se generen juntas alrededor de que todos expresen sus emociones me parece fuera de lugar. Como dicen los estadounidenses: *'Get your shit together'*".

Llorar en el trabajo resulta un inconveniente porque, además de que no podemos contener nuestras emociones, hacemos sentir desconcertados a quienes nos ven vulnerables. "El llanto incomoda y la mayoría de las personas no saben ni quieren lidiar con la incomodidad", comenta la arquitecta e interiorista Ximena Díaz. "Cuando el llanto es una manera de expresión y desahogo no debería ser motivo de vergüenza. Sin embargo, puede ser una herramienta fácil de manipulación y es ahí cuando pierde validez. Hay momentos y personas para todo y creo que hay una línea muy delgada entre expresión y manipulación, por lo que se requiere ser cuidadosas al momento de llorar y frente a quién lo hacemos".

"En ocasiones me sentí frustrada por haber mostrado mi vulnerabilidad al llorar en el trabajo", dice la empresaria Alejandra González Tostado. "Creo que, por la cultura en la que vivimos, eso nos quita fuerza". La realidad es que las mujeres nos hemos ceñido a prácticamente todas las reglas masculinas cuando se trata de trabajar: desde la vestimenta con trajes sastre hasta los extensos horarios diseñados para empleados y ejecutivos que no tienen niños que cuidar, alimentos que preparar y personas mayores a su cargo. Un poco de flexibilidad para la demostración de emociones no debería ser penado por la sociedad corporativa. "Si Roger Federer lloraba en las finales y se le unió Nadal en su último partido, ¿por qué los mortales no podemos sentirnos libres de expresar nuestros sentimientos?", nos pregunta Lucía de Luna, diseñadora de interiores. "Claro, hay matices. No digo que sea la idea ni que demos rienda suelta a los sentimientos. Ser dueñas de nosotras mismas, tener autodominio y conocer la prudencia son aspectos fundamentales de la vida adulta".

"Llegar a tus objetivos, especialmente en el trabajo personal, como mamá y emprendedora, es muy retador", reflexiona Fabiola Ortiz desde su experiencia equilibrando múltiples roles. "No podemos ser perfectas y, cuando queremos hacer las cosas y no nos salen como esperábamos, viene ese sentimiento que, desde mi punto de vista, es mejor sacar, sanar y poder ver otras alternativas". Un sentimiento que resuena con Pilar Pérez Manrique, quien entre la organización de eventos, el *marketing* y la comunicación, ha aprendido a manejar la presión: "Se siente liberador: una lloradita y a seguirle...".

Derramar lágrimas cuando algo va mal en el trabajo no debería constituir una carga más para nosotras. Si bien es tan poco recomendable como gritar en plena junta o dormir una siesta sobre tu escritorio, las lágrimas surgen en respuesta a las emociones negativas. Hay que armarnos de paciencia y tratarnos con autocompasión, pues como señala Wendy Crespi, consultora en imagen estratégica y comunicación auténtica: "Llorar te regresa a ti misma, como si limpiara la neblina, y trae un poco más de claridad".

Regla 39

La autocompasión es parte del liderazgo de tu vida

"Si tu compasión no te incluye a ti misma, está incompleta".

JACK KORNFIELD

La primera cosa que tenemos que entender, en cuestión de compasión, es que hay una marcada diferencia entre compadecerse de alguien y tenerle lástima. La primera tiene que ver con reconocer el dolor ajeno y sentir tu hermandad con él. Es decir, si el esposo de tu amiga ha muerto, te duele profundamente su pérdida y quisieras poder sanar su corazón. Si, además, tú has experimentado la muerte de alguien cercano en la familia, pues con mayor razón eres capaz de revisitar tu propio dolor y comprender la dimensión de su duelo, lo que hará que puedas decirle o hacer cosas que alivien un poco su tristeza. En otras palabras: saber lo que hay en el otro viene de conocer qué hay en ti.

La lástima, por otro lado, crea una distancia. Para el mismo ejemplo, la diferencia es que sientes pena por tu amiga que está sufriendo por el fallecimiento de su marido, pero te sientes más afortunada que ella porque el tuyo está vivo y sano. Digamos que no alcanzas a empatizar por completo, pero te pesa la desgracia de los demás; no eres indiferente.

Muchas veces se usa la palabra *lástima* o la expresión "me da lástima" como algo negativo. Esto se debe a que la persona se siente superior al otro ser humano y lo juzga con desdén. No obstante, como ya explicamos, es posible que simplemente exista un trecho entre su desgracia y tú porque no te pones en sus zapatos. La lástima, por lo tanto, es algo que no nos gusta inspirar y tampoco es agradable sentirla hacia alguien más. Pero, cuando se trata de una misma, muchas veces confundimos tener lástima con experimentar autocompasión.

Esta última es un sentimiento positivo de aceptación de las propias limitaciones, debilidades o circunstancias, hay una comprensión y una autoestima que contribuyen a que, en lugar de maltratarte, te brindes consuelo en la medida de lo posible. En cambio, sentir lástima por ti es ponerte como una víctima en una situación injusta, en la que no te ves como una persona capaz de lidiar con el obstáculo, te recriminas por lo ocurrido o culpas a las personas o circunstancias por tu desgracia.

"Desde niña conocí la compasión sin saber el término, pues cuidaba con ternura a mi hermano, quien tenía parálisis cerebral y falleció a los 19 años. Después ocurrió con mi padre, que tuvo un evento de embolia", dice Pilar Pérez Manrique, organizadora de eventos, *marketing* y comunicación. "Ellos fueron mis maestros, por supuesto que la autocompasión me costó esfuerzo, pero la he trabajado en terapia, porque me sobreexigía mucho y sigo aprendiendo".

"Soy una persona a la que le gusta ver por los demás, desde familia, amigos y personas de mi trabajo. Por ejemplo: me salí de trabajar un año y se lo dediqué, con todo el amor de mi corazón, a mi abuelita, a quien cuidaba por las noches sin dormir, ya que tenía que estar al pendiente de ella. Con mi hermano fui más de ocho meses muy seguido a casa de mi mamá para ayudarle a salir de una situación muy crítica y, con mucho amor, paciencia y esfuerzo, poco a poco lo logró", comparte Melba Hernández, quien ha encontrado en las relaciones públicas una extensión natural para cuidar de otros. "Practico la autocompasión cuando me empujo a hacer las cosas; me gusta cuidarme y trato de perdonar mis errores y aprender".

Ahora bien, cuando estamos en pareja, vivimos la relación más vulnerable y, por lo tanto, las heridas de la infancia aparecen y cobran una importancia increíble, pues muchas veces nos muestran nuestros peores miedos y las debilidades a través de las cuales interactuamos con la persona amada. El problema es que es inevitable tener y sentir nuestras heridas; algunas son más profundas y están menos resueltas que otras. Sin embargo, podemos experimentar escasez de todo tipo mientras nos relacionamos y buscamos que nuestra pareja se convierta en ese padre o madre que venga a curar nuestro dolor añejo. ¿Y quién quiere o puede sustituir al padre o a la madre y retroceder en el tiempo para curar a su pareja? ¡Nadie! Eso es pedir demasiado y es poco realista.

La solución está dentro de cada una de nosotras. En primer lugar, para llegar a ser personas completas (sin los agujeros emocionales que dejan las heridas), necesitamos saber qué nos pasa y por qué esperamos que el otro nos cure, cuando la única medicina está en nosotras. Además, debemos estar conscientes de que no es obligación de nuestra pareja intuir, adivinar, compensar o sanar nuestras necesidades infantiles. Aunque se vale reconocer nuestro dolor y decirle algo como: "Sé que no es tu obligación, pero que hagas esto me haría sentir menos amenazada o más cerca de ti".

Reconocer nuestras debilidades y pedir ayuda a otra persona es difícil, pero es aún más complicado vernos a nosotras mismas como si fuéramos una muy buena amiga, consolarnos o darnos el alivio necesario para superar amorosamente aquella circunstancia que nos hace infelices.

"Un grupo de AA es el lugar donde más he practicado la compasión y autocompasión. Estuve varios años sanando mis heridas y escuchando a decenas de personas siendo ese individuo que no juzga ni condena y que ofrece una luz en medio de las tinieblas, pues así lo hicieron conmigo", asegura la diseñadora, docente y emprendedora Elly Castillo.

La gimnasta artística estadounidense Simone Biles ha recibido el mayor número de medallas tanto en juegos olímpicos como en campeonatos mundiales. Sus padres biológicos tenían problemas de adicción a las drogas y al alcohol, por lo cual fue adoptada por sus abuelos. Ella tenía seis años cuando la mandaron de excursión al centro de gimnasia Bannon's Gymnastix, donde fue descubierta y reclutada. Sin embargo, durante las olimpiadas de Tokio en 2021, Biles tuvo que retirarse de las cinco competencias finales por una condición llamada *twisties*, que es la pérdida del sentido del espacio y la dimensión cuando se está girando en el aire. "Tenemos que proteger nuestra mente y nuestro cuerpo, y no limitarnos a hacer lo que el mundo quiere que hagamos", afirmó la gimnasta, con un alto grado de autocompasión. "No sólo somos atletas, somos personas y a veces hay que dar un paso atrás... No quería salir, hacer algo estúpido y salir lesionada". Un año después, esta misma chica escribió una carta abierta relatando que fue objeto de abuso sexual por parte de Larry Nassar, el médico del equipo olímpico, y posteriormente lo demandó ante el FBI. A su denuncia se unieron otras 140 víctimas. Biles es un claro ejemplo de cómo la autocompasión no sólo fue un escudo protector ante las demandas del público egoísta durante las finales en las olimpiadas, sino un impulso que la llevó a alzar la voz y buscar justicia para el abuso que había padecido.

En realidad, se trata de autoayudarnos y aceptarnos, como lo haríamos con otros. "Asocio la compasión hacia los demás con la empatía: tender la mano cuando alguien lo necesita", indica Claudia Vega, quien a través de su trabajo ha adquirido valiosas herramientas para relacionarse. "Aprendí, gracias a mi *coach* y mi psicóloga, a tener autocompasión, pues me forzaba demasiado y me angustiaba si no alcanzaba alguna meta, pero tuve que entender que no todo debe ser absolutamente perfecto, por lo que aprendí a ser compasiva conmigo misma".

Resulta necesario, entonces, comprender la valía de una herramienta que, lejos de hacernos débiles, nos fortalece y fomenta nuestra autoestima.

Regla 40

Vivir con higiene es vivir en paz

"La higiene equivale a dos tercios de la salud".

PROVERBIO LIBANÉS

Tengo muchas amigas exitosas que son dignas de mi total admiración y puedo decir que ellas se cuidan mucho: van por la vida impecablemente arregladas y se dan toda clase de placeres. Lo que no puedo decir de la mayoría de ellas es que tengan suficiente higiene en su vida y no me refiero a la limpieza de su casa, oficina o auto.

No se trata de medir el estilo de vida de las demás con una vara muy alta, sino de entender que, si una mujer mantiene su cuerpo limpio, bien alimentado, con suficiente ejercicio, también debería procurarle descanso, vacaciones, momentos de ocio y, por qué no, la posibilidad de dormir sin preocupaciones. Eso es tener higiene: limpiar el entorno para vivir mejor.

Pero la higiene de vida no sólo tiene que ver con el cuerpo. La que gasta demasiado, la que tiene una relación tóxica con el marido, la que está enamorada de un hombre casado, la que odia su trabajo, pero se queda porque gana muy bien, la que sospecha que su socia le roba y se hace de la vista gorda para no entrar en una confrontación o la que bebe de dos a tres copas de vino antes de irse a la cama porque es la única manera en la que concilia el sueño: todos éstos son ejemplos de vidas que carecen de la limpieza emocional necesaria para encontrar la paz.

Resulta muy difícil detectar que no estamos cuidando la higiene de nuestra vida porque hacemos esfuerzos sobrehumanos para sacar adelante a la familia, la carrera y el negocio, olvidando que lo fundamental es nuestra calidad de vida y la capacidad de disfrutarla con salud y paz.

Difícilmente alguien más se va a preocupar por brindarnos el trabajo de limpieza que necesitamos. No hay amante, jefe, socio, hijo, maestro espiritual o psicólogo que pueda darse a la tarea de calmar nuestra mente, nutrir nuestra alma y mantener el equilibrio de nuestro cuerpo. Nosotras somos las únicas que podemos hacerlo.

Hace poco encontré en redes la regla 8 + 8 + 8 para distribuir tu tiempo entre tres partes que logren un buen balance. Esta regla contempla:

- 8 horas de trabajo duro.
- 8 horas de buen sueño.

- 8 horas distribuidas entre familia, amigos, espíritu, limpieza, salud, *hobbies*, alma, servicio y sonrisas.

Habrá quien tenga que renunciar a hacer una segunda maestría ahora mismo en pro de darse espacio para estar con sus hijos pequeños. También se harán renuncias en cuestión de amores porque, lejos de llevar al punto en donde te sientas contenida y aceptada, te has descubierto en constante conflicto y necesidad de justificar hasta tus más mínimos deseos. Yo, por ejemplo, he notado que, desde que trabajo en casa, no distingo entre la semana y el fin de semana. Para mí ya no hay horarios, cuando antes, en la estructura de un turno laboral, podía darme el gusto de no hacer nada relacionado con mi empleo en sábados y domingos. Esta falta de límites es precisamente un ejemplo de cómo podemos perder la higiene vital en busca del éxito.

Como mujer emprendedora en el competitivo mundo del diseño, Elly Castillo comparte su perspectiva: "Para mí, el poder tiene que ver con la libertad emocional y financiera, así como con el cumplimiento de sueños y objetivos. Sin embargo, he visto ejemplos de personas que, por conseguir más poder, han renunciado a sus ideales y filosofías que tal vez ni siquiera eran verdaderas. También el poder puede ser un motivo por el cual salgas de tu zona de confort".

Como dice Elly, no todo el poder o el éxito tiene como costo la incomodidad. A veces vivir con menos, pero más tranquila, será tu manera de implementar la higiene en tu mundo. Quizá sea necesario contratar la ayuda de una niñera para darte a ti y a tu pareja un espacio para disfrutar de buen sexo, cenar en un gran restaurante y tener varias horas de sueño sin preocuparse por los niños.

Haz lo que tengas que hacer, pero mantén siempre presente que la verdadera higiene va más allá de lo físico: abarca tus relaciones, tu trabajo, tus finanzas y tu salud mental. Vivir con higiene, en todas sus dimensiones, es el camino hacia una vida con paz.

Regla 41

Elige el cambio antes de que éste te elija a ti

La madera del árbol

"Cuando nacemos, somos un árbol y, mientras crecemos, la mayoría de las veces no nos permitimos ser libres y nos ocultamos en una caja que no permite que nosotros o los demás vean nuestra belleza. La misión de nuestra vida es ser libres y luchar para derrumbar cualquier barrera que no te permita ser tú... Es hora de enfrentar una batalla contra la fuerza de la propia madera con la que fuimos creados".

YURI ZATARAIN

Un día escuché a Yuri Zatarain, un artista plástico mexicano, leer este texto sobre el árbol que lo inspiró. Resulta que cuando era niño, él era muy solitario y pasaba mucho tiempo dibujando, sintiéndose acompañado por un árbol que veía a través de su ventana. Él dice que se hizo su amigo y le contaba todos sus sueños; sabía de los lugares a donde quería ir y de los personajes que deseaba conocer. Hoy, Yuri vive de su arte y vive muy bien, ha fundado su propia galería y ha tenido exposiciones en muchos lugares del mundo con gran éxito.

Lo que me cautivó de su texto fue la idea de que nacemos siendo madera y, conforme podemos, muchas veces con gran dolor, rompemos nuestro molde para extender una rama, luego otra y otra, hasta poblar nuestra copa, no sólo de ramificaciones, sino también de hojas llenas de historias y flores con olores fragantes de emociones. Quien no siente dolor es porque no ha quebrado la corteza de su tronco para crecer y expandirse hacia el cielo. Y el cambio es eso: un empujón para que se abra el camino que romperá con tu pasado, para crear un futuro de color verde como la esperanza.

El punto es cambiar o mantenernos siendo las mismas personas que ya no queremos ser. Al final, no todo se puede transformar, pero nada lo hará hasta que no lo confrontemos. "Antes odiaba los cambios. No me gusta sufrir y cualquier novedad me hacía sentir hasta derrotada, pero desde que padecí uno de los dolores más fuertes, que fue el divorcio, empecé un viaje al autoconocimiento y comprendí que entre más cambiante sea mi entorno, más salgo de mi zona de confort y es mayor mi crecimiento, me vuelvo más fuerte", afirma la administradora Bety Gordoa desde su trayecto personal de transformación y reinvención.

Najwa Zebian, autora del libro *The Only Constant* (La única constante), asegura que el cambio es tan difícil para nosotras porque nos concentramos en su dificultad y en el deseo de no tener que movernos, en lugar de enfocarnos en los beneficios que nos puede traer. Cuando empiezas a verlo como el camino hacia la vida que quieres, te transformas y no sólo tú vas a cambiar, también los que te rodean. "Hay dos verdades que pueden ser simultáneas: un cambio puede ser difícil y un cambio puede ser realizado", confirma Zebian. El problema es que un cambio es un rompimiento con la realidad que estás viviendo, y mientras más tiempo te lleve lograrlo, más vergüenza, inseguridad y desaliento irás experimentando. "Lo que se deriva de la vergüenza, permanecerá con la vergüenza. Lo que se deriva de la compasión, permanecerá con la compasión", agrega.

Gran parte del reto al cambiar es que quisiéramos que los demás validaran, aceptaran y hasta aplaudieran nuestros procesos. "Hay una diferencia entre hacer algo encaminado a vivir la vida que deseas o hacerlo para sentirte bien respecto a ti misma", argumenta la autora. "Cuando haces lo primero eres la líder, tú diriges, tú elijes, pero, con lo segundo, haces lo que los demás escogen para ti".

En resumidas cuentas, hay que elegir la incertidumbre para llegar a la vida que deseas, porque si permites que el miedo controle tus decisiones, su meta siempre será mantenerte a salvo en donde estás, aunque sea lo más dañino. "¿Qué pasaría si estuvieras navegando y decidieras pasar un tiempo en algún lugar y arrojaras tu ancla? Después, al estar lista para zarpar hacia otro sitio, si no levantas el ancla, no podrás avanzar. De la misma manera, cuando quieres hacer un cambio, necesitas quitar las anclas que te atan para poder ejecutarlo", agrega Zebian.

"Odio los cambios, pero ya no se puede vivir sin ellos", confiesa Wendy Crespi, esta consultora en imagen estratégica y comunicación auténtica que vive haciendo transformaciones. "Me desbalancean, me sacan de ritmo, me cuesta entenderlos". Sin embargo, dejar pasar el cambio necesario tiene un alto costo porque, con tal de quedarte en tu rutina, aunque ésta sea desagradable, evitas que algo mejor te pase y renuncias a la persona que quieres ser. Te quedas como un tronco sin ramas, sin hojas y sin flores.

"Imagina que, en lugar de rechazar el cambio, lo abrazas diciéndole: 'Aunque no te quiero, voy a abrazarte mientras sucedes; puedo crecer contigo, a través de ti y hasta que termines'", sugiere la autora. "Segura de tus habilidades para poder atravesarlo, esperando descubrir diferentes herramientas que te guiarán en el camino... confiando en ti misma, aceptándote como líder de tu vida: tomando la responsabilidad de lo que necesitas, haciendo duelo si es necesario, perdonándote y teniendo autocompasión, preguntándote qué requieres y entregándotelo". Abrazar el cambio es vivir en el presente, no siendo quien fuiste ni quien serás, sino la persona que hoy tiene en sus manos la posibilidad de fluir con los hechos reales.

No obstante, también es importante considerar que muchas veces estas transformaciones surgen de la necesidad y no voluntariamente: cuando te sientes maltratada, cuando tu pareja y tú deciden separarse, cuando tu negocio fracasa, cuando pierdes el trabajo, cuando enfrentas una muerte cercana y tantas otras situaciones donde la vida no te da otra opción. Estos cambios son lo que en mi libro *El poder de reinventarte* llamo un revolcón de ola o, incluso, la embestida de un tsunami. Estamos hablando, desde luego, de un escenario negativo que nos exige actuar, en el cual, como dice Zebian, "quieres llegar al otro lado del estado de sobrevivencia". Nada cambia si nada cambia. Así que lo ideal es que tú puedas transformarte desde tu corazón o tu mente, no porque no tengas otra alternativa, sino porque sabes que te eliges a ti y a tu paz mental por encima de las circunstancias adversas o de la aceptación o aprobación de los demás.

"Amo los cambios porque, sin duda, son lo que te hace crecer. Iniciar algo de cero me apasiona, son retos con los que vamos evolucionando", comenta Kena Pérez desde su rol como directora creativa. "No soy una persona que se conforme con hacer lo mismo todos los días. Me gusta probar cosas nuevas e intentar experiencias distintas con los demás. Me encanta vestir diferente, viajar y visitar lugares poco conocidos". A través del mundo empresarial, Alejandra González Tostado comparte su visión: "Los cambios son los que me llevan a crear y tener nuevas ilusiones".

La vida es una secuencia de transformaciones, algunas físicas, mentales, emocionales, económicas o intelectuales. Hay cambios de escuela, de amigos, de actividades, de relaciones, de romances, de trabajos, de estado civil, de creencias, de opinión, de organigrama, de colonia, de ciudad o de país. Tú cambias, alrededor de ti la gente cambia, lo mismo que el lugar donde vives o la industria donde trabajas. ¿Por qué querrías anclarte en tu estado actual cuando puedes evolucionar junto con el universo? ¿Por qué ignorar el gran poder de reinventarte?

Regla 42

Procesar el duelo es dejar morir el sueño imposible

"Todos los que pierden a alguien quieren vengarse de Dios, si no encuentran a nadie más. Pero en África, en Matobo, los ku creen que la única forma de acabar con el duelo es salvar una vida. Si alguien es asesinado, termina un año de luto con un ritual que llamamos el Juicio del Ahogado. Hay una fiesta que dura toda la noche junto a un río. Al amanecer, el asesino es puesto en un bote. Se le lleva al agua y se le deja caer. Se le ata para que no pueda nadar. La familia del muerto tiene que tomar una decisión: pueden dejar que se ahogue o pueden nadar y salvarlo. Los ku creen que si la familia deja que el asesino se ahogue, tendrán justicia, pero pasarán el resto de sus vidas de luto. Pero si lo salvan, si admiten que la vida no siempre es justa... ese mismo acto puede quitarles la pena".

EXTRACTO DE LA PELÍCULA *LA INTÉRPRETE*, DE SYDNEY POLLACK

En su *bestseller The Book of Awakening* (El libro del despertar), Mark Nepo escribe en el día 1 de mayo una reflexión llamada *Burying and planting* (Enterrar y plantar). En ella, el poeta y filósofo asegura que "la culminación de un amor, un sueño, uno mismo, es la semilla anónima del siguiente". Para Nepo, no existe demasiada diferencia entre enterrar y plantar, pues lo muerto puede abonar la tierra para dar a luz algo nuevo. "A medida que lo bien utilizado se une a la tierra, el viejo amor fertiliza al nuevo; el sueño roto fertiliza al sueño aún no concebido; la dolorosa forma de ser que nos ataba al mundo fertiliza una postura más libre a punto de desplegarse".

De alguna manera, al asumir que alguien o algo ha muerto, sabemos lo que estamos despidiendo, pero nos permitimos sorprendernos con lo que pueda surgir al enterrarlo. No obstante, hay veces que nos cuesta demasiado tiempo y energía comprender lo que hemos llevado cargando como un lastre y que no nos deja avanzar. Así es como el duelo se encaja como una astilla en el alma y sólo nos estorba para seguir adelante. Tenemos que soltar y confiar. "Gran parte de nuestro dolor en la vida proviene de llevar una piel muerta e inservible, negándote a ponerla a descansar, o de enterrar esas cosas con el intento de ocultarlas, en lugar de renunciar a ellas", agrega el autor. Quizás hoy toca liberar a un muerto, a un vivo, a una relación, a un proyecto, a un anhelo o a ti misma. Porque nosotras cambiamos con el tiempo y las circunstancias, por lo que tenemos que desprendernos de lo que fuimos. "Vivimos, abrazamos y ponemos a descansar nuestras cosas más queridas, incluida la forma en que nos vemos a nosotros mismos, para poder resucitar en nuestras nuevas vidas", concluye Nepo.

Debemos estar conscientes de que el duelo es como la marea: por momentos está en calma, luego las olas crecen, hay tormentas y, en ocasiones, se retira por horas y días, pero de pronto regresa a manera de tsunami. Estás sufriendo tanto por lo que pasó como por lo que no pasó, ¿qué duele más?

Se sabe que la persona que experimenta un duelo vive diferentes etapas que no van en orden y que parecería que, como si quisieran maldecirnos, van turnándose y reciclándose:

- **La negación:** no puedes creer que se haya acabado, que ya no exista el futuro.

- **La ira:** te enojas con la persona, el suceso, el universo y, desde luego, contigo.
- **La negociación:** creas estrategias imaginarias para reparar los daños, sanar las heridas y reiniciar lo que ya no tiene remedio.
- **La depresión:** te invade una profunda tristeza, te sientes inadecuada, insuficiente, no merecedora de amor o confianza.
- **La aceptación:** comprendes que se ha cerrado una puerta y que el único camino adelante depende de que te despidas y no voltees atrás.

No obstante, el duelo es tan traicionero que sólo con un aroma, una canción, el amanecer frente a la playa o al soplar la velita de tu pastel de cumpleaños puede volver a detonar el ciclo en el que comienzas a rumiar, luego lloras y después te sientes un poco mejor. Lo que es devastador en el duelo es que se rompe el vínculo, el intercambio de sentimientos, ideales, planes, ganancias, experiencias y sueños.

Cualquier cosa que vayas a hacer requerirá de una inversión de tu energía y la única energía que puedes invertir es la que está disponible. Para poder utilizarla y seguir tu camino, necesitarás liberarla de donde esté atrapada, y esto sólo será posible a través del duelo, tal como sugiere Henry Cloud, autor del libro *Necessary Endings* (Finales necesarios). El duelo, continúa, "es un proceso mental y emocional para dejar ir. Pero hay que encarar la realidad de que se ha terminado. Lo que significa salir del adormecimiento y la negación, con la ventaja de que el duelo va a algún lado, se mueve hacia algún sitio".

Hay personas que prolongamos el duelo sin darnos cuenta, cancelando todas las posibilidades que se abrirían si hubiéramos llevado a cabo un "entierro" necesario. Al reconocerme en esta situación, decidí dar un paso adelante y asistí a un taller de duelo. Se trataba de un fin de semana completo en el que pensaba disolver la nostalgia, la tristeza y la impotencia ante el rompimiento de mi última relación amorosa. Para mi sorpresa, cuando tuve que elegir los tres duelos más representativos de mi historia personal, resurgieron, de un lugar oscuro, sucesos que no tenían nada que ver con la persona que deseaba liberar en ese taller. Regresó el terrible momento en que perdí a mi hermano Rolando en un fatídico accidente automovilístico hace 30 años; volvió a mi cuerpo y a mi frágil corazón mi doloroso y virulento divorcio en el que estaban en riesgo mi hijo, mi carrera y mi paz mental; y se posó frente a mí el inmenso dolor de separarme del oficio al que tantos años le entregué pasión, talento y creatividad. Como nunca antes, tuve que enfrentar esos cadáveres que habían estado siguiéndome, frenándome y desorientando mi atención.

El duelo, entendí entonces, es dejar tu corazón con una persona, en un sitio, en un evento o en un sueño que se destroza sin que puedas evitarlo. Pero de nada sirve seguir viva después de salir de esas batallas si has perdido tu corazón allí. Así que hay que enfrentar lo que no has sido capaz de enterrar y ubicar el punto, la persona, el suceso o la promesa en donde entregaste tu corazón como rehén. Tienes que identificar que, sin su latido y su pasión, has cedido lo más vital en ti y, por lo tanto, necesitas regresar a esa escena en donde lo dejaste para recuperarlo.

En esas horas llenas de asombro —y de muchísimo dolor, debo reconocerlo también—, mis compañeros de taller y yo fuimos revisitando los peores momentos en nuestras vidas y entendiendo que, cuando empiezas una relación, sea cual sea, inicia la cuenta regresiva de su término. Sin embargo, el aprendizaje más valioso fue que el dolor de la pérdida genera movimiento. Así que, ante el final de cada experiencia, sólo queda rescatarnos a nosotros mismos y elegir seguir con nuestra vida. La otra posibilidad es escoger la muerte en vida, algo que es factible, aunque no recomendable, porque quien se quiere morir siempre encontrará a su asesino.

Tal como sucede con la depresión, resulta increíble que un duelo pueda convertirse en un acompañante que no quieres dejar ir. No es que sea voluntario desear conservarlo, es sólo que el dolor se hace adictivo y se amolda a ti como si su presencia te protegiera del futuro, de los nuevos comienzos y de la libertad de vivir ligera. La viuda no quiere olvidarse de su marido muerto porque desea serle fiel, no a él, sino a la tristeza. La que ha sido traicionada y defraudada por su mejor amiga siente que esa vileza se ha convertido en el vínculo inexorable entre ellas y se corona en el papel de víctima. Esa mujer que ha sido humillada, ignorada y abusada moralmente en su trabajo ha soltado un ancla en la oficina de su jefe para revivir, cuantas veces pueda, la amarga sensación de impotencia, de nulidad y de cobardía que, como búmeran, la hace regresar al mismo sitio diariamente.

"Los finales son parte de cada aspecto de la vida y, cuando se ejecutan correctamente, es posible negociar cosas, se abren las posibilidades de una mejor vida, óptimos resultados personales y profesionales", asegura Cloud. "Los finales traen esperanza. Cuando se ejecutan incorrecta o pobremente, el resultado es negativo, se pierden buenas oportunidades y la miseria continúa o se repite".

Por ello, es imprescindible que reconozcamos dónde abandonamos el corazón y vayamos por él con la espada desenvainada. Yo volví a la noche en la que me avisaron que mi hermano había muerto junto a su compañera de vida, Elena, quien estaba en el mismo auto. Rolando no revivió ni regresará más, así que he vuelto a apropiarme de ese corazón que le empeñé sin ninguna recompensa. Mentalmente, me transporté al sillón en donde dormí o, mejor dicho, agonicé por noches enteras, sin saber si perdería a mi hijo y me quedaría a vivir en donde ya no tenía trabajo ni familia. Ahí, en ese cuarto de visitas en el que pasé dos años tratando de divorciarme, encontré a mi corazón roto en mil pedazos y lo traje a mi presente, que es el único tiempo en el que existe sanación para él. Por último, visité las oficinas de la editorial en donde viví momentos muy felices trabajando y busqué entre las hojas de varias revistas, que yo misma dirigí, hasta encontrar mi corazón que, al estar ahí escondido, no había podido colocar en un puesto diferente para ejercer otro oficio y sentirme realizada en mi nuevo camino laboral.

Ahora te toca a ti identificar dónde perdiste el corazón e ir a recobrarlo. Piensa que si no confrontas ese instante en el que abandonaste tu fuerza vital, jamás podrás recuperarla.

Regla 43

Si no te quieren o no te sientes apreciada, estás en el lugar equivocado

"Una historia cuenta que un hombre va a visitar a su amigo y, cuando entra a su casa, ve un perro grande y fuerte que está sentado quejándose y llorando, por lo que pregunta si el perro está bien.

—No te preocupes, está bien, nada más que es muy perezoso.

Los amigos se sientan a conversar y el perro los interrumpe constantemente con sus gemidos.

—Me preocupa tu mascota —dice el visitante—. Creo que merece la pena que lo lleves al veterinario.

—No le hagas caso —contesta el dueño del perro—. No hay de qué preocuparse, es sólo que es muy flojo.

—Pero ¿por qué dices que es flojo? ¿No ves que está sufriendo?

—Lo que pasa es que lleva sentado en esa madera que tiene un clavo salido y se le enterró. Le duele, sí, pero no lo suficiente como para quitarse. Prefiere el sufrimiento que hacer algo al respecto".

ANÓNIMO

Recuerdo un día en el que una colega —la llamaremos Alicia— intentó entrar a la editorial con la tarjeta de empleada que accionaba la puerta de la oficina, pero no le funcionó. Por ello, decidió ir a la recepción y pedir un pase temporal, pero la recepcionista, después de hacer un par de llamadas, le anunció que su acceso estaba denegado porque ya no trabajaba en la empresa. La habían despedido sin previo aviso. No tengo que explicarte el gran impacto que sintió. Después de visitar la oficina de recursos humanos y firmar los papeles correspondientes, le permitieron entrar a las instalaciones a recoger sus pertenencias. Al cabo de un rato de haber terminado de empacar, vino a despedirse a mi oficina. Estaba llorando y la abracé fuerte para susurrarle al oído: "Si no te quieren o no te aprecian, estás en el lugar equivocado". Lo dije porque yo había pasado por un largo duelo después de un rompimiento amoroso en el que mi ex unilateralmente tomó la decisión de terminar nuestra relación y quedé devastada. Nunca lo busqué para que volviera conmigo porque, si decidió que mi lugar no estaba con él, tenía que confiar en que era cierto. Si no me quería o no me apreciaba, ¿para qué querría regresar con él? Años más tarde me encontré a Alicia, ya era dueña de una empresa boyante en la que había capitalizado no sólo su experiencia como editora, sino también su gran talento ejecutivo. Nos vimos brevemente y en presencia de otras muchas personas, pero al día siguiente le escribí este mensaje: "Alicia querida: verte ayer me hizo recordar lo triste que estabas por dejar la empresa y ahora veo que te hicieron un gran favor al dejarte ir para que pudieras florecer siendo tu propia jefa".

En *Welcome Home* (Bienvenido a casa), Najwa Zebian escribió: "El mayor error que cometemos es construir nuestros hogares en otras personas. Construimos esas casas y las decoramos con el amor, el cuidado y el respeto al que quisiéramos regresar al final del día. Invertimos en casas en otras personas y calculamos nuestro valor dependiendo de qué tan bienvenidas nos sentimos. Cuando esas personas se van, esas casas se van con ellos. Y de pronto nos sentimos vacíos porque todo lo que teníamos lo pusimos en esas casas. Dejamos pedazos de nosotros mismos en alguien más. Ese vacío que sentimos no significa que no poseamos cosas para dar o que no tenemos algo adentro, es sólo que hemos construido nuestra casa en el lugar equivocado". Este concepto aplica tanto en una relación como en una sociedad de negocios o un empleo: construimos nuestra valía a través de la aceptación, aprobación y apreciación de la persona o empresa a la que le hemos entregado nuestro poder. "Quizá reconozcas estas palabras y te conflictúe construir un hogar dentro de ti y ser auténtica contigo misma", imagina Zebian, pero realmente ése es el único camino sano para tu carrera y tu vida.

Cuando las cosas van mal, podemos voltear hacia otro lado, simular que no está pasando nada y, en ocasiones, en lugar de pausar la construcción de "nuestra casa" en alguien más o en determinada empresa, nos empeñamos en construir la planta superior: casarnos, tener un hijo, traer un nuevo cliente, expandir el negocio, etcétera, para asegurar que la otra parte permanezca con nosotras. También está la posibilidad de que vivamos instaladas en el miedo, con esa señal de alerta que nos mantiene con la adrenalina hasta el pelo y el cortisol en grado máximo. Sin embargo, pocas veces nos preguntamos si esa forma de vida o de trabajo es sana y por qué nos imponemos el yugo de quedarnos, a pesar de nosotras mismas, como el perro que prefiere sentir el dolor del clavo antes que liberarse de él.

El dolor no es deseable, pero provoca el cambio. Por mucho que te guste tu trabajo, por grandioso que sea tu salario o lo enamorada que te sientas, no puedes y no debes negociar tus valores. Faltarte el respeto, ignorar tus sentimientos, sentirte humillada ante la indiferencia, el abuso o la crueldad no es permisible bajo ninguna circunstancia. Y es entendible que no siempre se tengan las condiciones necesarias para salir inmediatamente, pero darte cuenta de que la situación es insostenible es el primer paso para transitar un camino que te lleve a la tranquilidad. Si tu jefe, tu socio o tu pareja han tomado la iniciativa para dejarte ir, con todo el dolor y las dificultades que eso pueda ocasionarte, será buen momento para agradecer por lo vivido y confiar al soltar.

El doctor Henry Cloud, autor del libro *Necessary Endings* (Finales necesarios), sugiere que comprendamos la naturalidad de los finales:

1. **Acepta los ciclos de vida y las estaciones:** "Nada dura para siempre, incluso el compromiso del matrimonio, con toda su buena voluntad, hace patente el final de la relación al decir 'Hasta que la muerte nos separe'". Los ciclos estacionales están inmersos en todo. En la primavera, por ejemplo, debe prepararse el campo para sembrarlo, pero hay que deshacerse de todas las cosas muertas que quedaron en el invierno. En el verano hay que asegurarse de que las plantas están creciendo, prevenir que haya insectos y enfermedades que puedan afectar a los retoños, fertilizar y podar. El otoño es momento de la cosecha y hay que actuar con cierta urgencia para obtener el total de los frutos sin dañarlos. En el invierno todo se muere y el trabajo consiste en poner las finanzas en orden: cuadrar cuentas con proveedores y clientes, reparar equipo y dejarlo listo para el siguiente año, preparar el campo para la primavera, así como evaluar el éxito o el fracaso de la cosecha para hacer un recuento y modificar lo que ya no funciona. De acuerdo con el autor, los finales son mucho más fáciles de comprender si los vivimos como

estaciones naturales. Pregúntate en qué estación estás. "Hay veces que intentas plantar semillas que están muriendo. Tratas de aliviar lo que deberías dejar morir, ríes de lo que deberías llorar, te aferras a algo que deberías soltar, buscas respuestas cuando deberías rendirte o tratas de amar a alguien cuando deberías reconocer lo que te hace daño".

2. **Acepta que la vida produce mucha vida:** como un arbusto produce más botones de los que pueden llegar a florecer, a veces tienes que podar. La vida siempre te da más relaciones de las que puedes cuidar, actividades con las que puedes estar al día de manera significativa, clientes a los que puedes servir —aquellos que en su momento quizá fueron buenos, pero ya son una carga para ti—, y relaciones con parejas o socios que ya cumplieron su ciclo. De tantos productos en los que puedes enfocarte o la variedad de estrategias que debes ejecutar, depurar e ir dejando cosas y personas de tu vida se vuelve indispensable.
3. **Aceptar que las enfermedades incurables y las acciones dañinas son parte del ciclo:** tanto en tu vida privada como en tu negocio habrá personas que simplemente no estén funcionando. No importa lo que hagas, hay quienes no actúan correctamente y comienzan a ser destructivos. Puedes invertir tiempo y recursos al darles una nueva oportunidad, hacer una nueva sesión de motivación, darles *feedback*, confrontarlos o conceder más, pero nada cambia. Al aceptarlo, será mucho más fácil que des los pasos adecuados para poder consolidar ese final, pues evidentemente has logrado pasar del *shock* o la negación al momento en que te preguntas

> ¿qué estoy haciendo aquí? "Al mismo tiempo hay muchos negocios, trabajos, proyectos o relaciones que están demasiado enfermas para poder seguir y hay que aceptar las enfermedades terminales como una posibilidad válida. Los mejores profesionales saben cómo fracasar bien: lo ven, lo aceptan y siguen adelante".

El final suele doler porque lo percibimos como una muerte y en ese duelo nos enterramos a nosotras mismas. Pero si lo vemos desde la perspectiva de Cloud, es sólo un invierno y el recuento de una mala cosecha. Sin embargo, nosotras tenemos las semillas para cuando llegue la primavera; es tiempo de preparar el campo y capitalizar los recursos que nos dejó esa experiencia.

Puede ser que un día no estés en posición de decidir el final. No importa, mientras comprendas que el nuevo principio siempre dependerá de ti.

Regla 44

Adueñate de tu poder con responsabilidad

"La vida intentó aplastarla, pero sólo logró crear un diamante".

JOHN MARK GREEN

Las cosas han ido cambiando paulatinamente, pero a veces me parece que no lo suficiente. Conozco a muchas mujeres que están inmersas en una relación de pareja donde hace muchos años ya no se sienten felices. Lo que las mantiene ahí no es su promesa de amor eterno, ni guardar las apariencias con los hijos y la familia, ni una vida cómoda, sino la falta de recursos económicos para subsistir por sí mismas. Sí, esto también sucede entre las ricas que van de tienda en tienda ofreciendo la tarjeta de crédito del marido a cambio de comprarse las últimas novedades de diseñador, pero que no tienen una propiedad a su nombre, un puesto de trabajo o una cuenta bancaria individual. "Pues creo que ha sido la historia de mi vida: haber sido sumisa por mucho tiempo, creyendo que sólo los demás tenían la razón y que debía agradarles", comenta la administradora Beatriz Gordoa, quien enfrentó una profunda transformación personal. "Una factura muy importante fue mi propia salud: me dejé engordar en algún momento y lo noté cuando me divorcié. Me volqué en esa relación para ayudar a mi pareja, apoyarlo, tratar de resolverle sus problemas y me olvidé de mí. Todo eso terminó por atraer el divorcio y, cuando me encontré sola, cuidando a mi mamá, me di cuenta de que mi 'cajita de herramientas' se había quedado vacía por habérsela dado a alguien más".

Yo misma entregué mi poder sin reservas al haberme casado, dejando atrás mi trabajo y mi vida para irme al extranjero a ser la esposa de alguien, y no una, sino en dos ocasiones. Ximena también lo ha hecho: "Infinidad de veces: a mi familia, a mis compañeros de trabajo, a mis jefes, a mi exesposo. Y ha sido por el miedo a ser juzgada y criticada, por el temor a equivocarme y por no sentirme capaz ni merecedora. Muchas veces, la mayoría de manera inconsciente, he decidido entregar ese poder para no sentir tanta carga sobre mis hombros".

Hay también infinidad de historias de este tipo en los emprendimientos. Adriana Treviño, quien ha navegado las complejas aguas de los negocios, nos comparte esta dura lección: "Lo entregué a la persona equivocada y estuve a punto de perder mi negocio por ello. Llevo ocho años trabajando en corregir las consecuencias de haber cedido el poder o no asumirlo por miedo a fracasar". Resulta que Adriana se asoció con una amiga, quien, habiendo invertido solamente dinero en el negocio, se quedó con todo, incluyendo las ideas de Adriana. "Por la confianza que tenía, firmaba papeles sin revisarlos previamente con un abogado, como debió haber sido, por lo que se robó mi proyecto con traición y falsedades". Obviamente, la decepción era lo de menos, pues, además de sentirse una fracasada, Adriana había puesto en riesgo el patrimonio de su familia. "Pero esa mujer se equivocó porque no me pudo robar mi talento. Sentir que le había fallado a todos me orilló a reinventarme, haciéndome más fuerte aún y venciendo el miedo de volver a intentarlo de cero", agrega. "Vi como una grandiosa oportunidad de vida todo lo que me había pasado y, sin temor a creer en la gente, pero consciente de la importancia de contar con asesoría legal adecuada, resurgí con una inspiración nueva y fresca. Hoy estoy logrando mucho más de lo que había pensado y me siento más segura que nunca de estar en el camino correcto para alcanzar el éxito que tanto anhelo". Sin duda, lo cumplió, pues es dueña de un formidable spa de uñas a todo lujo.

Es verdad que parece más fácil que alguien se haga cargo de tus gastos, tus decisiones, tus actividades o tu vida. Pero el costo resulta demasiado caro y, al final, tú sigues siendo la única responsable de lo que sembraste en tu terreno. Como creativa y mujer independiente, Marcela Morales asegura que su poder consiste en no entregarle a nada ni a nadie el valor de quien es: "Eso lo determino, ajusto y reformulo únicamente yo".

Regla 45

"NO" es una frase completa

"El modo más común de renunciar al poder es pensar que no lo tienes".

ALICE WALKER

Todas hemos sido educadas para decir que sí porque es una fórmula que genera la aprobación de los demás. Así que acabamos accediendo a las cosas más absurdas, aburridas, comprometedoras y contrarias a nuestros deseos, con tal de ser "la chica buena" que ayuda y cae bien. ¡Uff!, pero es terriblemente agotador y no es raro que terminemos haciendo todo lo que otras personas quieren, pero nunca lo que nuestro corazón desea. ¿Y sabes qué es lo más irónico? Que decir que sí no garantiza que le caigas bien a todos.

Hace muchos años, un amigo se subió a mi auto y se encontró un libro cuyo título es *Aprende a decir no*. Tras ver la portada, volteó conmigo y me dijo: "No necesitas leer eso. Si conozco a alguien que sabe decir que no eres tú". En parte tenía razón porque hubiera sido imposible sobrevivir con ocho hermanos mayores sin negarme a hacer algunas cosas, pero, como muchas mujeres, y como la perfeccionista que fui, también perdí momentos importantes tratando de hacer lo que otra gente me pedía, aunque no deseara, o no me correspondiera, hacerlo.

Me sorprende, sin embargo, ver que Shonda Rhimes, la talentosa creadora de varias series televisivas, como *Grey's Anatomy*, y quien escribió un libro llamado *El año del sí,* nos comparta su escape para liberarse del compromiso de acceder a todo: "'Lo siento, pero no puedo hacer eso'. Es todo lo que digo y es muy difícil expresárselo a la gente. Porque estamos entrenadas para darles a las personas miles de razones por las que no podemos hacer algo por ellas, como si fuera necesario dar explicaciones", dice la famosa guionista a Oprah Winfrey, asegurando que, a raíz de que lo ha hecho así, ha perdido varias amistades y, al mismo tiempo, ha sido mucho más feliz.

La mismísima Winfrey reconoce no haber aprendido a decir "no" hasta los 40 años, pues siempre intentó darles gusto a todos. "Haber tenido una historia de abuso también me hizo crear una historia sin poner límites", reconoce la empresaria y comunicadora. Pero en 1994 ella escribió: "Nunca más haré algo por alguien que no venga directamente de mi corazón", eso significó que jamás asistió a una junta, hizo una llamada, escribió una carta, se hizo patrocinadora o participó en ninguna actividad sin ser honesta con sus deseos. Así se liberó de tener que probarles a los demás que era "decente, cálida y generosa". De hecho, a ella le debemos el enunciado de esta nueva regla de poder: "'No' es una frase completa" porque decir "no" es una afirmación que no necesita adornos o disculpas.

"No es no" escuchamos decir en las marchas pro derechos femeninos. "No quiero que me toques", "No quiero tener sexo", "No te me acerques", son frases repetidas ante algunos individuos que simplemente siguen pensando que decimos "no" queriendo decir que sí. ¡Basta! No es no y no tenemos que decir nada más.

Hay ocasiones en las que decir "no" representa una decisión de vida y también un caldo de cultivo para especulaciones, chismes, críticas y morbo. Por ejemplo, dar un bebé en adopción, optar por abortar, decidir no tener hijos, abandonar el hogar, divorciarte, etcétera. Todas aquellas renuncias que llevan un costo social y muchos otros agregados.

Recuerdo el día en que María Palomar, la directora operativa de un negocio de novias, me comentó que acababa de pasar el primer aniversario de la fecha en que estaba decidida a casarse y resolvió no hacerlo. Siempre me había parecido que algo así requería una valentía increíble. Apuesto a que muchas mujeres dudan antes de dar el "sí" en el altar, pero pocas se aventuran a dar el "no" ante el novio, los familiares, amigos y conocidos que esperan constatar ese enlace nupcial.

Para María, la disyuntiva surgió durante una cena tres semanas antes de la boda. "Fue una noche difícil porque la dinámica con la familia de mi prometido en ese entonces no era la ideal ni la indicada para mí. Desde hacía tiempo no me sentía cómoda y ese día fue la gota que derramó el vaso. Esto ocasionó que me cuestionara toda la relación, al grado de no querer pasar mi vida con él y, por ende, con su familia, por lo que al final de la cena le dije que no me quería casar", comparte María. Después de eso, la pareja decidió ir a terapia, gracias a lo cual, ella pudo decidir cancelar la boda definitivamente y avisarles a los invitados. "El primer sentimiento que se hizo presente fue el miedo a lo desconocido, a equivocarme y a no tomar la decisión correcta. Después vino la incertidumbre al no saber qué seguiría y qué sería de mí, porque cuando una piensa en casarse, visualiza toda una vida con esa persona a su lado y, como ya no iba a ser así, no sabía cómo sería mi vida sin él. Luego llegó la angustia por saber que el rumbo de mi vida había cambiado drástica y repentinamente, sin planeación ni certeza. Por último, apareció la paz que llenó mi ser al momento de darme cuenta de toda la carga emocional que llevaba encima desde hacía tiempo y que no había liberado hasta ese momento en el que decidí cancelar todo", confiesa. Una decisión difícil, sin duda, pero que estaba basada en una poderosa intuición. Con esa nueva certeza, negoció con su ex que él tomara el avión con destino a lo que se planeó como un viaje de bodas, mientras ella, con su familia y amigos cercanos, irían a Valle de Guadalupe a disfrutar de la fiesta (después de todo, ya estaba pagada, junto con el hotel y el transporte de su gente). Los regalos se regresaron, ambos jóvenes retomaron sus vidas y de vez en cuando se encuentran en la pequeña ciudad en la que viven y se saludan con respeto. "No sería la persona que soy emocional, profesional ni personalmente sin lo sucedido. Nunca me creí capaz de lograr lo que hice, incluso hoy en día, dos años después de la cancelación, muchas personas cercanas me dicen que me admiran y que mi historia las inspira. Pero yo lo minimizo, porque no me veo a mí misma como una persona valiente, sino como alguien que pasó por un mal momento y que tenía que tomar decisiones. En retrospectiva, puedo decir que, obviamente, no escogí ponerme en esa situación. Sin embargo, me sirvió para conocerme a mí misma, mi potencial, mis alcances y mis ganas de salir adelante. Salí de mi zona de confort, estuve en una situación incómoda pero necesaria y que ha mejorado mis relaciones interpersonales. Ahora tengo ganas de seguir adelante y hacer frente a todos los retos que se presenten en mi vida".

El otro tema a abordar en esta regla es el pánico que nos provoca que alguien nos diga que no. Bueno, es tal la incertidumbre con respecto a esa posibilidad que muchas de nosotras, en lugar de ir por el "sí", nos marchamos sintiéndonos fracasadas sin siquiera intentarlo. Hay que decir que el 50% de probabilidades de obtener el "sí" es proporcional al 50% de que te digan "no". Pero, como versa el dicho: "El no ya lo tienes asegurado, así que tienes mucho que ganar si lo intentas". O lo que es lo mismo: "El que no arriesga, no gana".

En resumen: tenemos que perderle el miedo al no. Decirlo o escucharlo sin prejuicios. Aceptar que no hay falta de cariño o bondad en alguien que nos niega algo, de la misma manera que no podemos vivir encadenadas a decirles a todos que sí sólo por sentirnos bondadosas.

Regla 46

Perdonar es avanzar

"El conocimiento de tu propia oscuridad es el mejor método para hacerle frente a las tinieblas de otras personas".

CARL JUNG

En su libro *Una nueva tierra. Un despertar al propósito de su vida*, Eckhart Tolle cuenta una historia llamada "La carga del pasado". Dos monjes llamados Tanzan y Ekido caminaban por un sendero rural encharcado a causa de la lluvia. Cuando se acercaron a una aldea, tropezaron con una joven que trataba de cruzar el camino, pero que no quería enlodar su kimono de seda. Sin pensarlo dos veces, Tanzan la alzó y la pasó hasta el otro lado. Los monjes continuaron caminando en silencio. Cinco horas después, estando ya muy cerca del templo donde se alojarían, Ekido no resistió más: "¿Por qué alzaste a esa muchacha para pasarla del otro lado del camino? Los monjes no debemos hacer esas cosas". "Hace horas que descargué a la muchacha", replicó Tanzan, "¿y todavía llevas su peso encima?".

"Esta historia tiene que ver con todo el tiempo que Ekido fue incapaz de dejar la situación del pasado, acumulando más y más la carga de su mente. El pasado vive en nosotros en forma de recuerdos, pero éstos por sí mismos no representan un problema. De hecho, es gracias a la memoria que aprendemos del pasado y de nuestros errores. Los recuerdos, es decir, los pensamientos del pasado, son problemáticos y se convierten en una carga únicamente cuando se apoderan por completo de nosotros y entran a formar parte de lo que somos. Nuestra personalidad, condicionada por el pasado, se convierte entonces en una cárcel", afirma el autor. Hay que liberarse de los resentimientos y cerrar círculos para seguir adelante sin cargar el pasado.

Así como el monje se amargó el camino rumiando sobre el comportamiento indebido de su compañero, nosotros nos aferramos a los momentos, los actos o las palabras que nos hirieron, como si fueran una droga que tenemos que consumir a diario. "La mayor parte de las personas cargan, durante toda su vida, una gran cantidad de equipaje innecesario, tanto mental como emocional", confirma Tolle. "Se imponen limitaciones a través de sus agravios, sus lamentos, su hostilidad y sus sentimientos de culpa. El pensamiento emocional pasa a ser la esencia de lo que son, de manera que se aferran a la vieja emoción porque fortalece su identidad". Para evitar esa espiral tóxica es imprescindible vivir en el presente porque es el único sitio en el que podemos invalidar el pasado.

Albergar un resentimiento es como tomar veneno y esperar que la otra persona muera. Alguna vez puse el siguiente ejemplo: quieres escalar una montaña y vas cargando una mochila pesada llena de ropa apestosa. Eso te frena y te molesta, hace más compleja la subida y no hay nada en el contenido de ese equipaje que te pueda servir o gustar, sólo te estorba y está ahí para castigarte. Lo que llevas allí dentro son los resentimientos, ese recuerdo de lo que te hicieron que no daña al malhechor ni lo detiene, pero a ti te obstaculiza para seguir adelante. Perdonar es abandonar esa ropa maloliente con todo y mochila, decidir hacerlo para aligerar tu camino y mirar hacia arriba, a la cima, en donde ya nada te pesará. Perdonar es quitarle el poder a quien te dañó y recobrarlo para ti. Como buena filósofa, Nydia Lara tiene su propia visión: "Perdonar es importante porque, de no hacerlo, es como cargar un cadáver en tu alma. Cuando me ofenden o agreden, saco mi coraje hablándolo o escribiéndolo y ahí descargo lo que me molesta".

El problema suele ser la creencia de que perdonar es conceder, como si premiáramos a quien nos hirió. Esta idea no podría ser más equivocada porque abandonar el equipaje maloliente no afecta ni beneficia al villano, pero a nosotros nos brinda libertad.

"Perdonar es dejar ir a la persona que pensaste que tenías que ser. Perdonar al otro te permite aceptar lo que pasó y liberar la necesidad de cambiarlo", dice Najwa Zebian. Aunque te ofrezca disculpas, una persona no puede ser la sanación del dolor, aunque sí puede instigarlo. La única que podrá sanarlo eres tú. "Eso no significa que debas minimizar lo que te sucedió, sino aprender a seguir adelante".

Se dice fácil, pero el perdón lleva un proceso y no podemos forzarlo. ¿Recuerdas cuando tu mamá te obligaba a aceptar las disculpas de tu amiguita mientras el enojo todavía te quemaba por dentro? Pero ir preparando el camino para perdonar es la actitud más saludable cuando pasa la llamarada de la ira, de la impotencia, de las ganas de vengarte y la planeación ficticia de tu revancha.

"¿Por qué no podemos perdonar y seguir adelante?", pregunta el creador de contenido Jimmy Knowles. "Decimos que te deben una disculpa porque te han quitado algo, hay una deuda, una herida, te lastimaron", continúa. "Pero la disculpa no significa que la confianza se restablezca y una relación muere o vive basada en la confianza. Podemos perdonar y seguir adelante, pero si la persona continúa en tu vida, te preguntarás: '¿Por qué no puedo perdonarla...?'. Es porque tu cuerpo es demasiado astuto, sabe que no es alguien merecedor de tu confianza. ¿Por qué tu cuerpo querría dar más a alguien que sólo ha abusado de ti y te ha lastimado? Si ese individuo no está interesado en escuchar sobre tu dolor, validar tu experiencia, tener curiosidad, tomar responsabilidad, puedes perdonar todo lo que quieras, pero no te vuelves a sentir cercano a esa persona, ¿verdad?". Eso no significa que sanar la herida sea imposible, pero se logra a través del trabajo mutuo de la pareja para reparar la relación y reconciliarse. "Y eso no sólo requiere del perdón, sino también de las ganas de asumir la responsabilidad y validar las heridas del pasado. Los cambios de comportamiento siempre necesitarán algo más que sólo perdonar".

"Debido a esta tendencia a perpetuar las emociones viejas, casi todos los seres humanos llevan en su campo de energía un cúmulo de dolor emocional, el cual he denominado *el cuerpo del dolor*", dice Tolle. "*El cuerpo del dolor* es una forma semiautónoma de energía... Toda energía emocionalmente dolorosa puede convertirse en alimento para él. Por ello, los pensamientos negativos y el drama de las relaciones humanas le agradan tanto. *El cuerpo del dolor* es una adicción a la infelicidad".

Así, el cuerpo del dolor se apodera de la mente y comienza a producir pensamientos negativos que revisitan historias de tristeza y angustia; incluso se concentra en sucesos pasados, presentes, futuros o imaginarios. Entonces nos da por culpar a alguien y aceptamos como ciertos esos pensamientos distorsionados. Pero ahí no acaba el daño que ocasiona, pues el cuerpo del dolor busca provocar a nuestras personas queridas: la pareja, el familiar o amigo, alimentándose del drama. "Cuando otro cuerpo del dolor está decidido a despertar una reacción en nosotros, conoce efectivamente nuestros puntos más vulnerables. Si su primer intento no prospera, ensayará una y otra vez: es emoción pura a la caza de las demás emociones". Y si la otra persona se engancha en el conflicto, cada individuo termina por alimentar su propio cuerpo del dolor. "La mayoría de los cuerpos del dolor buscan infligir sufrimiento y ser a la vez víctimas de él, pero algunos son principalmente victimarios o víctimas. En cualquiera de los dos casos, se alimentan de la violencia, ya sea física o emocional. Algunas parejas creen estar enamoradas, pero en realidad se sienten atraídas porque sus cuerpos del dolor se complementan", concluye Tolle.

El cuerpo del dolor, entonces, es un victimario que nos toma como rehén. Sin embargo, ahora que lo hemos sacado al descubierto, pierde fuerza, autoridad y, lo más importante: credibilidad. Sea cual sea la causa de tu dolor y resentimiento, muchas veces resulta saludable mirar con compasión a la persona que te lastimó. Gran parte de las heridas que hemos infligido en el pasado han sido provocadas no por mala intención, sino porque no tenemos las herramientas para lidiar o solucionar una situación conflictiva.

Después de haberlo perdido todo en un robo, la diseñadora de joyería Pilar Arcila ha tenido que entender y trabajar este tema: "Es muy importante perdonar para seguir adelante, hacerlo por uno mismo para sanar esa herida y deshacerse de la misma en vez de estarla cargando. Lo más probable es que con el tiempo se haga más pesada y es factible que el agraviante ni lo tenga en cuenta ni le importe o tal vez ni se enteró de que hizo algún daño. Entonces, el perdón es un regalo para uno mismo. Hay que tratar de 'comprender' al agraviante, quien, por lo general, está dañado y actúa así porque no conoce otra forma, sólo sabe hacer lo que le es familiar. No se trata de justificarlo, sino de entender y luego desechar".

No importa lo que haya pasado, la experiencia se obtiene de lo que te nutre, tal como sucedería con la comida: aprovechas lo que te sirve y te deshaces de lo que no, opina el doctor Henry Cloud, autor del libro *Necessary Endings* (Finales necesarios). Pregúntate qué fue bueno respecto a esa relación, aprende de tus estrategias y de las ganancias obtenidas para adquirir otras fortalezas que puedas capitalizar. En ese mismo proceso tuviste actitudes de las que te arrepientes, dejaste que te hicieran algunas cosas que no permitirás en el futuro y quizá conociste algunas debilidades que no sabías que tenías. "El dolor, la pena, la sensación de estar perdida, el resentimiento... todo tiene que ser eliminado y dejado atrás, pero hay que hacerlo conscientemente, no mediante la negación o el olvido", dice el autor. Es posible que necesites sacar todo eso de tu sistema hablando y llorando. Date permiso de sentir el dolor, expresarlo y perdonar para dejar atrás el agravio. "Si haces eso, estarás lista para lo que viene", concluye Cloud.

El momento en el que el fuego se apaga y quedan tú y tu viejo dolor hecho cenizas es señal de que comienza el proceso sanador de otorgarte el perdón a ti misma. Después puedes tratar de perdonar con base en la compasión o simplemente soltar porque ya estás harta de cargar un peso muerto. "Es indispensable empezar por perdonarnos a nosotras mismas por ser tan autoexigentes y porque creemos que no podemos equivocarnos o que debemos ser las mejores en todo. Cuando entendamos eso, la vida será más fácil y podremos sentirnos plenas y felices", reflexiona la administradora Bety Gordoa. "Para perdonar, primero me perdono, luego me pongo en los zapatos de la otra persona, trato de entenderla y, sobre todo, reconocer que todo lo que veo es mi propio reflejo".

Zebian dijo en una entrevista que hay personas que padecen cuando ven que quien las hirió es exitoso y sigue adelante con su vida, mientras ellas siguen sufriendo. "¿Cómo es posible que este individuo que me hizo esto sigue adelante como si nada hubiera sucedido? Necesita sufrir de alguna manera o darse cuenta de cómo me lastimó. Atención: sabe que te lastimó. Atención: tú no sabes si está feliz. Aun si lo fuera, la parte bondadosa de ti debería decir: 'Espero que aprenda una lección de lo que me hizo y que no le haga lo mismo a otra persona. Sin embargo, no es mi trabajo enseñarle cómo ser un buen ser humano. Me lastimó, no voy a regresarle lo que me hizo para darle más poder. En lugar de eso, me otorgo el poder de la bondad, el poder de la compasión que tengo dentro de mí, el poder de querer ver a los otros crecer, ser felices y seguir adelante'... Eso en sí es muy bonito, deja que la historia termine ahí". Zebian sugiere que desistas de intentar propinarle una lección para, en su lugar, encaminar esa energía a reconstruirte. No puedes controlar lo que esa persona te hizo, pero sí cómo reaccionas y lo que eliges aprender para seguir adelante con tu vida.

La psicóloga Guillermina Lopata sugiere cerrar una historia de dolor con este decreto: "Gracias, maestro (gracias, maestra), llegaste para que decidiera despertar, hacerme cargo y sanar. Te nombro maestro (maestra) porque, a través del dolor que experimenté con tu presencia, he podido comenzar un camino lleno de autodescubrimiento. Acepto cada vivencia: todo fue perfecto tal como sucedió porque me ha traído hasta aquí, donde he decidido ser protagonista de mi vida. Ya no necesito atraer nunca más nada similar, he aprendido lo que necesitaba aprender. Te perdono, te libero y, a través del perdón, me perdono a mí misma por haber vivido todo ese tiempo en el dolor, en el resentimiento y en el enojo. Doy por concluido, trascendido y liberado todo conflicto que tenga contigo. ¡Dicho está!".

En la meditación de la psicóloga Tara Brach, llamada "Desarmando nuestro corazón", parte uno, cuenta esta historia del autor Scott McClanahan: "Una vez un hombre se fue de casa. El día anterior había discutido con su madre y su padre. Se dijeron frases horribles y él se fue sin despedirse. Estuvo fuera muchos años e incluso pasó un tiempo en la cárcel. Años más tarde salió libre y se preguntó si su madre y su padre estarían vivos y si se avergonzarían de lo que se habían dicho y de dónde había ido a parar. Les escribió y les dijo que volvería a casa un día concreto de la semana siguiente. Si querían verle y no se avergonzaban, debían poner una manta en el tendedero y él sabría que debía entrar. Si faltaba la manta, sabría que no era bienvenido. Sabría que debería dar media vuelta. Les dijo que esperaba que gozaran de buena salud. El hombre llegó en tren la semana siguiente. Estaba nervioso cuando bajó en la estación. No había nadie para recibirle. Caminó por el desgastado sendero hacia su casa y pensó en el pasado. Pensó en su estancia en la cárcel. Pensó en lo avergonzados que debían estar sus padres. Pensó en las horribles palabras que le dijeron. Estaba a punto de dar media vuelta y volver por donde había venido cuando vio una manta en un árbol. Siguió caminando y vio otra manta. Siguió caminando y vio otra manta. Entonces se volvió hacia su casa y la casa estaba cubierta de mantas, el patio estaba cubierto de mantas, el tendedero estaba cubierto de mantas, el camino hacia la puerta estaba cubierto de mantas. Sus padres estaban allí y le dieron la bienvenida".

"Imagínate un mundo lleno de mantas de amor", dice Brach.

Ahora imagínate que eres tú quien pone las mantas. ¿Cuánto peso quitarías de tus espaldas?

Regla 47

Pedir perdón muestra tu fortaleza

"El débil no puede perdonar.
El perdón es un atributo de los fuertes".

MAHATMA GANDHI

Hay personas que en su lecho de muerte sólo piensan en pedir perdón... Quizá sea demasiado tarde, puede que la vida no vaya a brindarle al moribundo esa última oportunidad. Por ello, hoy te invito a que revises con conciencia a quién le debes una sincera disculpa y que te decidas a pedir ese perdón. Ya sé, no es fácil, porque primero que nada requiere tomar responsabilidad sobre nuestros actos y, de algún modo, hay que perdonarnos antes de tomar la decisión de ofrecer esa disculpa. También, hay que reconocerlo, algunas veces otorgar el perdón no requiere que la otra persona esté presente. Tal vez estamos perdonando a alguien que ya murió o que ya no está en nuestra vida. Puede ser que incluso sepamos que la otra parte no está lista para recibir nuestra disculpa, ya sea por su propio proceso, por ira o, simplemente, porque volvería a revictimizar al receptor.

Perdonarnos no significa que minimicemos lo que hicimos, incluso si el daño que infligimos fue involuntario; más bien, requiere enfrentar una batalla contra nuestro ego para ver con claridad que cometimos un error, y si bien no siempre podremos remediarlo, sí podremos reconocerlo. S. J. Sherwood, autor del libro *Apologise... Hell, No!* (Disculparse... ¡Ni hablar!), dice que eso nos hace conectar con nosotros mismos, conectar con el otro y eso, a su vez, nos empodera. Nuestras prioridades —continúa— deben ser que nuestras relaciones estén en el mejor estado posible, lo antes posible, y mantenerlas así. No importa lo buenas o evolucionadas que seamos, siempre acabaremos por herir a alguien y, sin importar la gravedad de ese hecho, está en nosotras tomar cartas en el asunto. "Ofrecer disculpas es una herramienta que debemos apreciar cuando hemos sentido el arrepentimiento tras saber que debimos haber hecho las cosas de manera diferente, que cruzamos una línea que hoy nos da remordimiento y el resultado de ese abatimiento es saber que debimos haber hecho algo o comportarnos de una forma distinta por las circunstancias en cuestión".

Yo misma he sopesado el terrible dolor de un arrepentimiento encerrado en mi conciencia; sin embargo, pude darle salida a más de una disculpa en mi libro *El poder de reinventarte*. Poco después de su publicación, me encontré a una de las personas a las que les debía una disculpa tardía y de inmediato le dije que había escrito mi arrepentimiento por no haberla defendido como se merecía durante varias situaciones laborales en las que fue humillada y abusada moralmente frente a mis colegas y a mí. Le pedí perdón por mi cobardía y el egoísmo que me hizo preferir callar antes que arriesgar mi trabajo en esa empresa.

En sus propias reflexiones sobre el tema, Sherwood escuchó a la psicóloga Esther Perel decir que quien se disculpa es el más fuerte, pero nunca en detrimento del otro, y dicha afirmación lo marcó para siempre, tanto que escribió un libro bastante autobiográfico sobre el tema en el que analiza a profundidad cómo anheló durante años las disculpas de su madre, su padre y su padrastro, las cuales nunca llegaron.

Perel y Mary Alice Miller reconocen que nos cuesta trabajo ofrecer una disculpa porque creemos que hacerlo significa reconocer nuestra derrota, o tememos que por más que nos disculpemos, no recibiremos el perdón. "Es terriblemente difícil. Puede ser vergonzoso. Y esa vergüenza nos impide hablar con el otro". Sin embargo, ambas expertas aseguran que pedir perdón es una manera de priorizar la relación.

"Una buena disculpa es aquella en la que asumimos la responsabilidad de forma clara y directa, sin evadir, culpar a otros, confundir las cosas o poner excusas, y sin sacar a relucir el historial delictivo de la otra persona", afirma Harriet Lerner, psicóloga clínica y autora de *Why Won't You Apologize?* (¿Por qué no te disculpas?).

A veces, hay que reconocerlo, te disculpas más por el impacto que causaste en la otra persona que por lo que para ti representó lo sucedido. Perel y Miller coinciden con Sherwood en que pedir perdón empodera, aún más cuando eres la primera en hacerlo. "No es poder 'sobre' otro, es poder 'para' con el propósito de limpiar los escombros, reorganizar las piezas y hacer las cosas bien. Cuando te disculpas, eliges cambiar la historia, mover la trama hacia adelante. El que pide disculpas es la persona que dice: '¡Basta! Puede que hayamos hecho este desastre juntos, pero yo asumo mi parte y te pido perdón por lo que he hecho'". Sherwood agrega: "Es un regalo para ambos, tanto para el que ofrece la disculpa como para quien la recibe, pues ambos salen fortalecidos".

Perdonar es dejar ir un evento que parece incrustado en nuestra alma, lo cual no es fácil y requiere un increíble trabajo emocional, indica Sherwood; sin embargo, si queremos empezar el proceso, tenemos que comenzar con nosotros. ¿Por qué esperar hasta el final de nuestra vida para recapacitar? ¿Por qué no hacerlo ahora? "El verdadero legado es la impresión que dejaremos en las personas que han estado cerca de nosotros", especifica el autor.

Regla 48

Reencuentra tu energía femenina

"La mujer es el círculo completo.
Dentro de ella está el poder
de crear, nutrir y transformar".

DIANE MARIECHILD

Puede ser que esta nueva regla de tu poder suene contraintuitiva porque la mayor parte de nosotras hemos estado en constante entrenamiento para sobrevivir en un mundo laboral creado por y para los hombres, ¿y cómo más íbamos a hacerlo sino emulando su energía? Sin embargo, la brecha ya ha sido abierta en varias vertientes y, aunque parezca como que todavía hay techos de cristal que romper y salas de juntas que equilibrar con más mujeres en puestos directivos, estamos listas para retomar, si no toda, gran parte de nuestra naturaleza y conquistar el mundo bajo nuestros propios términos.

Las mujeres contamos con otro tipo de fortaleza, diferente de la que podría considerarse masculina. Una mujer es más como una palmera: firme, bien plantada, con arraigo, que sobrevive los huracanes con fortaleza y flexibilidad. Nosotras escuchamos a los demás, unimos a la familia o a nuestro equipo de trabajo haciendo comunidad, capitalizamos nuestra intuición, somos solidarias y compasivas, estamos en constante reparación y capacitación para ser mejores con nosotras y con quienes nos rodean, buscamos la salud física y emocional, invertimos en nuestra familia y su bienestar, somos agradecidas, responsables y pagamos nuestras deudas. Todas esas virtudes, sin embargo, no nos hacen perfectas y tenemos que lidiar, todavía, con estándares limitantes que la sociedad nos impone y que muchas de nosotras compramos, intentando encajar.

Las mujeres hoy debemos ser dueñas de nuestras vidas, decidir cuándo y dónde trabajar, ser capaces de disfrutar el sexo sin sentirnos pecaminosas o devaluadas, optar por ser mamás, o no serlo, volvernos emprendedoras y cabezas de familia. Saber estar solas y, por lo tanto, no quedarnos con quien carezca de valor en nuestra vida. Tener propósitos más allá de procrear y ser la mujer detrás de un gran hombre.

Dejemos de ser lo que Maura Gómez y su hija María José Barroeta describen como "las mujeres que aplauden a otras mujeres en la luz y las obstaculizan en la sombra". Cambiamos el mundo por uno con más sororidad y que es más fácil para nuestras colegas, amigas y hermanas. Pero no por ello podemos perder lo que suaviza nuestra energía: tener una gama de emociones potentes, saber recibir un halago o un obsequio, consentir a quienes amamos y, después, rendirnos sin reservas para que nos consientan también a nosotras. Debemos tomar ese fuerte instinto de cuidadoras para verter amor en nosotras y en nuestros proyectos personales.

Las autoexigencias no se han estrechado al llegar más alto en los organigramas o tras haber abierto brechas de poder. Todo lo contrario, hemos enloquecido queriendo hacer más sin delegar, sin negociar tiempos, presupuestos o tareas.

Visita esa energía que te permite pausar; reconcíliate con la posibilidad de ser sin hacer y negocia a tu favor. Abraza quien eres sin compararte. Escucha tu intuición, agradece ser una mujer íntegra, disfrútate y recuerda que el peso, la medida de tu cuerpo o el tono de tu piel no son determinantes para ser feliz.

Basta de ser dura, intolerante o rabiosa. Hoy puedes ser divertida, femenina y relajada. Lo de menos son los tacones y el *brassiere*, lo de más es ese corazón ardiente que construye un mundo seguro en el que tú te atreves a ser mujer.

Vivir con creatividad

Valeria Loeza

Valeria Loeza es una emprendedora de Morelia, Michoacán, en México. La busqué para este libro porque deseaba tener la visión de una adolescente que nos brindara las ideas sobre su vida y, a sus 16 años, accedió a compartirla con nosotras. Estoy segura de que esta chica tiene una inteligencia muy desarrollada y ella dice que, a pesar de que no se ha hecho ninguna prueba de IQ, efectivamente ha sobresalido siempre respecto a sus compañeros de la misma edad, por lo que tomó la decisión de estudiar su segundo año de bachillerato en una prepa abierta y así poder seguir emprendiendo junto a su mamá, Vanesa Sánchez, quien es su mánager y mejor amiga. "En la actualidad, muchas de mis iniciativas son por amor al arte, pero realmente lo que vamos ganando poco a poco lo reinvertimos en nuestros proyectos. Así que todo lo que llevamos ganando es en cuestión de conocimientos y contactos", afirma con franqueza.

Se dice fácil, pero lo que ha hecho Valeria no es poca cosa, pues como en su estado natal no encontraba ningún evento que pudiera capacitar o inspirar a jóvenes para emprender, decidió hacer uno ella misma: el Congreso Infantil y Juvenil de Emprendedores, que ya va en su segunda edición. "Invitamos a diferentes jóvenes de la República mexicana, de 12 a 21 años, a que platiquen sus historias de emprendimiento en un formato como de charlas TED. Lo que hacemos es inspirar y motivar a los chicos a emprender a través de las historias de otros jóvenes y líderes en diferentes áreas".

Valeria no es ninguna improvisada, pues a través de Endeavor, la comunidad de emprendimiento más grande de México, recibió capacitación y certificación. "Se trata de una incubadora muy grande: para poder entrar a este programa hubo una convocatoria donde evaluaban no sólo los proyectos, sino también al emprendedor para saber cuáles eran sus talentos y habilidades. Fuimos 21 seleccionados y estuvimos aproximadamente tres meses capacitándonos en emprendimiento, para entender cómo podíamos ir desarrollando nuestro proyecto. Se trató de un proceso muy largo, pero al final logramos aprender mucho y me dieron la certificación como futura emprendedora".

A esta joven, hablar en público se le da con facilidad, por lo que ha dado charlas en el Congreso Internacional de Cancún, en el primer congreso de Lady Multitask y participó con la conferencia "Pequeños visionarios" en TEDx Speaker. También está a punto de publicar el libro *La mejor vida de todas* —en coautoría con el artista Antonio Bárcena y su mamá— para el que está diseñando la campaña de *marketing* y un plan de distribución.

De mujer a mujer quise conocer qué está pasando con sus compañeras de generación. "Estoy impresionada con el talento que tienen las mujeres actualmente y me gusta mucho hacer equipo con ellas para aprender. Algo que me apasiona mucho es conocer cómo han sido estos cambios generacionales y cómo se han invertido los papeles, pues el año pasado, cuando abrimos la convocatoria de *speakers* a nivel nacional para el congreso, nos costó mucho trabajo conseguir a las niñas que iban a hablar. Este año fueron más mujeres que hombres porque ya están tomando este papel de decir: 'Quiero ser empresaria, dueña de mi propia empresa y contribuir con otras personas'. Este cambio fue muy interesante y me gusta mucho analizar cómo estamos rompiendo estas barreras y creando nuevas tendencias para las futuras generaciones".

Valeria afirma que, si pudiera hacer algo para cambiar el mundo de las mujeres, sería empoderarlas a través de la posibilidad de generar su libertad financiera. "La violencia económica se ve mucho en mi ciudad, entonces ése sería un primer propósito: empoderar a las mujeres a generar su propio dinero, su libertad, y darles capacitación desde la infancia diciéndoles que ellas no tienen que buscar un trabajo, sino que pueden crear trabajos para otras personas".

Un tema que abordaremos más adelante en este libro es lo que pasa si una mujer quiere emplearse, ser ama de casa o quedarse a cuidar a sus hijos. Al respecto, Valeria comenta: "Todo está perfecto, cada quien decide su propio camino y lo va trazando con base en sus sueños, pero sí les recomendaría que buscaran redes de apoyo, que vayan consiguiendo personas que puedan impulsarlas y que estén ahí para hacer alguna alianza o proyecto en un futuro".

¿Una mujer como Valeria, que piensa en grande, cree que tener esposo o hijos puede resultar un freno? "Actualmente considero que no quiero tener hijos, estoy en una etapa en la que deseo conocer el mundo lo más que pueda, disfrutar que estoy joven, que puedo tener estos tiempos libres para viajar, aprender y no considerar una familia. Pero lo cierto es que también varias de mis compañeras de la escuela me decían que querían tener una familia. Entonces estamos en polos muy distintos respecto a ese tema".

Los retos que las jóvenes viven son importantes. "Uno de ellos es que actualmente no se valora su esfuerzo. De hecho, a mi generación le dicen 'de cristal', y creo que no ven más allá, no valoran nuestros talentos, lo que podemos llegar a ser, que al final ya somos el presente de México. Puede que algunas personas estén enfocadas en cosas inadecuadas, pero nos serviría mucho que los empresarios y la sociedad nos expliquen cómo es que han ido trazando su camino. Primero, nosotros tenemos que descubrir quiénes somos y qué vamos a hacer de nuestra vida y cómo nos vemos en un futuro".

Respecto a tener pareja, Valeria afirma que eso no está en sus planes, pero tampoco lo descarta, pues siempre que "haya comunicación entre ambas partes y si hay un buen trato para lograr tener una relación sana" será algo viable para ella y se lo planteará cuando llegue el momento.

Así que, lejos de los romances, su verdadera pasión es emprender, por lo que Valeria nos deja tres mensajes: "El primero es que descubras cuáles son tus talentos y habilidades porque eso será la base de cualquier proyecto que quieras comenzar. Segundo, que creas en ti misma, en tu potencial y lo que puedas llegar a ser en un futuro. Y el tercero es algo que me dice mucho mi papá y a él se lo decía mi abuelita: 'Si tú no crees en ti, yo sí creo en ti'. Así que, si no llegas a creer en ti, yo estoy aquí para apoyarte en lo que pueda, porque yo sí creo en ti y en tu potencial".

Poder con propósito

Capítulo VI

Regla 49

El poder no apesta

"Pero tenemos que hacer algo más que cambiar la visión del pasado: es esencial que también cambiemos la visión del presente. La manera en que nos miramos a nosotras mismas".

ROSA MONTERO

De verdad, ¿el poder nos sabe amargo?

"Si el poder es sentirte bien contigo misma, libre para elegir tu destino de la manera que quieres, sin tener que pedirle permiso a nadie, entonces sí, me gusta. Y si a través de ese poder puedes inspirar a otros, ayudarlos o tener un impacto positivo en ellos, pues aún más. Ése es el único tipo de poder que me interesa", aclara la periodista Úrsula Carranza.

La arquitecta e interiorista Ximena Díaz tiene su muy particular punto de vista: "Amo, sobre todo, sentirme poderosa, invencible dentro de mi propia vulnerabilidad".

Del 100% de las entrevistas que realicé a diferentes mujeres para escribir este libro, sólo una dijo que no le gustaba el poder. La mayor parte de ellas expresan agrado hacia él, sin ninguna duda, aunque hay quienes muestran reservas en cómo utilizarlo correctamente y no puedo más que admitir que, en su mayoría, están bien fundamentadas.

En el libro *The Power Code* (El código del poder), las autoras Katty Kay y Claire Shipman concluyen que hay una aversión al poder, ya que diversos estudios comprueban que a muchas mujeres no les gusta tenerlo. "Nuestra ambivalencia hacia el poder es desconcertante y desalentadora porque las mujeres nos encontramos ante una doble disyuntiva: batallamos en las áreas de poder en donde no hay mucho espacio para las mujeres y, al mismo tiempo, luchamos contra nuestros propios instintos, cuestionándonos si realmente queremos ocupar esos espacios".

Nuestras metas respecto a la posesión del poder son, por un lado, tener libertad y, por el otro, ser capaces de usarlo para ayudar. No obstante, siempre está el temor de perder privilegios, desde seguir manteniendo nuestras amistades o ser capaces de establecer una relación profunda de pareja, hasta hacer ejercicio regularmente. La realidad es que el poder es muy costoso para las mujeres —aseguran las autoras— porque, para tenerlo con las mismas condiciones en que lo disfrutan los hombres, tenemos que sacrificar muchas cosas que para nosotras son importantes y para ellos resultan secundarias. "El poder tiene un precio: el de tu libertad. El poder es estar atada a algo, eso lo experimenté hace poco. Era esclava del celular a todas horas, en días fuera del trabajo, y tal vez fue por la jefa que tenía y porque ésa era su forma de trabajar, pero, sinceramente, no fue nada grato", dice Claudia Benítez. De ahí que muchas vemos más efectos negativos que positivos. "Las mujeres consideran que el poder apesta", arremeten Kay y Shipman.

"Me gusta la libertad de hacer, pero el poder como tal me genera inseguridad porque temo equivocarme y sentirme responsable por algo que pudiera salir mal, y más si llegara afectar a alguien", expresa la administradora Bety Gordoa. "Cuando involucra la integridad humana tiene un mayor costo y, si lo ejerces correctamente haciendo siempre el bien, es desgastante estar tan preocupada por los demás sin poner límites, como me pasa a mí: me gusta proteger".

"Puede tener riesgos si no se maneja con cuidado. El poder mal administrado puede llevar al estrés, la soledad y la desconexión", agrega la emprendedora Alejandra Rodríguez. "Por eso, es importante equilibrarlo con humildad y empatía". Es verdad que el poder puede ser un sitio muy solitario para las mujeres, pero, mientras huyamos de él, seguirá siendo un mundo laboral hecho por y para los hombres. El resultado reportado por Kay y Shipman es que las mujeres en posiciones de autoridad suelen tener mayores niveles de depresión que los hombres en ese mismo puesto. "Pues sí tiene costo, se sacrifican muchas cosas personales, como tiempo con la familia, con los amigos o con una misma. Y depende de si una es capaz de encontrar algún balance y establecer límites para decidir hasta dónde sacrificas", concuerda la diseñadora de joyas Pilar Arcila. Cuando le pregunté a la masajista Liliana Calva qué actividades la hacían sentir poderosa, respondió: "¿Poder? ¿Tengo poder? [ríe]. No sé, podría decir que dedicarme a todo lo que me haga crear, creer y crecer es bueno... de ahí parte mucho mi regla de poder".

Lo más irónico es que nuestro acceso al poder incrementa nuestras propias demandas, sumadas a las ajenas, para mostrar rasgos femeninos, como pintarnos el pelo, maquillarnos, tener un cuerpo esbelto y un trato delicado con la gente. Al mismo tiempo, estamos dispuestas a vestirnos con piezas prestadas del guardarropa masculino, como pantalones y sacos, si queremos integrarnos al grupo de trabajo constituido por una mayoría de varones. Asimismo, buscamos tener una voz más contundente para que suene menos dulce y mostrar un liderazgo efectivo, mas no excesivamente dominante, por sólo dar algunos ejemplos. Con este afán de agradar y quedar bien con todos, nos estamos asegurando un estrés crónico, en lugar de probar las mieles de lo que significa estar al mando.

"¿Por qué parecería que el poder va en contra de nuestro instinto?", nos preguntan Kay y Shipman. La realidad es que sentirte poderosa puede incrementar tu habilidad de comprender y relacionarte con otras personas, señalan las autoras. También hace que perdonar sea más fácil para ti, pues te permites abrirte e incluso ser vulnerable. Con poder percibes las interacciones sociales como amigables, en lugar de amenazantes. Te sientes independiente, pues si realmente estás segura de tus méritos y decisiones, serás menos susceptible a las expectativas externas y te sentirás más creativa. Puedes saciar el hambre de modificar lo que no funciona y hacerlo con toda tu inteligencia emocional. Es la posición que esperaste toda tu vida para revisar las condiciones de trabajo y hacerlas más acordes con las necesidades de las solteras, casadas, mamás, viudas, retiradas, mujeres con problemas de salud o de la tercera edad. Esto sin dejar de tomar en cuenta que el poder te permite trabajar para las personas y las causas que te apasionan, conectarte de corazón con otras mujeres que luchan por el mismo propósito y dejar una huella en el planeta. Lo importante es entender que tienes derecho al poder y mereces disfrutarlo.

Regla 50

Elimina a los enemigos del poder

"Puedo y lo haré. Mírame".

CARRIE GREEN

Había una vez una joven guerrera cuya maestra le dijo que tenía que pelear contra el miedo. Ella no quería hacerlo, le parecía demasiado agresivo y le daba terror, pues su rival era poco amigable. Pero su maestra le aseguró que tenía que luchar y le dio instrucciones para ello. Llegó el día indicado y la estudiante y el miedo se encontraron frente a frente. La guerrera se sentía muy pequeña y el miedo se veía demasiado grande, ambos cargaban sus armas. Entonces, la guerrera fue hasta donde estaba el miedo y muy frustrada le dijo: "¿Me da permiso de sostener una batalla con usted?". El miedo contestó: "¡Gracias por mostrarme tanto respeto como para preguntarme si puedes luchar conmigo!". En ese momento, a la guerrera se le ocurrió preguntar: "¿Cómo podría vencerle?". "Mi táctica es hablar muy rápido y muy cerca de tu cara, así te pones nerviosa y acabas haciendo todo lo que te digo", dijo él sinceramente. "Si no haces lo que te digo, no tengo poder. Tú puedes escucharme, puedes respetarme e incluso estar convencida de mi superioridad, pero si no haces lo que te digo, no tengo poder". De esa manera, la estudiante aprendió cómo vencer al miedo (extracto del libro *Cuando todo se derrumba. Palabras sabias para momentos difíciles,* de Pema Chödrön).

Nosotras fuimos sometidas, nos educaron para ser la gran mujer detrás del gran hombre. Hemos sido silenciadas, recluidas, marginadas y ahora estamos listas para recuperar el poder que, por derecho, nos corresponde. Sin embargo, todavía tenemos que vencer algunos obstáculos para adueñarnos de él, tales como:

1. **Hacernos la víctima:** empecemos por un tema desagradable, pero que las mujeres hemos encarnado y desarrollado mejor de lo que quisiéramos admitir: el victimismo. Un papel de mártir, de rehén, de princesa encerrada en la torre esperando que un príncipe venga al rescate. La mujer que se victimiza está dándole su poder a alguien más. El punto es que, al hacerlo, pierdes el control de tu propio destino. Por eso no ves la salida, te sientes atrapada y, entre queja y queja, vas cavando tu propia tumba.

   Eric Thomas, autor del libro *You Owe You* (Te lo debes), se fue de su casa siendo casi un niño, se convirtió en un indigente y en víctima de su propia decisión. "Si te vas a enojar, hazlo desde la comodidad de tu casa, y con un techo sobre tu cabeza. Si vas a estar triste, que sea con un plato de comida en la mesa y ropa limpia que ponerte. Puedes tener emociones, pero no necesitas sabotearte para sentirlas ni victimizarte", confirma. "Cuando te quitas el victimismo y tomas la responsabilidad de tus decisiones, te haces cargo del control, eres tu jefa, te vuelves la CEO de tu vida y no habrá parte de tu vida que no sea exitosa si te adueñas de ella". Este autor afirma que la única persona que puede hacer algo por ti eres tú. Pero, irónicamente, gran parte de las veces también eres la única persona que te obstaculiza. "Nadie más que tú puede cambiar tus circunstancias, y una vez que empieces a hacerlo, verás que muchas personas te apoyarán", continúa.

Ahí donde pones tu atención, fluye la energía: si te enfocas en sentirte varada, quedarás estancada; cuando estás convencida de que eres pobre, los recursos no llegan; en el momento en que te ves al espejo como una mujer llena de defectos, no podrás distinguir a ningún pretendiente a tu alrededor.

2. **Falta de objetividad:** muchas veces vemos el panorama filtrado por una pátina de tristeza o inseguridad que nos hace apreciar el vaso medio vacío. Te voy a dar un ejemplo: mi papá nunca estuvo presente en mis actividades escolares y eso me lastimaba, hasta que crecí y me di cuenta de que durante estos eventos él estaba trabajando muy duro para mantener y educar a sus nueve hijos. Mi mamá era muy amorosa, pero tampoco me daba la atención que yo hubiera deseado, y cuando yo misma tuve un hijo pude apreciar el tiempo de calidad que mi madre me daba entre su marido, mis otros ocho hermanos y los intereses personales y de divertimento que naturalmente deseaba. Pregúntate qué no estás viendo en la fotografía de tu vida.
3. **Querer hacer todo el trabajo nosotras solas:** quizás es un buen momento para dejar la pasividad y remediar lo que tanto te molesta. ¿Se trata de la división del trabajo en casa? Haz una junta familiar y distribuye las labores con mayor equidad. Si a tu pareja le toca cocinar, entonces a él también le corresponde ir al supermercado, mantener los electrodomésticos de la cocina funcionando a la perfección y buscar la receta para el pavo de Navidad. Pero, ojo, para que esa nueva función

sea realizada con entusiasmo, evita criticar sus platillos y elogia los que te gustaron porque tus halagos serán su salario emocional. No te olvides de que, además, hay otras cosas de las que él o ella es responsable: tal vez paga los seguros, se encarga de reparar algunos desperfectos en la casa, mantiene los autos en óptimas condiciones y organiza las actividades de las vacaciones. Todo esto tiene un valor que debe considerarse en la ecuación de la división del trabajo. Aplica la misma fórmula para tu socio, tus colaboradores y tus hijos.

4. **Ser nuestra peor crítica:** puedes ser víctima de tus propias exigencias. "El no sentirnos lo suficientemente valiosas está directamente relacionado con las inseguridades que afectan nuestro desempeño. También esas malas experiencias que no hemos sabido manejar y que dejaron un estigma en nuestra autopercepción, las cuales provocaron que creyéramos algo con lo que se nos etiquetó negativamente en la infancia o adolescencia, hasta el síndrome de la impostora, que es muy común y hay que trabajarlo", asegura la diseñadora de joyería Pilar Arcila. "Basta analizar nuestros logros para superar esas inseguridades, pero, desafortunadamente, muchas veces les damos más importancia y peso a los fracasos que a los éxitos". Haz una lista de las cosas que te hacen sentirte orgullosa de ti hoy y aprende a celebrarlas.
5. **Mujeres obstruyendo a mujeres:** "Creo que el primer enemigo es una misma. Y desafortunadamente también he visto cómo otras mujeres son las principales enemigas de alguna mujer con poder", reflexiona la periodista Pilar Luna. Por su parte, Lucía Galindo confirma

este patrón desde su experiencia en turismo y relaciones públicas, pues reconoce que siempre ha habido al menos una mujer que, con envidias, chismes y celos, ha frenado su poder. "Somos un obstáculo: me refiero a nuestras inseguridades, nuestra competencia y el sabotaje entre nosotras, el no sentirnos lo suficientemente capaces y la búsqueda del perfeccionismo", coincide la académica Marisol Conover.

En mi libro *Imagen, actitud y poder* hago una analogía en donde la carrera profesional de las mujeres se siente como estar en un tablero del juego serpientes y escaleras. Con esta imagen mental, pregúntate: ¿cuántas de las serpientes que han frenado u obstaculizado tu ascenso han sido mujeres? ¿Y cuántas de esas serpientes surgieron de tus inseguridades y autolimitaciones?

Probablemente por la normalización de la presencia femenina en el ámbito laboral, he visto que las nuevas generaciones de mujeres ya no se ven como rivales y existe una creciente sororidad donde antes hubo diversos tipos de complot entre nosotras. No obstante, todavía hace falta muchísima solidaridad, apertura e inclusión para que nosotras mismas nos veamos en sitios de poder acompañadas por otras mujeres y bajo nuestras propias reglas.

6. **Falta de límites:** necesitamos entrenamiento para construir fronteras porque queremos ser tan dulces, tan adaptables, tan poco conflictivas, que muchas veces dejamos que las personas o circunstancias nos rebasen. "Me acostumbré a nunca decir que no y, de repente, cuando empecé a querer poner límites, ya no era tan 'linda'", dice la empresaria Fabiola Ortiz. "Me

es muy difícil decir que no, sigo trabajando en ello y el costo es que ya no quedo bien porque las personas se acostumbraron a que siempre podía". Y es que hemos sido adiestradas para sacrificarnos, como si hacer algo por los demás fuera más valioso que hacerlo para nosotras mismas.

7. **Temor a apostar:** tener un papel relevante en el trabajo nos ha llevado siglos y, cuando finalmente accedemos al poder, podemos sentirnos inhabilitadas para tomar riesgos. "Mi miedo más grande es la indecisión, le doy demasiadas vueltas a las cosas y me cuesta muchísimo trabajo tomar determinaciones sin consultar opiniones", reconoce Salma Castillo, directora de operaciones. "Se me dificulta hacer cosas por mí y que no me importe lo que esté a mi alrededor. Pienso mucho en el futuro y en si esas decisiones arrebatadas lo afectarán". Recuerda la historia de la joven guerrera: el miedo habla fuerte y parece que es quien manda, pero en realidad gozas del privilegio de tomar tu vida por los cuernos para construir un mejor destino, no lo desaproveches con dudas. Se vale equivocarte, lo que no tiene sentido es paralizarte porque el temor te hace sentir pequeña.
8. **Dudar de nuestra destreza:** las mujeres tenemos una fortaleza increíble; física y emocionalmente estamos capacitadas para soportar dolor, cuidar a los demás, construir hogares, ser el corazón de una comunidad, pero rara vez apostamos por creer en nuestras capacidades. Aun cuando pudiéramos pensar que tenemos las credenciales y la experiencia para acceder a un puesto de liderazgo, solemos pasarlo de largo dejando

atrás las mejores oportunidades, pues el peso de nuestras responsabilidades familiares se convierte en un lastre. Es momento de comprender que la familia no te necesita como un ancla, sino como un barco más de la flotilla, con derecho a cumplir tus sueños, colmar tu ambición, probar el dulce sabor del poder y, por qué no, disfrutar de tu propio dinero o de tu independencia emocional.

9. **Juzgar injustamente a otras mujeres:** en el libro *The Power Code* (El código del poder), las autoras Katty Kay y Claire Shipman hablan sobre una serie de experimentos que se hicieron mostrando a diferentes personas imágenes de una casa que estaba completamente desordenada: todo lucía desarreglado, fuera de su lugar y sucio. A ciertas personas se les dijo que era la casa de John y, a otras, que era la de Jennifer, quienes trabajaban de tiempo completo. Cuando se les preguntó su impresión sobre el orden y pulcritud del dueño, el grupo que pensaba que la casa era de John lo disculpó y se mostró comprensivo con el desastre en el que vivía diciendo: "Hombres son hombres". Sin embargo, el grupo que suponía que la casa era de Jennifer, la culpó de no poner orden y limpiar su hogar.

   Medirnos con la vara más alta ha sido parte de nuestra inseguridad porque tanto tú como los que te rodean esperan que seas más limpia, más guapa, más trabajadora, más dulce y que sobresalgas en todos los demás atributos en comparación con un hombre. Pero esa expectativa es absurda e irreal: somos tan humanas como los varones y merecemos, igual que ellos, reconocimiento, tiempo libre y descanso.

10. **Miedo a triunfar:** mientras los hombres esperan llegar a la cima para disfrutar de las mieles del poder, las mujeres a veces imaginamos un panorama desastroso en las alturas, como si se invirtiera el dicho de "No hay mal que por bien no venga" por "No hay bien que no venga con mal". La idea es que desatenderás a tus hijos, que tu marido buscará la compañía de otra mujer más disponible, que alienarás a tus amistades, que causarás envidias y recelo, por mencionar sólo algunas preocupaciones, cuando cumplir un sueño debería ser fuente de autoestima y placer. Romper el techo de cristal, si todavía lo hay en tu industria, u ocupar el recuadro más alto en el organigrama es un indicativo no sólo de que tienes la capacidad y la inteligencia emocional de lidiar con tu presente, sino también de que puedes construir un mejor futuro para ti y para otras muchas mujeres. No desaproveches las oportunidades y date permiso de llegar a donde mereces. Aquí estaré yo para aplaudirte junto a tu familia y tus verdaderos amigos.

Vitamina tu poder

"Una mujer es como una bolsa de té, nunca sabes qué tan fuerte es hasta que está ardiendo en agua".

Eleanor Roosevelt

La psicóloga social Amy Cuddy afirma que hay una correlación entre la testosterona y el poder. "Menos intuitiva y más interesante es la correlación de la segunda hormona, cortisol, comúnmente conocida como la hormona del estrés, secretada por la corteza suprarrenal en respuesta a estímulos estresantes, tanto físicos (correr para alcanzar el tren) como psicológicos (temer presentar un examen). Su principal función es movilizar la energía al incrementar el azúcar en la sangre, ayudando a metabolizar grasa, proteína y carbohidratos". En la regla número uno de este libro hablamos de los hallazgos de esta científica sobre la comunicación, la influencia que tiene el cuerpo en la mente y el efecto de extender nuestras extremidades, ocupar el mayor espacio posible o hacer poses de poder (como la de la Mujer Maravilla), pues todo ello propicia que aumente la testosterona hasta 20% y reduce el cortisol en 25%, haciéndote más valiente, arriesgada y poderosa.

Como hemos visto, las mujeres no deseamos el poder para imponer nuestra voluntad o sacar una ventaja económica, sino para lograr un cometido que sea útil a un fin, es decir, tiene un propósito y estamos dispuestas a colaborar entre nosotras y con nuestros colegas para llevarlo a cabo.

La prima subvalorada del poder es la autonomía, que se relaciona con independencia y liberación, según Katty Kay y Claire Shipman, autoras del libro *The Power Code* (El código del poder), pues el poder te brinda la libertad de hacer con tu tiempo lo que quieras, lo que representa una gran ventaja. De hecho, algunas mujeres prefieren la libertad al poder, especialmente aquellas que han tenido que responder a las necesidades de otros individuos antes que a las suyas.

A veces, un proyecto requiere de mucho tiempo y esfuerzo para desarrollarse. Entonces es preciso seccionar la meta en varias etapas y así crear micrometas que puedan ser alcanzadas con mayor facilidad y en menos tiempo. Además, podrás evaluarlas, de manera que, si están dando resultados, podrás seguir adelante, pero, de no ser así, podrás redireccionar los objetivos y la forma de obtenerlos.

Nada de eso tendría sentido sin una visión, que no es otra cosa que lo que visualizas en el futuro de tu empresa, tu producto, tu servicio, tu pareja, tu familia o tu vida. Si bien es cierto que tu visión debe ser hasta cierto punto realista, no debes escatimar en darle alas a ese sueño porque se trata de ver el máximo potencial en ti y en las personas que te acompañarán en ese proyecto. Recuerda que no estás sola, pues siempre hay una tribu esperando unirse a un objetivo que lleve pasión y prometa un mundo mejor.

Las herramientas más importantes en una mujer que aspira o tiene poder son su capacidad de escuchar antes de actuar, su inteligencia emocional, su comunicación articulada y transparente, su talento para conformar un equipo eficiente, su resiliencia, su visión global y su genuino deseo de hacer la diferencia.

Tan importantes son las habilidades duras (*hard skills*) como las blandas (*soft skills*), pues de nada serviría que fueras increíblemente buena en sistemas si resultas una terrible líder para el equipo que te han asignado. Muchas de nuestras habilidades blandas son intuitivas o más fáciles de pulir. No obstante, las habilidades duras suponen romper algunos paradigmas ignorando los estereotipos o los prejuicios hacia las mujeres, como aventurarte a trabajar en oficios que tienen que ver con las matemáticas, las finanzas, sistemas, etcétera. Sigue tu intuición y confía en tus capacidades, sin importar que seas la única en una sala de juntas llena de hombres o que los tengas como subalternos.

Otra vitamina para tu poder es desarrollar tu prestigio profesional haciendo uso de tu *sweet spot*: la intersección entre lo que se te facilita y para lo que tienes talento. Por ejemplo: yo siempre he amado la moda y tengo facilidad para escribir, entonces ser periodista de moda resultaba el maridaje perfecto para mi carrera. Alguna vez me ofrecieron pasarme al lado comercial de las revistas, en lugar de continuar en la parte editorial. Agradecí la oportunidad, pero no la acepté, ya que hacerlo habría hecho que me enfocara en mis debilidades, en lugar de mis fortalezas. Allí radica tu autoconocimiento y autorregulación. Saber tus puntos débiles, tus fortalezas, tus detonantes, tus defectos y tus cualidades hará que tu poder se vaya forjando con base sólida y una gran dosis de templanza.

Después de todo, el poder se gana y, una vez obtenido, el reto está en conservarlo siendo siempre fiel a ti misma.

Regla 52

Tu poder tiene un propósito

"Si quieres que algo se diga,
pídeselo a un hombre;
si quieres que algo se haga,
pídeselo a una mujer".

MARGARET THATCHER

En su libro *Empieza con el porqué*, Simon Sinek asegura que cualquier empresa u organización sabe perfectamente qué hace y cómo su producto o servicio es diferente o, incluso, mejor que el de la competencia. Sin embargo, muy pocos saben por qué lo hacen. Obviamente, Sinek no está hablando de que una razón sea "hacer dinero", pues ése sería el resultado final de un proyecto exitoso. A lo que se refiere con el porqué es nada menos que al propósito, causa o creencia por el que damos todo. Lo más interesante es que el escritor y motivador afirma que la gente no compra lo que haces, sino el porqué lo haces.

De hecho, Sinek agrega que si la organización no tiene claro por qué hace lo que hace, no puede esperar que sus empleados sepan por qué deben trabajar ahí. Estamos hablando de los valores principales de una empresa o persona, de la causa y el hecho de que los cimientos no se concentren en la ganancia personal, sino en compartir esos valores y creencias, construyendo confianza entre los usuarios, colaboradores o personas cercanas. Por ello, empezar por un porqué no está relacionado con tratar de manipular, sino con inspirar.

"Cuando encuentras tu porqué, llevas tu superpoder a otro nivel", dice Eric Thomas, autor del libro *You Owe You* (Te lo debes), pues es lo que te hace avanzar, te empuja hacia delante y te da una razón para levantarte por las mañanas. "El porqué es más importante que el dinero y las cosas", continúa Thomas. ¿Por qué quieres hacer eso? ¿Qué propósito tiene? ¿A quién quieres ayudar? Una vez que lo tengas claro, dice el autor, escribe tu propósito en un *post-it*, ponlo en un lugar a la vista todo el tiempo y repítete a diario cuando te despiertes que eso es por lo que estás haciendo tu mejor esfuerzo.

Sin embargo, Thomas afirma que tu poder se convierte en propósito cuando tienes un plan o agenda. "Puedes descubrir tu superpoder y tu porqué, pero si no impones estructura, tu propósito no tiene ruta". A ese poder tienes que darle fronteras, organizarlo, nutrirlo, estudiarlo y saber cómo moverte a través de él con intención. "Camina en tu propósito construyendo tus dones y regalándoselos a las personas que los necesitan, pues cuando das esos dones como obsequio, el universo te premia de regreso".

Los japoneses han aprendido ese concepto de los habitantes de la isla de Okinawa y le llaman *ikigai*. Este término se refiere a aquello que hace que valga la pena vivir y a hacerlo con sentido. No obstante, desde la perspectiva japonesa, el propósito no tiene una implicación necesariamente laboral, sino que se enfoca en integrar quién eres, con todo y lo que viviste en la infancia, tus aciertos o errores, éxitos y fracasos, encontrando un porqué en tu vida cotidiana o en tu comunidad. Sin embargo, eso no quiere decir que el *ikigai* esté divorciado del trabajo ni mucho menos de ganar dinero, es sólo que se concentra en una satisfacción personal que mejora la calidad de vida de todos.

"Lo primero que tuve que hacer para adueñarme de mi poder fue aceptarme. Batallé muchísimos años contra mí misma, con lo que me gustaba, y lo más fuerte es que luchaba por lo que los demás decían, no por mí. Yo siempre estuve contenta y feliz con quien era. El verdadero problema era cómo lo verían los demás, especialmente mi familia y mis círculos sociales. Yo siempre supe que era *gay* y que amaba el futbol", dice Paola *la Wera* Kuri, CEO de Fut Sin Género y de Blue Women, Pink Men. "De hecho", continúa, "mi libro se llama *Tiempo de ser tú* y es sobre el aprendizaje de todo eso porque parece que estamos muy seguros de quiénes somos, pero recordarlo es un ejercicio de todos los días porque es muy fácil complacer para pertenecer, para aparentar la felicidad, fingir o traicionarnos, y cuando nos damos cuenta, ya no sabemos quiénes somos. Eso es todo lo contrario de la realización, el aprendizaje y la felicidad en la vida".

Cuando usas las dificultades y los retos como una oportunidad para seguir adelante, le abres la puerta a la grandeza. De acuerdo con Thomas, ésta no viene del confort, sino que se crea con esfuerzo y desafío. Pero, afirma el autor, para que sepas que debes moverte de lo bueno a lo maravilloso tienen que pasar muchas cosas, sucesos importantes e incluso trágicos que te impulsen a hacerlo. En ese momento quizá no sepas que estás viviendo un ascenso hacia algo fantástico. "Lo que tienes que saber es que esas experiencias no te van a quebrar, acepta la dificultad y persiste", agrega. "Una vez que lo aceptas, tendrás claridad y actuarás con intención. La pregunta es ¿lograrás levantarte? Y tu respuesta tiene que ser: '¡Sí!'. Si quieres ir de lo bueno a lo fabuloso, tienes que estar obsesionada y nunca conformarte sólo con lo bueno".

Ahora bien, tener un propósito y trazar una meta son dos cosas diferentes. El propósito es tu porqué, mientras que tus metas son los pasos necesarios para hacerlo realidad. De ahí que las autoras del libro *The Power Code* (El código del poder), Katty Kay y Claire Shipman, afirmen que el propósito de una mujer en el poder no es influenciar por influenciar, sino transformar el destino de otras mujeres menos afortunadas al ejercer la voluntad para influir en otros y efectuar cambios. "Una vez que las mujeres tienen poder, se dan cuenta de que todos sus posibles sacrificios han valido la pena porque pueden cambiar cosas importantes para su comunidad y cuentan con un sistema de apoyo increíble de otras mujeres que comparten ese mismo propósito. Pues, en el fondo, cuando tienes poder, lo compartes".

Tu porqué es lo que te da el propósito, pero con el tiempo éste puede cambiar o transformarse, pues, cuando se define mejor y va obteniendo más capas a través del tiempo, se profundiza. "Mi propósito es dar voz. Me encanta ser ese canal para contactar al cliente con el medio de comunicación o con una audiencia en específico. Ser parte del proceso para dar a conocer o difundir un mensaje", revela la consultora Claudia Vega, quien ha forjado su carrera como puente entre la comunicación, la imagen y las relaciones públicas. "Es importante que ese mensaje (y la visión de mi cliente) sea afín a mis valores".

Thomas asegura que, para que un milagro como encontrar el propósito suceda, debemos ponernos en ese camino, investigar y vivir las cosas como si ya te estuvieran pasando en el presente, buscando la compañía de las personas adecuadas, así como los lugares y las oportunidades para lograrlo. Confiar como si ya fuera un hecho. A veces, esto requiere estar dispuesta a sacrificar lo que eres por lo que serás.

Para obtener lo deseado, tienes que saber lo que quieres y no conformarte con menos. Una vez que lo sabes, debes pasar todo el tiempo trabajando para lograrlo. Pregúntate: ¿qué quieres de la vida?, ¿qué deseas de tu matrimonio? o ¿qué anhelas de tu carrera? Eso significa, confirma Thomas, que nadie más es responsable de tu futuro, estabilidad, éxito o felicidad. "Deja de buscar que te den permiso para lograr tus sueños".

El propósito, entonces, se va forjando a través de tus valores y creencias, pues éstos guían tus decisiones grandes y pequeñas, y determinan lo que quieres ser y cómo será tu destino. Por lo tanto, el propósito es usar tus fortalezas para vivir encarnando tus valores e impactar positivamente en tu vida y en la de los demás.

Regla 53

El estatus y el respeto te los otorga tu comunidad

"Cuando una mujer alcanza la gloria, su energía es magnética y su sentido de posibilidad, contagioso".

MARIANNE WILLIAMSON

Como hemos visto en las reglas anteriores, la mayoría de las mujeres no tenemos especial interés en dominar a los demás y vemos en el poder un vehículo para transformar circunstancias. "Cuando las mujeres buscan poder inmediato, por lo general les resulta contraproducente", aseguran Katty Kay y

Claire Shipman, autoras del libro *The Power Code* (El código del poder). En cambio, cuando adquieren rápidamente respeto o estatus, encuentran una mejor base para construir su poder.

Por ello, hay que entender que dos de los valores que más apreciamos —el respeto y el estatus— sólo son nuestros si los demás nos los otorgan. El estatus tiene que ver con la comunidad, no te lo puedes adjudicar tú sola. Lo mismo sucede con el respeto: te lo tienen que dar y sólo lo inspiras si ven que haces algo por los demás. No importa cuánto desees que las personas te respeten, si quien está a tu alrededor siente miedo o no te tiene confianza, jamás lo conseguirás. Pasa lo mismo con el estatus: puedes ocupar el puesto más importante en tu empresa o ser la que mantiene a la familia entera, pero si tu comunidad no te admira por tus actos, tu posición es frágil y tu poder, endeble.

En contraste, el poder no requiere estatus. Puedes ser una jefa con mucho poder, pero no tener respeto ni estatus en tu grupo de trabajo. "Quizá porque las mujeres queremos gustarles a los demás, priorizamos el respeto y el estatus", dicen Kay y Shipman. "Pero el estatus nunca paga tanto como el poder". Las autoras, sin embargo, muestran un especial interés en el tema del estatus, ya que éste conlleva respeto, y ambos elementos se refuerzan mutuamente, facilitando el ejercicio del liderazgo femenino.

El estatus tiene, además, un gran aliciente para nosotras, pues Kay y Shipman sugieren que, al tenerlo, nos comportamos de manera más justa, pues sabemos que tanto la admiración como la aceptación de nuestra comunidad dependen de ello. "Como el estatus requiere que busques beneficiar a la comunidad, miras a los otros y eso hace que la gente se sienta más cercana a ti", aseguran las autoras.

A pesar de que soy de la idea de que debemos concentrarnos en lo que deseamos lograr, sin dar tantas explicaciones o vivir para agradar al mundo, el poder femenino suele llegar acompañado por la admiración de tu comunidad, la cual te apoyará para ser capaz de generar los cambios que has conceptualizado. Sé consciente y valora que tienes una posición privilegiada para obtener el estatus y el respeto que te otorga la comunidad como prueba de que tu gran liderazgo es real.

Regla 54

Predica con el ejemplo

"Sé el tipo de mujer que cuando pone los pies en el suelo cada mañana hace que el diablo diga: '¡Oh, mierda, se ha levantado!'".

ANÓNIMO

La mujer que no se ama es incapaz de ver lo mejor en los demás. De hecho, si no te consideras valiosa, resulta imposible tener ojos benevolentes para el resto del mundo. Lo más irónico es que, si te sientes insegura de algo, crees que todo el mundo está concentrado en eso. Si se te ensució la blusa, te da por ofrecerle disculpas a quien te ve, pensando que la mancha no pasará inadvertida. Cuando cometes pequeños errores al hablar, el intento de explicarlos o justificarlos termina llamando más la atención sobre ellos, cuando lo mejor habría sido simplemente continuar como si nada. "La realidad es que la gente no está pensando en ti tanto como imaginas, incluso cuando tú eres el centro de atención. Y si lo está, de todas maneras no hay nada que puedas hacer al respecto", afirma Amy Cuddy, psicóloga social y autora del libro *Presencia*. "Eso es lo que se llama un sesgo egocéntrico humano, debido a que pensamos que la gente está muy interesada en nosotros y solemos imaginar que su impresión es negativa, no positiva, lo cual sucede porque cada uno de nosotros estamos en el centro de nuestro universo".

Pero, mientras estés preocupada por la opinión de los otros, te encontrarás lejos de tu mayor objetivo: sentirte poderosa.

El poder personal debe liberarte del dominio de los demás. Si aceptas esto, será infinito, te dará acceso y control ilimitado sobre recursos internos, como tus destrezas y habilidades, te abrirá posibilidades y mostrará tu yo más genuino y atrevido. En cambio, observa la autora en sus investigaciones, cuando la falta de poder nos invade, nos abandona la lucidez y nuestro cerebro no es capaz de satisfacer las demandas en situaciones complicadas y estresantes. Resultamos menos efectivas al actualizar la información mental y al planear acciones futuras.

Sin embargo, una cosa es abrir posibilidades y otra muy diferente es tomar decisiones equivocadas basadas en una falsa valentía que no te permite medir el peligro. Pongamos el caso de las reglas éticas en una empresa en las que se especifica que las personas que trabajan allí no pueden recibir dinero o regalos por parte de los clientes o proveedores. Romper la regla, por menor que sea la infracción, no sólo puede ocasionarte el despido y dañar tu reputación, sino también abrirá la puerta para crear un patrón de conductas incorrectas. Con el pretexto de que "no daña a nadie", comenzará un círculo vicioso que contaminará al equipo de trabajo y probablemente a la misma empresa. Todos los trabajadores pueden caer en esta trampa, pero mientras mayor responsabilidad y poder tiene quien rompe las reglas, más permea el daño y el mal ejemplo. Aunque creas que sólo infringirás las normas una sola vez, tu ejemplo estará hablándole al mundo y a ti misma sobre tus valores. Darte permiso de fallar, faltar a tu palabra, robar, engañar o matar, aunque sea por una única ocasión, será el principio de un terrible final.

"Cuando tomas una acción que modela el comportamiento de otros, estás poniendo el ejemplo", dice Stan Toler, autor del libro *The Power of Your Personal Impact* (El poder de tu impacto personal). "La primera persona que se sentirá convencida de tu verdadera misión eres tú, cuando sigues tu propio ejemplo. Uno no puede fingir ser un buen ejemplo, pues la constancia, la consistencia, la resolución y la convicción en lo que estás llevando a cabo hacen la diferencia".

"Yo tengo dos socias mujeres con las que ya llevo nueve años en mi negocio y ha sido un viaje superinteresante de conocimiento. Ellas me han enseñado disciplina, a ser mucho más ejecutiva en lo que hago, pero, sobre todo, a estar en las buenas y en las malas. Creo que la sororidad es una de las nuevas reglas del poder femenino", expresa la periodista Pilar Luna, sobre el ejemplo que ha recibido de sus socias.

La buena noticia es que el ejemplo lo das cuando algo te apasiona y todos queremos sentirnos vibrantes como tú. Pero lo mejor de todo es que hacer bien paga, y paga muy bien.

Regla 55

El poder te hace valiente

"Sólo pierdes si renuncias".

STAN TOLER

Adueñarte de tu poder es sinónimo de estar a cargo de tu vida. Pero en la relación entre el poder y la valentía nos encontramos con la pregunta de siempre: ¿qué es primero, el huevo o la gallina? Sería absurdo pensar que nos sentimos valientes o poderosas todo el tiempo. Puedes trabajar para obtener una mayor seguridad y, con ella, vendrá una actitud más sana para conformar un equipo de trabajo, emprender un negocio, formar una pareja o renunciar a ciertas circunstancias que te incomodan, pero en el trayecto siempre habrá subidas y bajadas, como en una montaña rusa. Lo importante es entender que quedarse estancada puede ser tan riesgoso como avanzar y, francamente, tendrás mayores experiencias y aprendizajes si sigues tu camino por donde te guía el corazón.

La locutora Martha Debayle no sólo es una empresaria exitosa, sino una emprendedora valiente y poderosa. Ella asegura que cualquier iniciativa debe comenzar con tres ingredientes: la ilusión de hacer algo, la pasión por ese trabajo y la adrenalina para llevarlo adelante. "Porque va a haber tantos momentos difíciles en los que puedes querer renunciar, pero trabajarás 24/7... y lo seguirías haciendo, aunque no te pagaran". Tal vez tu decisión no siempre sea la mejor para los demás ni la más popular, pero que eso no te haga perder el foco. Siempre habrá dudas y tal vez uno que otro consejo en contra, pero el antídoto, según Debayle, es conectar con tu voz interna.

Con esa visión, ella abandonó sus estudios en la universidad para dedicarse en cuerpo y alma a la radio. Debayle tiene una regla de oro: "Va a funcionar si y sólo si trabajas duro. No se vale decir que quieres algo y no estar dispuesta a pagar el precio para hacerlo. Los perdedores ponen excusas y los ganadores abren camino". Y esto nos remonta a lo que dice el autor *bestseller* Malcolm Gladwell en su libro *Fuera de serie*, en el que explica que un profesional alcanza su mejor desempeño después de practicar su oficio por 10 000 horas, esto incluye a músicos como Wolfgang Amadeus Mozart o los Beatles, que cumplieron cabalmente con ese requisito para triunfar.

No tienes que hacerlo todo sola, siempre hay personas que te pueden ayudar a consolidarte como emprendedora, como mamá novata, como extranjera en el país de tus sueños. "Confía en los demás, a veces los que te rodean tienen razón", sugiere Debayle. De hecho, ella recomienda formar un concilio de vida, integrado por cinco personas que serán tu equipo para tomar decisiones. "Ellos serán tu brújula y te cuidarán la espalda".

Es hora de introducirte en tu corazón y confiar en que tu don es el motor que te llevará a tu destino. Eric Thomas, autor del libro *You Owe You* (Te lo debes), asegura que hay que enamorarse de tu don, como cuando te obsesionas con una relación de pareja: "Conócete a profundidad y mira todas las posibilidades".

Vas a tener miedo siempre, pero hay que arriesgar para ganar. "Una no sabe lo fuerte que es hasta que se ve obligada a serlo", dice Debayle. También me gusta la versión de Tony

Robbins y su socio Dean Graziosi, quienes dicen: "Hazlo aunque no sea perfecto. Hazlo aunque tengas miedo. Pero hazlo". El poder de apostar por lo que importa nos hace sentir valientes y autónomas, menos susceptibles a las expectativas y presiones externas, lo que nos permite ser más creativas y libres. Después de todo, como dice Thomas: "Tu verdadero poder surge cuando te permites ser tú misma".

Regla 56

Siempre es tu elección

"Antes que nada, sé la heroína de tu vida, no la víctima".

NORA EPHRON

Se dice que es mejor arrepentirse de lo que hiciste que de lo que no hiciste y, considerando mi propia historia, estoy de acuerdo. Cuando menos así te queda la certeza de que intentaste o viviste lo que te correspondía, y el arrepentimiento, bien encaminado, trae la enseñanza de lo que debes hacer diferente en caso de que se te presente una oportunidad similar. El vacío de lo que no hiciste, sin embargo, puede convertirse en la gran duda de por vida: ¿por qué no tuve a ese bebé?, ¿qué hubiera pasado si me hubiera ido a vivir fuera?, ¿qué sería de mi vida si me hubiera divorciado hace 20 años? Ninguna de tus conjeturas te hará sentir capaz de sustituir la experiencia vivida, sea ésta un fracaso o un éxito.

Dos de las mejores enseñanzas sobre la elección me las dieron Edith Eger, en su libro *La bailarina de Auschwitz*, y Viktor Frankl en *El hombre en busca de sentido*. Ambos psicólogos judíos fueron cautivos en campos de concentración y vivieron los horrores del abuso, el hambre, la enfermedad, la injusticia y la muerte a su alrededor, pero sobrevivieron con una certeza: lo único que nadie puede quitarte es la posibilidad de elegir cómo vas a reaccionar ante cualquier situación. Para salir vivos, Eger y Frankl tuvieron que tomar decisiones durísimas y madurar de tal manera que dedicaron el resto de sus años en libertad a ayudar a otras personas a mejorar su salud mental.

Quedarte a vivir con un golpeador es tu decisión, lo mismo que adoptar un bebé o vender tu casa para mudarte a un lugar más modesto y que te requiera menos gastos. Incluso no hacer nada es tu resolución y no se vale adjudicársela a nadie. Esta responsabilidad, dentro de esta nueva regla de poder, es como un arma de doble filo, pues te otorga libertad pura para determinar tu presente y tu futuro, en el área que desees, al tiempo que elimina cualquier posibilidad de ser víctima de las circunstancias.

"Después de vivir cuatro años en el extranjero, regresé a mi ciudad de origen", comenta una joven que pide anonimato. Muchos cuestionaron su decisión, sugiriendo que estaba renunciando a lo que para ellos era una vida ideal. No obstante, ella sabía que, aunque fuera contra la corriente, le correspondía volver a casa. "Lo que la mayoría no sabe es que fueron años de experiencias que curtieron mi vida para un bien mayor en las siguientes décadas de mi vida. No me fui buscando el éxito, sólo sabía que Dios quería que mi siguiente paso fuera allá, y con toda razón porque viví las experiencias más duras, más enriquecedoras, más retadoras y más gratas que he tenido hasta ahora. Lo que ante los ojos de otros fue un fracaso o un retroceso, para mí, en mi historia personal, representa un momento de muchísimo aprendizaje en varios aspectos: personal, principalmente, pero también profesional y de vida. Hay etapas que se cumplen y es necesario saber identificar los tiempos. Alargar experiencias o evitar tomar decisiones no hará más que atrasar lo inevitable o acumular decisiones que tarde o temprano tendrán que tomarse".

Te invito a que abraces el gran poder que te adjudicas al saber que la elección es tuya y de nadie más.

Regla 57

La única definición del éxito que vale es la tuya

"Tocar fondo se convirtió en el cimiento sobre el que reconstruí mi vida".

J. K. Rowling

Alguna vez escuché este comentario: "Fulanita trabaja como asesora, o sea que está desempleada". ¡Uff!, sentí ganas de defender a la persona a la que se refería el interlocutor, pero ni siquiera la conocía. No hay trabajo indigno ni un molde que todos tengamos que seguir para ser exitosas. Puedes ser CEO, emprendedora, ama de casa, cabeza de familia, estudiante, profesora, mamá de tiempo completo, empleada en un negocio familiar o en una empresa internacional, *freelance*, estar retirada, etcétera, pero nadie tiene el derecho ni el conocimiento para decidir si eres exitosa o no. La única persona que goza de ese privilegio eres tú. De hecho, lo que para una mujer es éxito, para otra puede ser una pesadilla.

Gran parte del problema para lograr el éxito tiene que ver con que el sistema educativo exige que elijamos nuestra profesión a una edad demasiado temprana. Muchas de nosotras nos equivocamos en la primera elección de carrera, aunque algunas podemos corregir el rumbo más tarde con una maestría o especialización que se acerque más a lo que nos apasiona. Así me pasó a mí, pues estudié comunicación y pensaba dedicarme al guionismo televisivo, pero me di cuenta de que no me sentía realizada; después cursé la carrera de diseño de moda y me vi más cerca de mi objetivo. Mas no fue hasta que empecé a escribir sobre moda que encontré mi verdadera vocación.

Recuerda que tus decisiones van teniendo un impacto en tu vida, incluso no hacer nada para cambiar tu situación va a marcar tu destino. "No podemos prevenir la tormenta, pero sí podemos decidir no inventarla", afirma Emily P. Freeman, autora del libro *The Next Right Thing* (El siguiente paso correcto). "Hay que tomar decisiones y no puedes permitirte hacerlo desde el miedo". La autora sugiere que no sólo te preguntes qué es lo que quieres, sino qué es lo que más deseas. Si no te tomas el tiempo para elegir esto, es posible que actúes bajo alguna presión, por hábito a mantenerte en lo que te resulta familiar o para quedar bien con los demás.

Obviamente, no todas tenemos el privilegio de decidir cuando la prioridad es proveer para tu familia, y eso es muy válido. Sin embargo, para llegar a sentirte exitosa, debes ir trazando el siguiente paso que te acerque a tu pasión, aunque llegar ahí te vaya a tomar algún tiempo. Freeman dice que saber lo que queremos es un regalo tanto para nosotros como para los demás, pues evita pérdidas de tiempo innecesarias.

"¿Tienes la vida que quieres vivir? Antes de que le digas a tu vida lo que quieres hacer con ella, escucha lo que ella quiere hacer contigo", sugiere Freeman. Para ello, la autora plantea evitar la típica lista de pros y contras, ya que este método asigna un valor equivalente a todos los argumentos cuando, en realidad, no es así. En su lugar, recomienda lo que llama "la lista de la energía de vida" que consiste en escoger un periodo de tiempo cercano, concreto, y escribir en dos páginas distintas: en una vas a poner las cosas que te drenaban en ese momento y, en la otra, las que te revitalizaban. Es preciso que lo recuerdes vívidamente, como si en verdad lo experimentaras con tu cuerpo, para determinar si tu energía crece o se reduce. Por ejemplo, sentarme a escribir las páginas de este libro me llena de energía, pero entregar los comprobantes de gastos al contador me drena por completo. Desafortunadamente, siempre habrá cosas que nos van a desgastar y que son necesarias, pero es preciso estar atenta a lo que te produce placer o entusiasmo para ir construyendo un futuro con más actividades como ésas.

Según Freeman, la mayor parte de las decisiones las tomamos basándonos en nuestra probabilidad de éxito. Sin embargo, es un enfoque equivocado, pues "debemos hacerlo con un pronóstico de felicidad, de conexión, de fe, de risas, de entregar el corazón para tener paz. En lugar de cuestionarnos cuál será la decisión correcta, preguntemos cuál será la vida correcta". A través de la experiencia, las inquietudes, los intereses, los objetivos y las pasiones cambian, y no es difícil vernos en un conflicto que nos lleve a renovar nuestra vocación, quizá tomando un camino distinto al de la trayectoria profesional actual.

Aun cuando vayas a buen paso y sientas que estás mejorando, adquiriendo experiencia y probando las mieles del triunfo, Charles Pépin, autor de *Las virtudes del fracaso*, sugiere "cambiarlo todo, lo más a menudo posible, sobre todo cuando funciona". Es decir, que vayas buscando otras alternativas de negocio o de conocimiento, que siempre tengas un plan B, pues aprovechar el éxito significa no caer en la autocomplacencia y buscar la satisfacción más profunda, aunque más inquieta, al seguir creando.

La periodista Pilar Luna reflexiona sobre su propio concepto del éxito: "Lo malo es que no sabemos qué es; entonces, si mido el éxito como ser una gran profesional, tener cosas materiales, poder y un buen trabajo, seguramente hay varias personas con historias así. Yo creo que el éxito es poder ser feliz en lo que uno hace, sentirse apasionada y estar tranquila con la vida (sin ser conformista), sino realmente desde lo que quieres para ella. Mi mejor amiga, por ejemplo, era una conocida presentadora de televisión y, por cosas de la vida, la botaron de la empresa, así que trabajó mucho en lo que quería para sí misma, logró hacer una carrera como *coach* ayudando a otras mujeres y hoy es muy exitosa. Es feliz, vive tranquila y bien. Tiene lo que quiere".

Por ello, tu mayor éxito es sentirte plena y con todo el poder.

Regla 58

Puedes autopromoverte sin ser un fastidio para los demás

"Soy fuerte, ambiciosa y sé exactamente qué quiero. Si eso me convierte en una perra, está bien".

MADONNA

Autopromoverte no se trata de presumir, sino de saber lo que vales y cómo puedes ayudar a los demás con tus conocimientos o servicios. Sin embargo, la mayoría de las mujeres no sabemos "vender nuestro trabajo" ni destacar nuestros éxitos sin sentir que incomodamos o sonamos engreídas. "Es parte de una cultura del machismo, de una educación antigua, donde te enseñaban que, si presumías tus dones, eras mal vista", afirma la directora creativa Kena Pérez. "Creo que esa situación ha hecho que muchas mujeres no valoren lo que son".

El lado opuesto es la persona que se acerca y te recita su currículum, desplegando en una verborrea todos sus méritos y logros. "No me parece chocante que alguien se promueva, siempre y cuando no lo haga con ínfulas de superioridad y petulancia", dice la arquitecta e interiorista Ximena Díaz. "Hay una delgada línea en parecerlo y que puedas ser percibido como alguien que sabe valorarse a sí mismo y a su trabajo". Lo cierto es que pavonearse, en lugar de deslumbrarnos, nos hastía porque no se trata de que menciones todas tus virtudes o hagas alarde de tus millones, sino de mostrar por qué eres útil o cómo puedes ayudar.

"A la buena profesional se le reconoce por sus resultados", me asegura en entrevista para este libro Álvaro Gordoa, el famoso consultor de imagen pública y autor de varias obras que tratan desde cómo hablar en público hasta cómo influir en los demás y proyectar una imagen muy *cool*. "La mejor promoción son nuestras acciones, esos testimonios que hablan por sí solos y dejan una muestra concreta de quiénes somos de una forma más que sutil y efectiva. Pero esto no quiere decir que no podamos darle un empujoncito a esta imagen a través de la autopromoción, haciéndolo de manera profesional y proyectando una gran seguridad, siendo personas auténticas y sin caer en la soberbia". Para ello, el también rector del Colegio de Imagen Pública sugiere las siguientes técnicas:

1. **Enfócate en el valor que tienes y das a los demás:** esto significa que hables de tus logros en términos de cómo benefician a las otras personas, así que, en lugar de decir: "Soy muy buena en X o Y" o "Conseguí este reconocimiento o esta promoción", prueba con frases como: "Estoy feliz de poder ayudar a otros a lograr sus objetivos" o "A través de mi experiencia les puedo contar que...". Esto muestra empatía y sentido de servicio.
2. **Usa la narrativa de crecimiento a través de la vulnerabilidad:** los seres humanos, cuando nos promovemos, siempre caemos en el pecado de hablar únicamente de lo positivo diciendo que todo ha sido miel sobre hojuelas, insinuando que prácticamente somos perfectos. Por lo tanto, lo que tenemos que hacer es presentar los logros y avances que queremos autopromocionar como un resultado no tanto de una habilidad innata, sino de un camino de crecimiento, incluso de adversidades, para poder compartir que llegamos a donde

estamos más por nuestro esfuerzo y por el entendimiento de nuestros fracasos que por ser personas superiores. Así nos percibirán como alguien accesible y en constante evolución.

3. **Déjate recomendar:** lo más valioso es que los demás hablen bien de nosotros y que funcionen como testimonio de nuestro éxito. Por lo tanto, la recomendación de una persona siempre es más creíble y tiene más peso que cuando hablamos de nosotros mismos. No tengas miedo de recopilar testimonios sobre cómo tu trabajo ha ayudado a los demás en su crecimiento personal o profesional. Interésate genuina y empáticamente por los logros, los triunfos y las experiencias positivas de las otras personas. En las conversaciones y en los lugares de *networking*, escucha y muéstrate muy entusiasmada e interesada en entender por qué a alguien más le ha ido bien y cuáles han sido esos éxitos. ¿Por qué hacemos esto? Porque es muy normal que después esas personas se interesen por ti y te pregunten acerca de tus propios logros, por lo tanto, la autopromoción ya no vendrá desde el ego, sino que se tratará de una respuesta genuina a la curiosidad de los demás.

Además de los tres puntos anteriores, Gordoa sugiere que redactes un párrafo curricular muy sólido. Esto es diferente a un currículum que contiene tu experiencia, estudios y logros. Se trata de una serie de frases como las que ponemos en las biografías de nuestras redes sociales, es decir, un pequeño párrafo introductorio que nos ayude a posicionarnos de inmediato con las palabras clave con las que queremos ser identificadas. Y, por supuesto, busca capitalizar las plataformas gratuitas que hay a tu servicio. "Conviértete en creadora de contenido. Utiliza tus redes sociales para ser muy generosa al compartir tus conocimientos. Una excelente manera de autopromoverte, sin parecer presumida, es mostrar tu experiencia y lo que les puedes dar a los demás a través de la creación de contenido valioso. Publica en redes, escribe artículos en LinkedIn, participa en charlas en las que puedas compartir lo que sabes o escribe un libro. Esto exaltará tu imagen de experta y mujer poderosa de manera natural y constructiva", asegura el especialista en imagen.

Por pequeña o grande que consideres tu aportación, ya eres una marca y queremos que sea coherente y ética. Tu marca personal es tu imagen cuando te vemos aparecer en un evento, en tu *feed* de redes o en el legado que has creado con tu trabajo y forma de ser. Es el mejor proyecto personal que tendrás en tus manos y surge desde tu poder interior, pero se cristaliza en tu comunicación integral: la verbal, la no verbal, la escrita y, desde luego, la digital. Cada imagen o texto que publicas, cada discurso que das, cada iniciativa que apoyas y las personas con las que te rodeas hablan de tu marca personal. Tus valores, tu propósito, tu ejemplo, tu valentía y tu compasión le mostrarán al mundo quién eres y qué tan coherente y consistente resulta lo que nos dejas ver de ti. "Encarnar mi propia marca implica ser auténtica, íntegra y coherente en todas mis acciones. Me esfuerzo por ser una figura de confianza y apoyo, promoviendo valores de respeto y colaboración. Esto se refleja en mi trabajo como mentora, donde priorizo la honestidad, la empatía y el compromiso con el éxito de los proyectos que apoyo", indica la emprendedora Alejandra Rodríguez. "Mi marca es un reflejo de mi pasión por la moda y el empoderamiento femenino, y me aseguro de que cada interacción profesional y personal refuerce estos principios".

"Las mujeres que admiro, y que me rodean, platican sus logros", confirma la consultora en comunicación, imagen y relaciones públicas Claudia Vega. "Muchas veces no digo los míos por pena a verme presumida, pero ya vi que entre mujeres también se vale celebrarnos". Nunca mejor dicho.

Una estrella en nuestro universo

Carmen Victoria Félix Chaidez

Los ojos de una niña se encandilan al mirar el cielo, apenas tiene cinco años y ha sido flechada. Esta vez Cupido traspasó el corazón de la pequeña Carmen conectándola con un universo muy distinto del que la rodeaba: una bóveda celeste con luces. "Me hacía tantas preguntas sobre el universo y me vi como parte de él. Siempre he sentido cómo todos somos tripulantes de nuestra gran nave, que es el planeta Tierra. Que somos parte de algo más grande y que yo simplemente quería descubrir más acerca de nuestro lugar en el universo. A la fecha, sigo sintiendo esa inyección de energía cada vez que hablo del tema y que comparto lo que he ido aprendiendo a lo largo de mi carrera", dice Carmen Victoria Félix Chaidez, ingeniera, astronauta análoga y candidata a científica astronauta, quien, además de ser esposa y mamá, se encuentra preparándose para una futura misión espacial.

Carmen nació en Culiacán, Sinaloa, un lugar en México que, desafortunadamente, se menciona con frecuencia en relación con el narcotráfico. Cuando ella miró esa noche estrellada, en ningún sitio del país había la posibilidad de estudiar algo relacionado con el espacio; su familia no era adinerada y las aspiraciones de ser ingeniera o científica la situaban en un mundo profesional hecho por y para los hombres, dentro de una cultura machista. Pero su gran interés por el espacio consiguió que sus padres le aconsejaran ir tras su sueño, mientras que su inagotable curiosidad la llevó, a esa tierna edad, a marcar su destino. "El consejo fue que me trazara metas a largo plazo y luego las dividiera en metas a corto plazo, metas alcanzables. Fui una niña muy curiosa y sin miedo a preguntar, así que investigué en libros, envié cartas, *e-mails*, leí todo lo que tuve a mi alcance para darme una idea de las características que tenían las personas que se dedicaban al sector espacial".

Ser mexicana, ser mujer y ser ambiciosa fueron las características de la fórmula para crear sus propias reglas. "Simplemente decidí empezar a caminar en esa dirección, hacer todo aquello que me acercara a mi meta, aprender, siempre pensando en que, si en un futuro se daba la oportunidad, yo estaría lista. Cuando era niña no había opción de un programa de astronautas ni de vuelos espaciales tripulados para mexicanos. En ese momento borré eso de mi mente y decidí pensar que el futuro no estaba escrito, sabiendo que las cosas siempre cambian. Así fue. Cuando se me presentaron esas oportunidades, tuve capacidades y habilidades para poder competir por un lugar porque ya me había preparado. La regla que seguí fue crear un camino que me acercara a ese objetivo final, consciente de que era difícil y que nadie me aseguraba que llegaría, sin embargo, ya había decidido activamente dar los pasos, todos los días, para hacerlo realidad. La meta es importante, pero disfrutar del camino también lo es".

Como a Carmen no parecían frenarla su edad ni su inexperiencia, a los 17 años asistió al Congreso Internacional de Astronáutica, en el que tuvo la oportunidad de hablar con el astronauta Mike Massimino y seguramente de él, como de otros tantos mentores, recibió valiosas enseñanzas. "Han sido muchos consejos, pero puedo compartir algunos que son verdad pura: 'No hagas caso a las personas que dicen que no puedes lograrlo, ellos hablan desde sus limitaciones, y la única que puede ponerse límites eres tú misma'. 'Si quieres ir rápido, ve solo. Si quieres llegar lejos (como al espacio), ve en equipo'. 'Nadie trabajará por tus sueños más que tú misma. No esperes que nadie venga y te los entregue en las manos sólo porque has hecho las cosas correctas'".

Lo curioso es que, a pesar de haber hecho realidad la fantasía de miles de niños y adolescentes, en lugar de frustrarse, la madurez de esta ingeniera la fue conduciendo por sus micrometas hacia el objetivo. "No he roto ninguna regla al decidir estudiar lo que yo quería y seguir el camino que deseaba. El que nosotras ejerzamos nuestro derecho a la educación se lo debemos a aquellas mujeres que vinieron antes que nosotras y que lucharon tanto por obtenerlo. Gracias a ellas, pude estudiar y ejercer en un ambiente que, a la fecha, está dominado por hombres. No se trata de romper reglas, sino de romper estereotipos, estigmas que la misma sociedad impone, y no escuchar a las voces que dicen: 'Estás soñando muy alto', 'Mejor estudia una carrera para mujeres', 'Estás bonita como para estudiar ingeniería', '¿Has visto a alguna mujer que se dedique a eso?', 'Cásate y pon un telescopio en el techo de tu casa para que así puedas ver las estrellas desde ahí y ya'. Todas esas cosas y más me las dijeron, y eso sí fue con lo que tuve que luchar, romper esas ideas que los demás tenían para mí".

¿Cuántas mujeres en el mundo pueden decir que son astronautas análogas y candidatas a científica astronauta? Muy pocas, por eso es importante saber cómo diablos sobrevivió

Carmen en el camino hacia su meta. "De repente te encuentras en un salón lleno de personas exitosas, que han logrado cosas increíbles, y puedes llegar a compararte y sentir el síndrome de la impostora. En esos momentos debes parar y reconocer que tú también has logrado cosas increíbles, que hay una razón por la que has llegado a ocupar un espacio dentro de esos equipos de trabajo y debes aprender de los demás y compartir lo que tienes para enseñar. Al hablarlo abiertamente te das cuenta de que hay cosas que las otras personas admiran mucho de ti y que tú tal vez minimizas o no te estás otorgando el crédito que realmente mereces. Creer en ti misma es la clave".

Por supuesto, hay muchas mujeres que le han servido de inspiración y guía para aceptar que desear una profesión tan especializada no está en conflicto con anhelar formar una familia y darse el lujo de amarse como es. "La primera mujer que me inspiró fue mi mamá. Crecí viéndola trabajar, ella es química farmacobióloga y me enseñó de ciencia. La segunda fue la astronauta Nicole Stott. Tuve la fortuna de trabajar con ella durante un verano y verla no sólo en su rol profesional como astronauta e ingeniera, sino también en su papel de madre y esposa, me dio un ejemplo real de que las mujeres podemos desarrollarnos en todos los ámbitos. Nadie puede darnos algo que nosotras mismas no tengamos. Nuestro valor lo ponemos nosotras. Tú, solamente tú, eres dueña de tu propio destino; hay que tomar decisiones y hay que vivir en consecuencia".

La que quiere un circo con muchas pistas necesita tener el talento de llevar diferentes sombreros sin que se le caiga ninguno. "Definitivamente, el reto más grande es darle el tiempo a cada cosa y balancear todos mis roles. Amo a mi familia, ser mamá, pero también me amo, así que eso me lleva a recordarme que no debo abandonarme a mí misma ni a mis sueños mientras cumplo con todos mis demás roles. Me encontré en momentos en los que tuve que parar y darle prioridad a mi maternidad o a luchar porque pudiera nacer mi segundo hijo (atravesé por un segundo embarazo extremadamente difícil) y retomar mis demás metas una vez que él y yo estuvimos fuera de peligro. Vivir en el extranjero lo hace aún más complicado, ya que, al no tener familia cerca, todo recae en uno mismo; sin embargo, tengo la fortuna de poder contar con un esposo, compañero y padre 100% presente. Es un trabajo en equipo. Quiero que mis hijos vean con el ejemplo que los sueños se cumplen si eres disciplinado y si estás dispuesto a trabajar por hacerlos realidad. Si quieres balancear todas las áreas de tu vida, debes aprender a ser más selectiva con las cosas en las que inviertes el tiempo".

Carmen es amorosa hasta en sus ambiciones y eso incluye apoyar a las mujeres. "Creo firmemente que hay que empezar temprano, desde casa. Como padres, saber que el tipo de juguetes que les damos a nuestros niños va formando la mentalidad y habilidades que desarrollarán en el futuro. Que nuestras niñas también pueden jugar con legos, construcciones, juegos de lógica, de matemáticas, además de a las muñecas. Es muy poderoso que las niñas y las jóvenes puedan ver ejemplos reales de mujeres que ya pasaron por el camino que anhelan y que se vean reflejadas en ellas".

Carmen tiene un superpoder y seguramente algunas de las que están leyendo sobre ella en este momento lo comparten: ser mexicana. "Somos ingeniosos, buscamos el cómo e inventamos maneras para salir adelante. El ser mujer y mexicana también me ayudó a darme a conocer porque a nivel internacional les llamaba la atención el hecho de que no había muchos mexicanos en el sector, y menos mujeres".

Marte se ha vuelto la niña de los ojos de esta astronauta que hoy practica en la Tierra lo que quiere llegar a hacer en el planeta rojo. Pero ¿qué hay en ese futuro tan promisorio? "Quisiera seguir contribuyendo a mi país, en materia de educación para las futuras generaciones, abrir puertas a México para proyectos espaciales tanto nacionales como internacionales y apoyar para tener cambios sólidos en beneficio de la inversión tecnológica en nuestro país. No se trata sólo de mi camino, sino de las personas a quienes puedo ir transformando e inspirando. En lo personal, quiero realizar experimentos científicos mexicanos en el espacio, a los cuales se les pueda dar un seguimiento para la solución de problemas que afectan a nuestra sociedad".

Nada de lo que te he contado sobre Carmen ni de lo que ella misma nos va a mostrar en los próximos años sería posible sin un elemento indispensable: su poder personal. "Lo sigo construyendo cada día. Creyendo en mí misma, recordando siempre por qué estoy en este camino y siendo resiliente en los momentos más difíciles. Me ha servido adentrarme y conocerme: mis fortalezas, mis debilidades, confiar en mi intuición y aprender también a ser vulnerable y pedir ayuda cuando ha sido necesario".

Adueñate de tu poder personal

Capítulo VIII

Regla 59

El único tiempo de la felicidad es el presente

"Cambia tu vida hoy,
no apuestes al futuro.
Actúa ahora sin demora".

SIMONE DE BEAUVOIR

Quiero pedirte que regreses a los tiempos del confinamiento, encerrada en tu casa sin poder salir y mirando las fotos de tu teléfono cuando estabas en la playa de vacaciones, tomando una copa de champaña con tus amigos, festejando un evento familiar vestida de gala o trabajando con tu equipo en un gran proyecto. ¿Qué pensabas? Cuando me veía allí, sentía un golpe en el estómago por lo poco que aprecié esos momentos. Quizá porque los viví como normales o a lo mejor mi ego me hizo pensar erróneamente que me los merecía. Tal vez desperdicié la gran oportunidad de abrazar a alguien que ya no está en este mundo. ¿Sabes cómo se llama eso? No vivir en el presente.

Hemos construido una realidad que venera y premia a los futuristas: los que planean su carrera, su boda, sus viajes, sus finanzas y su vejez. Hay seguros para todo, por si se te inunda la casa, por si tu hijo quiere estudiar en el extranjero, por si rompes algo muy caro en una cristalería, pero ¿quién está habitando el presente? ¿Quién se maravilla del sabor de un buen mango o se siente dichoso al abrazar a cada amigo que cruza su puerta?

¿Y qué hay de los que viven en el pasado? Los viejos recuerdos se nombran como si fueran tesoros perdidos, se ha idealizado a los muertos, se extraña todo lo que ya no está o ya no es. El pasado es enseñanza y el futuro será el resultado de tus decisiones presentes. Eso nos deja con una única y preciada alternativa: vivir el hoy.

Personalmente, he tenido que practicar esto porque mi hijo es un *U. S. marine* y vive en Japón, lo cual significa que, cuando leo sobre algún conflicto internacional, o que se discute la posibilidad de una intervención de Estados Unidos, prefiero no "futurear" suponiendo toda clase de desgracias que podrían pasarle a mi hijo. Y ni hablar de los múltiples temblores y amenazas de tsunami que son tan frecuentes en Okinawa, donde se encuentra la base de los *marines*. He tomado la decisión de vivir el día a día: sentirme agradecida de que hoy está bien, de que no corre peligro, de que vive con paz mental y en el presente.

Cuando le pregunté a Alejandra Rodríguez, emprendedora, qué la frenaba para cumplir sus sueños, su respuesta se basó en un futuro irreal, pero tan poderoso que a muchas de nosotras nos come vivas: "Definitivamente, el fracaso. A veces, la preocupación por no cumplir con mis propias expectativas o con las de los demás me ha hecho dudar de mis decisiones y tomar menos riesgos", asegura. "Siempre está presente el miedo al juicio de los demás. Sin embargo, he aprendido que el crecimiento proviene de enfrentar estos miedos y aceptar que el fracaso es parte del camino hacia el éxito".

A veces ese fracaso, esas críticas, esas expectativas no cumplidas se presentan en tiempo real y hay que afrontarlas. No obstante, la gran equivocación que tememos quizá nunca llegue a suceder, aunque, al darla por hecho, estropeamos nuestro presente y modificamos el futuro basándonos en una ficción.

Vivir el presente intensifica los colores, los sabores, los sentimientos y también las posibilidades de experimentar plenamente nuestra vida. Pues, como dice esta regla de poder: el único tiempo de la felicidad es el presente. Hacia atrás es un recuerdo bonito, hacia adelante es un deseo ferviente, pero hoy es tu gozo y tu posibilidad de vivirlo al 100 por ciento.

Regla 60

La independencia económica es tu llave a la libertad

"Mediante el trabajo, la mujer ha podido franquear la distancia que la separa del hombre. El trabajo es lo único que puede garantizarle una libertad completa".

SIMONE DE BEAUVOIR

Kasia Urbaniak, la autora de *Unbound* (Sin ataduras), es experta en influencia, sumisión y poder. Su experiencia como dominatriz profesional y actual CEO de The Academy la llevó a desarrollar un programa donde enseña a las mujeres a romper el esquema de "la chica buena". Según Urbaniak, la mujer independiente representa a una heroína cultural que demuestra una elegante flexibilidad y tremenda resistencia. "Jamás se me ocurriría pedirle que renunciara a la autonomía que tanto le ha costado lograr. Pero lo cierto es que nadie consigue nada grande o significativo por sí sola. El énfasis excesivo en la independencia como virtud es peligroso porque resta importancia a la terrible realidad del aislamiento y oculta la belleza del verdadero proceso de colaboración que hace posible todo lo importante. Una es poderosa cuando tiene relaciones poderosas y puede dirigirlas de la mejor manera posible". Así, pues, continúa la autora, una mujer poderosa no es independiente en sentido absoluto: su poder de creación procede de todas las relaciones y aliados que tiene a su disposición, y de su capacidad para pedirles que colaboren en la realización de su visión. "Pongamos como ejemplo el dinero. ¿Alguna vez has estado orgullosa de sentir que ganas dinero de forma independiente? Ese sentimiento puede ser realmente fortalecedor y también un increíble inhibidor para la colaboración, para la negociación, para pedir o para cualquier tipo de conversación fructífera sobre el dinero. La verdad es que no puedes ganar dinero por ti misma. Tanto si tienes un trabajo como si eres autónoma o inversora, has ganado dinero como resultado de unas relaciones sólidas con los demás".

Lo que no se vale es estar atrapada en la cárcel de la dependencia, en la que debes estirar la mano para que te den dinero para comida, ropa, libros y artículos de higiene personal. Yo tuve una vecina que, cuando compraba ropa, la dejaba escondida en mi casa y poco a poco se la iba llevando a la suya, para evitar que su esposo la regañara. He visto mujeres, de todo nivel socioeconómico, quedarse en un matrimonio tóxico porque no tienen recursos para mudarse, rentar un departamento y sostenerse por sí mismas. Algunas chicas se han buscado hombres maduros que les regalen la ropa y los accesorios que tanto han soñado a cambio de favores sexuales. Todo ello porque no gozan de la independencia económica para quedarse casadas si quieren; marcharse de su trabajo o de su relación si no son felices; acostarse con quien les gusta, no con quien les da asco y regalos; darle la espalda a la injusticia o buscar nuevos caminos para ayudar a personas necesitadas o comprarse lo que quieran, pues tener sus propios recursos es una maravillosa fuente de libertad.

"En la pandemia aún estaba casada y absolutamente todas las labores domésticas, sobre todo las relacionadas con mis hijos, recaían por completo en mí. En alguna ocasión, totalmente agotada porque intentaba trabajar al mismo tiempo que me hacía cargo de todo, le pedí ayuda a mi exesposo con la tarea de mis hijos. Sólo le pedí que un día los auxiliara él y otro día yo, para ser más equitativos y trabajar en horas decentes y no de madrugada después de dormir a mis hijos, a lo que me respondió: 'Mi tiempo es más valioso que el tuyo y mi hora de trabajo vale mucho más, por lo que, si quieres que yo deje de trabajar para ayudar con los niños, tendrás que poner ese dinero extra que yo voy a dejar de ganar por tu culpa'", revela la arquitecta e interiorista Ximena Díaz. "Fue devastador escuchar esto y sentirme tan poco valorada. Evidentemente, mi matrimonio se esfumó al poco tiempo".

Algunas mujeres deciden tomarse un tiempo para criar a sus hijos y no hay nada de malo en ello, mientras no pierdan de vista que eso puede ser equivalente a echar un ancla y dejar de avanzar en sus sueños personales y profesionales. Así que quiero platicarte de un ejemplo que me parece muy interesante: Olga González del Castillo, quien es consultora de imagen de profesión y declara ser mamá intensa por vocación, negoció con su marido un sueldo que le permitiera dedicarse a la crianza de sus dos niños. "Recibo un salario mensual por ser mamá, incluyendo prestaciones de ley como aguinaldo y vacaciones, así como un incremento anual", me explica Olga para reiterar que su labor es tan importante como apreciada por su pareja.

Sin embargo, el dinero no lo es todo, hay un salario emocional cuando amas lo que haces, y llenar tu vida de actividades no relacionadas con ser esposa, novia, madre o hija siempre será provechoso y una vitamina para tu autoestima. No hay mayor lujo que trabajar en lo que amas y ganar independencia económica por ello, así te sentirás realizada, productiva y poderosa, sin contar que estarás construyendo un futuro mejor y más estable para los tuyos.

Regla 61

Las mujeres complejas son más interesantes y retadoras

"La pregunta no es quién me va a permitir, sino quién me va a detener".

AYN RAND

No es tan malo ser mala..."A las chicas buenas se les ha enseñado a suprimir la vergüenza y el enojo; estamos dispuestas a tratar de reprimirlos, manteniéndolos ocultos bajo nuestra máscara mientras fingimos que no tenemos ganas de llorar y nos hacemos aparentemente más fuertes, más resistentes, pero, en realidad, más endebles. Llevamos la ira, la suprimimos y la escondemos en una caja; ocasionalmente la caja se llena tanto que explota y todo el mundo está en riesgo de peligro, incluyendo nosotras", dice Kasia Urbaniak en su libro *Unbound* (Sin ataduras).

“Si tienes motivos para estar enfadada, es fundamental esa rabia para que te beneficie a ti y a las personas y cosas que más te importan. La rabia es la emoción que genera más energía en tu cuerpo y, cuando la reprimimos, inconscientemente también bloqueamos este suministro natural de energía”. Esto explica por qué la ira no desaparece sin más. “Si no se le da la bienvenida y se transforma, la ira simplemente se comprime en lugares que no le corresponden hasta que emerge como dardos venenosos de conducta pasiva-agresiva o implosionan como una bomba suicida, haciéndonos daño a nosotros y a los demás al mismo tiempo. La ira tiene tanta energía que necesita encontrar un propósito”.

La perspectiva de Urbaniak sobre el poder es única. A lo largo de casi 20 años ha trabajado como dominatriz profesional, estudió 17 años para convertirse en una monja taoísta, practicando alquimia en uno de los más antiguos monasterios femeninos de China y ha obtenido docenas de certificaciones en diferentes disciplinas, como Qi Gong médico y constelaciones sistémicas. “Te enfadas porque esa ira existe para proteger algo que te importa profundamente”, asegura la experta. Mientras se desapruebe la ira, se le ate y se le niegue su energía, no habrá espacio para que surja el amor.

“Las chicas buenas deben mantener su *statu quo* y ser puras, altruistas, modestas, adaptables, verse alegres y amigables, no necesitan muchos cuidados y son muy correctas. Se mantienen disponibles sexualmente para sus compañeros. Una chica buena es moderada en su temperamento y su apetito; evita el conflicto y responde en un tiempo adecuado”, dice Carol Travis en su libro *Anger* (Ira). “La chica buena considera a los otros antes que a ella y nunca opaca a los demás. Se adapta y armoniza en respuesta a las circunstancias.

No alborota a nadie, por eso no puede ser catalizadora de un cambio".

El caso es que, cuando un impulso de ira nos ataca, podemos autorregularnos percibiendo las reacciones corporales que anuncian la crisis. Entonces, en lugar de dar rienda suelta a la violencia verbal o física, es necesario ir a un lugar seguro (como en el momento en que necesitas alejarte para vomitar). Y cuando el ardor mental y físico han pasado, es el momento de volver a hablar con tu pareja o con tu opositor. Porque enojarse, idealmente, no es explotar como un volcán, sino saber defender tus valores.

Ahora, seamos sinceras, ser buena no viene naturalmente, sino que suele fincarse en el miedo a ser desaprobada por los demás. "Esa decisión está tomada por el miedo, no por la virtud", asegura el *coach* de vida Aziz Gazipura en su libro *Not Nice* (Basta de ser complaciente). De hecho, afirma que ser buena puede llevarnos al *burnout* (agotamiento extremo) y al resentimiento.

Para ser buena, según Gazipura, hay que vigilarse todo el tiempo y asegurarse de que le agradas a todo el mundo, que no estás provocando críticas ni cuestionamientos, sólo sentimientos positivos y aprobación. En cambio, "no ser buena y ser directa es estar detrás de tus convicciones, ser honesta y sincera, expresar lo que realmente sientes, lo que piensas y lo que es cierto para ti. Lo que implica estar dispuesta a tener conversaciones difíciles, pero lo haces porque deseas una vida honesta".

La mujer poderosa, de acuerdo con Gazipura, no necesita controlar la percepción de nadie, sabe que importa, que sus pensamientos y sentimientos son valiosos para compartir; no tiene miedo de dar su opinión y sabe que la fricción es parte de la vida. En lugar de buscar la aprobación, da permiso para que los otros piensen lo que les dé la gana. Porque la mujer poderosa considera que su propia aprobación y autoestima son el verdadero triunfo.

Claro que también está el miedo a que, al perder esa careta de bondad, alteres al otro, lo hieras, se defienda y quiera agredirte. De hecho, uno de los mayores miedos es la posibilidad de perder la relación. Para muchos, el enojo es lo opuesto a la conexión y, por lo tanto, parece el final en la amistad, la sociedad, el noviazgo o cualquier relación laboral. Sin embargo, es curioso porque, para abrir un conflicto, se requiere tener total contacto con la otra persona. "Desafortunadamente, el contacto parcial crea conexiones parciales y sólo nos brinda una satisfacción parcial. Si quieres tener una vida plena y una relación genuina, necesitas tener contacto directo", afirma Gazipura.

Debes reclamar tu derecho de estar aquí con todos los sentimientos a flor de piel, con la ofuscación por tu descontento y con la posibilidad de expresarte con entera libertad. Tú importas, tu bienestar es relevante y necesitas abrir la compuerta de la negociación. En cuanto a la otra persona, ella es la única responsable de lo que tu enojo la haga sentir, pues no estamos hablando de un niño incompetente al que debas proteger de sus emociones, así que ella deberá lidiar con su tristeza, enojo, desconcierto o dolor. "Lo creas o no, el conflicto es la puerta para tener una mejor vida", concluye el experto.

Mientras "la chica buena" no la tiene tan fácil, según Urbaniak, la victoria de la mujer independiente es agridulce, pues "para tenerlo todo, lo está haciendo todo. Y lo hace sola. Puede que sea la directora general, pero no pide un equipo lo suficientemente grande para apoyarla, o que sea el sostén de la familia, mas no acude a su pareja para que le auxilie en casa", dice la autora. "Ciertamente, la mujer independiente puede sentirse más poderosa que una chica buena tradicional, pero está agotada y muy resentida. Reducirá las horas de sueño y eliminará por completo el autocuidado, y puede que alcance sus metas, pero a un tremendo costo personal. Siempre está agotada, mal alimentada, desnutrida y nunca tiene la oportunidad de entregarse, recibir, ser amada y cuidada".

Sin embargo, parece que al dejar la dulce coraza de "la chica buena", una mujer puede ser considerada por los demás como dura, difícil, exigente, demandante y hasta ser tachada de masculina. Si además de eso le agregamos que es independiente y libre de hacer lo que le venga en gana, resulta incómoda e indomable. Ya lo decía Simone de Beauvoir: "Una mujer libre es lo contrario de una mujer fácil. Una mujer que no le teme a los hombres, los asusta. No es sumisa, sabe decir no, no necesita que le aplaudan, busca parejas más parejas, tiene agallas, le gusta dormir en la mitad de la cama y sabe lo que quiere. Las mujeres 'difíciles' son únicas e irremplazables".

"Las mujeres con carácter fuerte tienen más posibilidades de triunfar. Creo que es una característica que normalmente no se asocia con nosotras, pero nos toca sacar ese carácter en un mundo en donde todavía eso no es bien aceptado, pues a una mujer así se le juzga negativamente", comenta la futbolista Paola *la Wera* Kuri, "una mujer con voz es 'caprichuda'; una mujer con liderazgo es mamona. Nos dicen que somos enojonas cuando en realidad es algo admirable. Se necesita mucho de eso para seguir abriendo puertas, derribar barreras y llegar a puestos que la mujer antes no tenía".

Así lo vimos con la selección española femenina de futbol, cuando 15 jugadoras, entre ellas las más destacadas, solicitaron el cambio del entrenador Jorge Vilda porque sentían que él afectaba su salud física y mental, pero, al no ser escuchadas, pidieron que no las seleccionaran para asistir al mundial de Australia y Nueva Zelanda de 2023. La prensa, ante tal despliegue, lanzó los siguientes encabezados: "Me cuesta creer que 15 jugadoras renuncien por un capricho" y "Una pataleta de 15 niñatas".

Tras la promesa de ciertas mejoras —aunque éstas no incluían la sustitución del entrenador—, algunas jugadoras regresaron al equipo siete meses antes del campeonato. La selección española ganó el mundial, pero, en plena premiación, el presidente de la federación, Luis Rubiales, le plantó un beso en la boca a Jennifer Hermoso. Rubiales era justamente quien había pasado por alto las peticiones de las chicas y, lejos de llamar la atención de Vilda para que modificara su actitud ante las quejas de las jugadoras, lo apoyó aún más. Después, en la culminación del partido ganador, Rubiales se agarró los genitales, como diciéndole a Vilda: "Aquí los machos mandamos y hacemos lo que se nos da la gana".

Sin embargo, nadie pasó por alto que Rubiales, como presidente de la Federación y superior jerárquico de Jennifer, la había besado en la boca sin su consentimiento ante el mundo entero. La opinión pública pidió la renuncia de Rubiales, pero éste, lejos de dimitir, aseguró que Jennifer había accedido a que le diera "un piquito" y argumentó que fue "mutuo"; además, ofreció de viva voz la renovación del contrato y un aumento de sueldo al entrenador. Fue entonces cuando no sólo las 15 jugadoras que iniciaron los reclamos, sino todas las integrantes de la liga femenina de futbol, se unieron con un *hashtag*: #SeAcabó. El movimiento tomó una fuerza inesperada. Entonces Rubiales, Vilda y otros tantos miembros de la Federación fueron despedidos. De esa manera, estas campeonas no sólo ganaron el mundial, sino que vencieron en una batalla que nos fortaleció a todas las mujeres del mundo.

Seamos realistas: para hacerte cargo de tu trabajo y ser la CEO de tu vida, a veces vas a tener que mostrar los dientes y gruñir; de vez en cuando tendrás que ladrar y, en contadas ocasiones, te verás obligada a morder. Necesitarás poner límites, enojarte, discutir, demandar y sí, saber marcharte cuando veas que la relación, la empresa, la sociedad o la pareja ya no te aporta lo que necesitas. Tendrás que buscar un ecosistema en el que no sientas que pedir ayuda es humillante, sino justo. Podrás desarrollar una voz valiente y un punto de vista que no se comprometa sólo para agradar a los demás. Y no te voy a mentir, también tendrás tus desertores, esas personas que juzgarán tu fortaleza y seguridad como un defecto y dirán que eres difícil. Pero esto es un pequeño costo comparado con tener una vida honesta y coherente con tus principios.

"Ahora ocurre menos que antes, pero aún hay quien se incomoda cuando ve a una mujer siendo feliz de una manera que no es convencional. La gente mediocre o las sociedades más conservadoras tienen miedo a lo diferente, a lo que puede representar una amenaza a su *statu quo*", concuerda la periodista Úrsula Carranza. "Yo aplaudo a las mujeres que quieren vivir su vida en sus propios términos y bajo su propia ley. ¿Quiénes somos nosotros para juzgar? La felicidad puede adoptar mil formas y hay que aprender a respetar y no juzgar".

La factura de "la chica buena" es muy alta; en cambio, ser genuina puede crear el equilibrio perfecto de paz interior y la fuerza que necesitas en tu carrera y en tu vida.

Regla 62

Agradece lo bueno y lo malo

"La fuerza de una mujer no se mide por el impacto que todas las dificultades de la vida han tenido sobre ella; se mide por la medida en que se niega a permitir que esas dificultades determinen en qué se convertirá".

C. JoyBell C.

Te apuesto que, si hoy te dieran a escoger tu destino, elegirías el camino más armónico, sin desastres ni problemas. Hay personas que aseguran que antes de nacer fuiste tú quien decidiste en dónde y con qué familia vivir. Pero parece imposible creer que alguien sería capaz de seleccionar la pobreza, el abuso sexual, el maltrato de sus parientes y el abandono de sus padres. ¿Cómo podría Oprah Winfrey haber elegido su infancia? Nacida en la pobreza rural de Misisipi, esta comunicadora sufrió abusos sexuales desde los nueve años y quedó embarazada a los 14, pero perdió al bebé poco después. Pese a ello, mira cómo esa empresaria ha capitalizado su desgracia. En esta vida no hay desperdicio: lo bueno y lo malo tienen un propósito y una enseñanza. Por eso, ante la dificultad, es muy sano preguntarse no por qué te está pasando eso, sino *para qué.*

En mi libro *El poder de reinventarte*, cuento muchísimas anécdotas que, en un principio, pensé que eran una situación desastrosa y terminaron trayendo muchas enseñanzas y personas maravillosas a mi vida. Sin ir más lejos, mi infertilidad parecía la desgracia más grande del mundo hasta que conocí a mi hijo Francisco ese memorable día en el que una trabajadora social nos lo entregó y formamos una familia adoptiva. Tal vez el desaliento que trae la infertilidad hace que mi amor por ese niño, hoy un joven, sea una suma del de su mamá biológica y el mío. Pero ser una madre adoptiva tiene grandes retos adicionales a los que vive cualquier mujer en su maternidad. Estoy convencida de que cada uno de ellos ha servido para construir la relación estrecha y amorosa que tenemos mi hijo y yo, a pesar de que vive a medio mundo de distancia de mí.

El otro día una amiga y yo hablábamos de que un hombre me acababa de invitar a pasar unos días con él en Canadá, donde vive. Después de mucho pensarlo, decidí no ir. Entonces reflexionábamos sobre el arrepentimiento de lo que no llevamos a cabo, y mi amiga me contó que su tía iba una vez al año a la iglesia a dar las gracias por lo que no había sucedido. Una idea extraña al principio, pero, si lo pensamos bien, de cuántas cosas nos hemos salvado y nunca lo hemos agradecido. Esos divorcios de los que nos hemos librado, la estafa que pudo afectar nuestro capital y que jamás lo tocó, tantas otras desgracias acechando y que nosotras logramos esquivar. Ahora pienso tomarme un día para recapacitar y honrar que he tenido la suerte de escaparme de algunas cosas simplemente porque no han sucedido. Espero que ése haya sido el caso con ese viaje a Canadá que no llegué a realizar y no me vaya a arrepentir de lo contrario.

Roshi Joan Halifax es una maestra budista que habla del concepto *strong back and soft front* (espalda fuerte y frente suave). La espalda fuerte brinda estabilidad y la capacidad de soportarnos durante los tiempos difíciles. Esto, a su vez, nos permite cultivar una mente calmada, aunque firme y emocional, para tener los pies en la tierra mientras nos mantenemos flexibles, adaptables y abiertas al cambio. La frente suave, por su parte, es estar abierto a las cosas como son. Es aceptar la vida en lugar de preocuparnos por el futuro o desear que éste sea diferente. Eso nos capacita para mantenernos receptivas porque nuestra espalda está cubierta. Si una persona te parece peligrosa, te proteges desde la espalda, aunque puedas reconocer que con tu frente suave lo sigues amando. Porque el corazón no está armado. Es un regalo saber que no tenemos que clausurar nuestro corazón para cuidarnos del odio.

Entonces no tienes que ir por la vida recubierta de una armadura, basta con saber que estás fuerte por un lado. Así, puedes mantener tu corazón vivo, palpitante y amoroso para enfrentar lo que traiga el destino y también esquivar algunos sucesos desagradables. Ahora veo claramente que algunas experiencias malas detonan actos necesarios, como cuando alguien valora más la vida después de una grave enfermedad. En lo personal, los que podrían considerarse mis fracasos afectivos o laborales me han hecho más fuerte, experimentada y madura.

"Cuando empecé a trabajar como mesera, pensé que no merecía ese trabajo, que yo tenía mayor potencial y de ahí me cambié a algo mejor. Sin embargo, por complacer al papá de mi hija, entré al Gobierno durante nueve años y los primeros cinco fui muy infeliz (me daba pena decir que trabajaba allí)", revela Lú Vallejo, directora comercial de una casa productora. "Posteriormente renuncié, ya que los últimos cuatro años había subido a niveles importantes y ahí sentí que ya estaba estancada. A mis 30 años empecé de nuevo en un trabajo, que al principio no me gustaba, ganando cuatro veces menos de lo que estaba acostumbrada, pero decidí que iba a hacer mi mayor esfuerzo. Y, después de 16 años, ésta es mi pasión y llegué a ser hasta socia de esta empresa".

En cuanto a la gratitud por lo bueno, es un hábito un poco más natural, aunque tal vez no lo practicamos tanto como deberíamos. Está comprobado que ser agradecida mejora tu actitud, tu salud y tu visión ante la vida. Con agradecer tres cosas antes de dormir o al momento de despertar, crearás un círculo virtuoso que se enfocará en la vida privilegiada que tienes. Con sólo darte cuenta de que estás viva, sana, en una cama, bajo un techo, con comida en el refrigerador, ya tienes suficientes motivos para sentirte agradecida.

Pero hoy, con la historia de la tía de mi amiga, creo que empezaré a dar gracias por lo bueno y lo malo, así como por lo que nunca sucedió, tal como sugiere esta nueva regla del poder.

Regla 63

Vales por lo que eres, no por lo que haces

"Lo que las mujeres tienen que aprender es que nadie te da tu poder. Lo tienes que tomar".

Roseanne Barr

Hay muchos tipos de poder. El que suelo mencionar en mis libros y conferencias es la seguridad interna con la que te ves como alguien valiosa, relevante, con un propósito y con una autoaceptación que viene de abrazar la belleza de la imperfección. Sin embargo, hay otro tipo de poder con el que una mujer puede influir al mundo para cambiar las cosas. El poder no es para sentirte superior, sino para saberte en una situación mejor y dirigir responsablemente tu energía, y la de tu equipo de apoyo, para crear tu legado.

"Lo importante es mantener la idea de que el poder puede convertirse en algo con sentido, menos ego y más gozo", dicen Katty Kay y Claire Shipman, autoras del libro *The Power Code* (El código del poder). "Así que, en lugar de pensar que el poder te quitará ciertos privilegios o cosas que para ti son importantes, imagina lo que podrías hacer con él". Las mujeres con poder, de acuerdo con las autoras, estamos dispuestas a hacer más por otras personas sin recurrir al miedo, a la prepotencia o a intoxicarnos con la influencia que ejercemos en los otros y que podríamos tornar a nuestro favor. Pero lo mejor de todo, según las expertas, es que el poder bien aspectado logra que una persona sea más desinhibida tanto social como sexualmente.

Esa seguridad es a lo que yo llamo poder. Porque el hecho de que podamos ser auténticas con nosotras mismas es un gran aliciente, pues no tenemos que darle explicaciones o pedirle autorización a nadie y es liberador ser quienes realmente somos.

Kay y Shipman también resaltan que, por lo general, la mayor parte de los trabajos que no tienen ningún beneficio son asignados a las mujeres, como la organización de la siguiente junta de trabajo, una labor que, además de no ser agradable, quita mucho tiempo y no ayuda a aumentar su salario o posición. Sin embargo, somos nosotras solas quienes voluntariamente nos hacemos candidatas para estas tareas.

A veces las empresas buscan equilibrar su capital humano tratando de aumentar la presencia de mujeres entre sus ejecutivos de alta gama. Sin embargo, cuando lanzan la convocatoria, pretenden encontrar a una "mujer perfecta" para determinado puesto. "Pero ¿cuándo han pedido un 'hombre perfecto'?", se preguntan las autoras. "Sabemos que la mayor parte de los varones que trabajan tienen un desempeño promedio y nadie está esperando que sean perfectos, entonces, ¿por qué se pretende que nosotras sí lo seamos?". Eso sin considerar que las mujeres somos demasiado exigentes con nosotras mismas y hemos acostumbrado a nuestra contraparte masculina a que damos el 150% de nuestro esfuerzo en cada proyecto. "De manera que, cuando somos mediocres, somos incluso mejores que muchos de nuestros colegas hombres", a juicio de las expertas.

Kay y Shipman señalan que, según ciertas investigaciones sobre opciones laborales, los hombres reciben una nueva oportunidad si se ve en ellos potencial para alcanzar ciertos objetivos, mientras que a las mujeres se les exige mostrar cuáles han sido sus resultados antes de ser consideradas. Hay una gran diferencia entre promesa y desempeño comprobable. Así que es obvio que, si los hombres sólo tienen que mostrar que tienen potencial, accedan más fácilmente a nuevos y mejores puestos.

Asimismo, las estadísticas marcan que los varones que alcanzan los puestos más altos del organigrama suelen tener una esposa que no ejerce su profesión, mientras que las mujeres logran llegar a ese mismo nivel a pesar de tener esposos que trabajan a tiempo completo. "Sería maravilloso que los hombres pudieran cambiar sus expectativas y trabajar en casa para permitir que su pareja se desarrolle plenamente", reflexionan las autoras. "Pues el 20% de las mujeres que ocupan el 1% de las posiciones *top* tienen esposos que se quedan en casa, en comparación con sólo el 7% de los hombres en posiciones similares".

Otra realidad es que los demás nos perciben como demasiado intensas, que no nos divertimos y que nos quejamos demasiado. Mientras los hombres buscan tener placer en el trabajo, por ejemplo, tirando dardos para aprovechar sus ratos libres en la oficina, lo único que las mujeres quieren es terminar sus labores para poder irse a continuar con las que tienen en casa. Y, claro, no se divierten y son absolutamente exigentes consigo mismas y con los demás. Nada parece estimulante cuando hay que llegar a hacer un segundo trabajo. Aquí el tema sería ver cómo podríamos relajarnos sin la presión del trabajo. También ayudaría mucho que la repartición de labores de crianza y del hogar fuera más equitativa. "Está comprobado que el mayor obstáculo para el poder en una mujer casada no es su jefe, sino su esposo, pues los roles tradicionales en las relaciones de pareja han resultado difíciles de cambiar", confirman Kay y Shipman. "No podemos hacerlo todo o quizá sí podemos, pero es terriblemente irreal, cansado, estresante, y esto hace que demeriten nuestra carrera, nuestra salud y, en algunos casos, la relación con nuestros hijos y con nuestra pareja".

"Para complicar las cosas, cuando las mujeres ganan más que sus maridos, se produce un dejo de vergüenza en ellas y muchas veces se vuelve un secreto importante, de manera que incluso mienten ante el censo nacional, diciendo que ganan menos que su esposo", afirman las autoras. Esto ocurre en Estados Unidos, donde una de cada tres mujeres gana más que su marido. "Un estudio en la Universidad de Cornell dice que los esposos que ganan menos son más infieles", señalan las autoras en su libro. "Y la Universidad de Chicago presentó un estudio aún más desalentador que reveló que el 50% de los matrimonios terminaba en divorcio cuando era la mujer quien más ganaba".

"A todos, hombres y mujeres, nos encanta que nos eleven el ego; el sentirte 'menos' que tu pareja te hace buscar el reconocimiento en otras personas", asegura la empresaria Adriana Carranza. El tema es que nosotras trabajamos demasiado para llegar a escalar posiciones y, cuando lo hacemos, tenemos que seguir tratando de cumplir con otras obligaciones, muchas de ellas autoimpuestas. Si tan sólo valoráramos la importancia de no hacer nada, de ser lo suficientemente buenas, aunque no seamos estupendas; de tomar un descanso en lugar de vivir del trabajo en la oficina al de la casa. Y, después, cuando finalmente alcanzamos nuestras metas profesionales, la sociedad nos reclama por no estar a cargo de nuestros hijos; nuestra pareja se siente menos; los amigos nos dejan de invitar a los eventos y acabamos cargando con culpa simplemente por querer ser mejores.

No eres un título, un estado civil o una actividad. Al perder mi trabajo y verme un día en casa con el nido vacío, entendí que una no puede sustentar su valor en un puesto o en una maternidad. Los trabajos vienen y van, los hijos vuelan con sus propias alas, los maridos cambian, se enferman, se alejan, son infieles o mueren. Pero tú debes seguir ahí, de pie, con la seguridad de que tienes tus propias raíces y la certeza de que el mundo no se caerá mientras tú sepas mantener el equilibrio para mantenerte fuerte y flexible como una palmera.

¿Qué pasaría si en lugar de pensar en hacer más, te dedicaras a ser más? Esta pregunta me la he hecho mucho últimamente porque vengo de una familia en donde los éxitos y las credenciales son lo que se aplaude. Si no tienes los diplomas, las publicaciones, los títulos y los recursos materiales, resulta que pierdes valor. Ésta es una idea completamente equivocada, pues si no estás satisfecha con tu vida, tampoco lo estarás con tu trabajo, con tu salario ni con tus logros.

La persona que eres resulta la verdadera piedra angular que sostiene tu plenitud, no tus logros. Porque la felicidad llega desde los sentimientos y las emociones, como cuando disfrutas la tarde jugando en el parque con tus hijos o te sientes íntimamente unida a una persona después de hacer el amor. La felicidad también se robustece cuando estás contenta con la vida que has escogido, eso implica tu pareja, tu ciudad, tu trabajo, tu propósito, etcétera. Y, desde luego, con darte las condiciones necesarias para florecer y encontrar tu verdadero potencial para llevar una vida buena y significativa. La fórmula ideal es que logres sentir, gozar, aprender, construir y crecer como mujer.

Esta nueva regla del poder femenino, entonces, tiene que ver con liberarte de la presión de ser infalible y empezar a gozar lo que eres, sin importar a lo que te dediques.

Regla 64

Vive tus valores y crea tu propia cultura

"No soy un pájaro y ninguna red me atrapa: soy un ser humano libre con voluntad independiente".

CHARLOTTE BRONTË

En un momento dado, apareció en mi Instagram un señor (desafortunadamente no identificado y, por lo tanto, no puedo mencionar su nombre) diciendo lo siguiente: "Las personas ricas compran tiempo. Las personas pobres compran cosas. Las personas ambiciosas compran habilidades y conocimientos. Y las personas perezosas compran distracciones". Qué manera de sintetizar algo que, más que hablar del hábito o estatus económico, nos revela algunos valores existentes.

A pesar de que ciertas mujeres son capaces de aferrarse, desde el principio de su vida, a lo que realmente es significativo, la mayor parte de nosotras vamos dando tumbos: elegimos un trabajo para quedar bien con la gente que nos rodea o por el cuantioso salario que nos ofrece; nos casamos para salirnos de casa, para cumplir las expectativas de los demás o porque nuestro reloj biológico ha detonado la alarma de la maternidad y así sucesivamente. Hemos elegido prematura, superficial, inconsciente o, de plano, tontamente.

"Tenemos intenciones para nuestras carreras. Frente a esas intenciones surgen oportunidades y amenazas que no habíamos previsto. La forma en la que asignamos nuestros recursos (tiempo, talento y energía) determina la estrategia real de nuestras vidas. Pero, a menudo, lo que acabamos haciendo es muy distinto de lo que nos habíamos propuesto", dicen Clayton M. Christensen, James Allworth y Karen Dillon, coautores del libro *¿Cómo valorarías tu vida?*

A veces el problema, según ellos, radica en que aquello que consideramos más importante en nuestro trabajo no siempre está alineado con lo que nos hace felices y lo peor del caso es que quizá nos demos cuenta de ello cuando ya sea demasiado tarde. "No estás llevando a cabo la estrategia que te propones si no inviertes tu tiempo, tu dinero y tu talento de una manera que sea coherente con tus objetivos. En tu vida siempre habrá personas y situaciones que requerirán tu tiempo y atención. ¿Cómo decidirás a qué o a quién se los dedicarás? Mucha gente cae en la trampa de ceder su tiempo ante quien más presiona y su talento ante quien le ofrece la recompensa más rápida. Ésta es una forma peligrosa de construir una estrategia".

Frederick Herzberg, un escritor famoso por sus teorías sobre lo que real y profundamente nos motiva en el trabajo, asegura que los proyectos desafiantes, el reconocimiento, la responsabilidad y el crecimiento personal, junto con la sensación de estar haciendo una contribución significativa, nos dan una satisfacción superior ante los estímulos externos, como el salario. Algunas personas ven la educación como una inversión, mientras que quienes han elegido el dinero como prioridad pueden sentirse estancadas, pero no es porque un buen salario sea el motivo de su infelicidad, sino porque lo han puesto por encima de las otras prioridades. "Los individuos que verdaderamente aman lo que hacen y que sienten que su trabajo es relevante tienen una ventaja distintiva cuando llegan a la oficina por la mañana", afirman Christensen, Allworth y Dillon.

Muchas veces el problema radica en que, al tratar de construir una vida personal satisfactoria, paralela a la profesional, tomamos decisiones como proveedoras para obtener una mejor vida familiar pasando por alto, sin darnos cuenta, a la pareja o a los hijos. "Invertir tiempo y energía en esas relaciones no ofrece la misma sensación inmediata como la que otorga una carrera *fast-track*", comentan Christensen, Allworth y Dillon. Las decisiones que tomas cada día te llevan a invertir tu tiempo, energía y dinero en algo o alguien, dejando claro lo que en verdad te importa. Eso significa que puedes decir lo que quieras sobre tu estrategia y tu propósito, pero si no estás invirtiendo los recursos consistentemente con tu estrategia, nunca serás la persona que deseas ser. Además, considera que hay mucho más allá que tu carrera. "Quien eres en el trabajo y la cantidad de tiempo que le dedicas impactará a la persona que eres fuera de la oficina: con tu familia y amigos cercanos. En nuestra experiencia, las profesionales de alto rendimiento se enfocan demasiado en ser la persona que desean ser en el trabajo y muy poco en la que quieren ser en casa. Invertir nuestro tiempo y energía en la crianza de niños fantásticos o en profundizar el amor con nuestra pareja generalmente no retorna una ganancia evidente por muchos años. Esto nos lleva a invertir más en nuestra carrera y menos en nuestras familias, mal nutriendo una de las fuentes más importantes para prosperar", aseguran los expertos. "Las relaciones íntimas, amorosas, con nuestra familia y amigos, nos darán los recursos de una profunda alegría en la vida".

La ironía es que, a pesar de que las relaciones con la familia y amigos serán fuentes de felicidad en la madurez o vejez, las personas suelen confiarse al pensar que todo va bien en casa y dejar esas relaciones en segundo plano; después de todo, quienes las quieren desean que triunfen y se mantienen al margen para apoyarlas en su profesión, lo que puede llevarlas a ignorar a los seres más importantes de su vida. Ése es el error más grande, pues, cuando surgen los problemas serios en las relaciones, es demasiado tarde para repararlos. "Paradójicamente, el momento en el que es más importante invertir en la familia y los amigos cercanos es cuando parece, en la superficie, que no es necesario", confirman los autores. Nos dedicamos en cuerpo y alma a nuestra profesión y nos rendimos ante las demandas de los jefes, los clientes y los proyectos, y olvidamos asistir al festival de nuestros hijos, al cumpleaños de nuestra madre y no regresamos las llamadas de los amigos, con lo cual terminamos con amistades superficiales, uno o varios divorcios, así como con una relación distante con nuestros padres, parejas e hijos.

"Considero que, hoy por hoy, mi poder radica en priorizar mi tiempo y energía en actividades y compartir con personas que realmente suman valor significativo a mi vida y mundo interior", concuerda orgullosa la académica Marisol Conover. Por eso, resulta indispensable identificar nuestras prioridades a largo plazo. El psicólogo social Shalom H. Schwartz asegura que los valores son creencias que están indisolublemente ligadas al afecto. Cuando se activan, éstos se impregnan de sentimiento, motivan la acción para lograr una meta y son una guía para evaluar y seleccionar las políticas, personas y eventos que son buenos o malos para nuestra vida. Para ello, será preciso construir una cultura tanto en nuestro núcleo familiar como en el trabajo.

Pero ¿qué es una cultura familiar o laboral? El psicólogo Edgar Schein, especialista en comportamiento organizacional, describe la cultura como una forma de trabajo en conjunto hacia metas en común que se han impuesto con tal consistencia y éxito que las personas involucradas no necesitan pensar en hacer las cosas de un modo diferente. Si se ha conformado una cultura, quienes pertenecen a ella automáticamente logran sus objetivos. La cultura en cualquier comunidad u organización se constituye a través de la repetición. De manera que, si quieres que tu familia tenga su propia cultura con un conjunto de prioridades claras, éstas deben ser diseñadas proactivamente en esa cultura. Si, por ejemplo, una de las prioridades dentro de tu familia es ser amables, al momento en el que tu hijo tenga un problema en la escuela, tú debes abordarlo desde el lado afable y mostrarle la perspectiva benévola que él también tiene que adoptar para resolverlo.

Pero el hecho de que tú sola, en familia o en el trabajo, construyas, consciente y con todo propósito, la cultura que te rodea, no significa que, si no lo hicieras, no habría tal. "La cultura existe, quieras o no. La única cuestión es qué tanto quieres influir en ella", indican Christensen, Allworth y Dillon. Después de que has decidido colocar uno de esos valores como parte de tu cultura y la de los tuyos, debes ser constante y consistente con él. Entonces pregúntate y cuestiona a tu pareja, jefe, socio o colega sobre cuáles son los valores indispensables que sustentarán tu cultura o la cultura del grupo de personas cercanas a ti.

Es momento de realizar una lista de los valores que de verdad son importantes para ti como persona libre, es decir, si tú no fueras hija, esposa, novia, madre, jefa, colega, socia. También puedes pensar cuáles serían si estuvieras por construir un nuevo capítulo en tu vida con base en ellos. Una vez que tengas esa lista, ordénalos por prioridad y elige los cinco no negociables. Los principales te ayudarán a construir la cultura familiar y laboral en la que quieres vivir. Para ello, es importante recordar que, con tal de pertenecer a una comunidad, muchas veces hemos adoptado principios ajenos o incluso adversos a los propios. Esta vez se trata de que tú seas la líder en el proyecto de tu vida y tus estrategias estén dictadas con lo que te hace no sólo sentirte cómoda, sino una mejor persona.

En el cuestionario que envié a diversas mujeres de diferentes edades, nacionalidades y profesiones para hacer este libro, una de las preguntas era que eligieran los tres valores principales con los que dirigen sus vidas. Al ser una pregunta abierta, mencionaron 35, pero éstos fueron los más nombrados en orden de importancia:

- Respeto
- Honestidad
- Amor
- Lealtad
- Responsabilidad
- Empatía
- Libertad
- Compromiso
- Fidelidad
- Confianza
- Creatividad
- Justicia
- Integridad
- Perseverancia

¿Cuáles de éstos o de los que no se mencionaron en esta lista encarnan tu cultura? Porque el privilegio que te da esta nueva regla de poder es que, a partir de hoy, puedes vivir tus valores y crear tu propia cultura.

Regla 65

Aduéñate de tu poder

"Fuiste salvaje una vez. No dejes que te domestiquen".

Isadora Duncan

El poder es verbo y sustantivo, te define y te motiva, permite que te ames y ames a las demás mujeres a tu alrededor y al mundo entero. ¿Qué te hace sentir orgullosa de ti? Las mujeres que contestaron el cuestionario dijeron:

- Mi capacidad de resiliencia.
- Nunca haberme quedado con las ganas.
- Levantarme siempre y seguir avanzando.
- Dar lo mejor de mí.
- Enseñar y formar gente comprometida.
- Que me he permitido evolucionar.
- Ver el camino recorrido y hasta dónde he llegado.
- Influir de manera positiva en las personas.
- Haber construido mi marca desde cero.
- Mi empuje para salir adelante.
- Ser una buena persona.
- Vencer mis miedos y abrazar los cambios.
- Pasarla bien en cualquier circunstancia.
- Mi capacidad para inspirar a otras personas.
- Mis ganas de vivir.
- Generar momentos llenos de felicidad.
- Darme cuenta de lo fuerte que soy.
- Saber que me falta mucho para llegar y no rendirme.
- Ser líder de un equipo con valores.
- Que no me da miedo soñar.
- Siempre ver el lado positivo de las cosas.
- Mis logros profesionales y personales.
- No parar hasta conseguir lo que quiero.
- Ver que he llegado más lejos de lo que pensé.
- No dejarme hundir por la depresión y la ansiedad.
- La confianza que tengo en las demás personas.
- Que alguien me diga que aprendió conmigo y que le cambié la vida.
- Ser una persona que ha superado la adversidad.
- Que en mi vocabulario no existe el "no se puede".

¡Todo eso es poder!

"Poder es el autoconocimiento, ser fiel a tu esencia, estés donde estés, vayas a donde vayas, sin darle importancia al qué dirán. Poder es saber pedir ayuda cuando la necesitas; escuchar —de quien te quiere y te conoce— esas cosas que no siempre te gustan, pero que sabes que te harán mejor persona", opina la diseñadora de interiores Lucía de Luna. "Poder es saberte vulnerable, imperfecta, transformando esas que consideras debilidades en potencias y oportunidades de mejora. Poder es tener tus prioridades y metas claras y luchar por ellas sin caer en el ritmo o en imposiciones de la sociedad en la que te desenvuelves. Poder es permitirte ser siempre tu mejor versión, la versión enriquecida por las experiencias de vida y las personas que te han enseñado algo".

Y ese poder comienza con la decisión de ser tú misma.

Sé el cambio que quieres ver en tu cuerpo, en tu presencia, en tu imagen, en tu voz, en tu arraigo, en tu vulnerabilidad, en tu propósito y en tu seguridad al adueñarte de tu poder.

Porque el poder se manifiesta en cada acción, en cada decisión. Defender es poder. Guiar es poder. Aplaudir es poder. Aprender y enseñar a otra mujer es poder. Caminar, a pesar del miedo, es poder. Capitalizar lo malo y lo bueno que te ha sucedido es poder. Darle importancia a tus necesidades sin sentirte culpable es poder. Saber que ni tu puesto, tu dinero o lo que haces es tan importante como lo que eres es poder. Amar con libertad es poder. Aceptarte es poder. Saber vivir en el presente es poder. Llevar una vida bajo tus propios principios, sin que te importe lo que la gente opine, es poder. Y, sobre todo, reconocer que ese poder siempre ha estado dentro de ti. Eso es el verdadero poder.

Agradecimientos

No es por dinero que me siento millonaria, sino por todas las mujeres fabulosas que me rodean. Sólo con ellas se puede abrir el camino de la vulnerabilidad de ida y vuelta sin explicación alguna. Cuando estamos en el terreno de decir la verdad sin mayor resguardo, me siento acompañada, escuchada, con ganas de llorar por las penas ajenas mientras lo hago por las propias.

Para hacer este libro que tienes en tus manos, entrevisté a muchas mujeres, pues no habría manera de hablar de las nuevas reglas del poder femenino si no fuera a través de las voces de quienes las rompen, las heredan, las padecen, las forjan o las van aprendiendo constantemente. Gracias a las que, paciente y concienzudamente, contestaron los cuestionarios que les entregué y a las que me dedicaron una entrevista en forma para profundizar en su vida y su visión de las reglas de poder. Ustedes han escrito esta obra conmigo y espero que muchas mujeres, en todos los rincones del mundo, puedan beneficiarse al leer sus historias, sus opiniones o inspirarse por su valentía. No escribo aquí sus nombres porque habitan este texto de portada a contraportada y sería una larga y redundante lista.

Agradezco también la ayuda de mis queridos Antonio González de Cosío y Álvaro Gordoa, a quienes recurrí para que nos compartieran un poco de su experiencia y sabiduría.

Nada de esto sería posible sin el cariño y confianza de mi adorado David García, director editorial y amigo desde el día que lo conocí. Andrea Salcedo, Andy, es un tesoro tenerte como mi editora literaria, ¡muchas gracias por tu apoyo y profesionalismo! Ha sido un placer trabajar con mi editor, Felipe Pando: gracias por tu entusiasmo y tus increíbles aportaciones. Amalia Ángeles, gracias por diseñar este libro con tanto esmero. Alan Viruette, qué placer ha sido colaborar contigo en la concepción y realización del audiolibro de este texto. Pilar Gordoa, aprecio muchísimo todo lo que has hecho para promover esta nueva obra. He dejado como postre el enorme agradecimiento que guardo en mi corazón para Roberto Banchik, el director general de Penguin Random House Grupo Editorial, por darme la oportunidad de ser parte de su equipo.

Gracias, Gregorio Martínez Moctezuma, Goyo, siempre mi ángel de la guarda, el primero en leer y comentar mi trabajo con cariño, paciencia y sinceridad. Tu aportación en este libro es invaluable.

Lecturas recomendadas

Apfel, Iris. *Accidental Icon. Musings of a Geriatric Starlet*. Nueva York: Harper Design, 2018.

Beard, Mary. *Mujeres y poder. Un manifiesto*. Barcelona: Editorial Crítica, 2018.

Beck, Martha. *El poder de la integridad. Una guía en cuatro pasos para combatir el sufrimiento emocional y dar una nueva dirección a tu vida.* Nueva York: Ediciones Urano, 2022.

Bornstein, Allison. *Wear it Well. Reclaim Your Closet & Rediscover the Joy of Getting Dressed.* San Francisco, California: Chronicle Prism, 2023.

Cain, Susan. *A Quiet Life in 7 Steps.* Audible Original, 2024.

______. *Quiet. El poder de los introvertidos en un mundo incapaz de callarse.* Nueva York: Ediciones Urano, 2022.

Chödrön, Pema. *Cuando todo se derrumba. Palabras sabias para momentos difíciles*. EUA: Shambhala Pubns, 2012.

Cloud, Henry, PhD. *Necessary Endings. The Employees, Businesses, and Relationships That All of Us Have to Give Up in Order to Move Forward.* Nueva York: Harper Business, 2011.

Condesa de Tramar. *El trato social. Costumbres de la sociedad moderna en todas las circunstancias de la vida, nueva guía para la gente elegante*. Librerías de la Vda. de Ch. Bouret., 1921.

Cruz, Eufrosina. *Los sueños de la niña de la montaña*. México: Penguin Random House Grupo Editorial, 2022.

Cuddy, Amy. *Presencia. Autoestima, seguridad, poder personal: utiliza el lenguaje del cuerpo para afrontar las situaciones más estresantes*. Nueva York: Ediciones Urano, 2021.

Eger, Edith. *La bailarina de Auschwitz. Una inspiradora historia de valentía y supervivencia*. México: Planeta, 2018.

Frankl, Viktor. *El hombre en busca de sentido.* México: Herder Editorial, 2015.

Freeman, Emily P. *The Next Right Thing. A Simple Soulful Practice for Making Life Decisions.* ChristianAudio.com, 2019.

Gazipura, Aziz. *Not Nice: Stop People Pleasing, Staying Silent, & Feeling Guilty... And Start Speaking Up, Saying No, Asking Boldly, And Unapologetically Being Yourself.* Center for Social Confidence, 2017.

Gladwell, Malcolm. *Fuera de serie. Por qué unas personas tienen éxito y otras no.* Madrid: Penguin Random House Grupo Editorial, 2020.

González de Cosío, Antonio. *El arte del shopping*. México: Océano, 2017.

Hardie Grant Books. *Pocket Coco Chanel Wisdom. Witty Quotes and Wise Words from a Fashion Icon.* Londres: Hardie Grant Books, 2017.

Johnson, Monica. *Push Back: Assert Yourself in Relationships.* EUA: The Great Courses, 2024.

Kay, Katty y Shipman Claire. *The Power Code. More Joy. Less Ego. Maximum Impact for Women (and Everyone)*. Nueva York: Harper Business, 2023.

Lara, Lucy. *El poder de reinventarte. Conquista tu fuerza y seguridad para transformarte en lo que quieres ser.* México: Aguilar, Penguin Random House Grupo Editorial, 2023.

______. *Imagen, actitud y poder. Haz que tu estilo y tu personalidad trabajen por ti.* México: Aguilar, Penguin Random House Grupo Editorial, 2017.

Lerner, Harriet, PhD. *Why Won't You Apologize? Healing Big Betrayals and Everyday Hurts.* Gallery Books, 2017.

Mauriès, Patrick y Jean-Christophe Napias. *Fashion Quotes. Stylish Wit & Catwalk Wisdom.* Londres: Thames & Hudson Ltd., 2016.

Morató, Cristina. *Divas rebeldes*. Penguin Random House Grupo Editorial, 2020.

______. *Reinas malditas*. Penguin Random House Grupo Editorial, 2020.

______. *Reinas de leyenda*. Barcelona: Plaza y Janés, 2023.

______. *Viajeras intrépidas y aventureras*. Penguin Random House Grupo Editorial, 2010.

Neff, Kristin. *Autocompasión fiera. Cómo las mujeres pueden utilizar la amabilidad para expresarse, empoderarse y crecer.* Barcelona: Ediciones Paidós, 2022.

Nepo, Mark. *The Book of Awakening. Having the Life You Want by Being Present to the Life You Have*. San Francisco, California: Conari Press, 2011.

Pépin, Charles. *Las virtudes del fracaso.* Barcelona: Ariel, 2018.

Perry, Bruce D. y Oprah Winfrey. *¿Qué te pasó? Trauma, resiliencia y curación*. México: Planeta, 2023.

Rhimes, Shonda. *El año del sí. Descubre el asombroso poder de decir sí y cambia tu vida*. Kitsune Books, 2022.

Ruiz, Miguel. *Los cuatro acuerdos. Un libro de sabiduría tolteca*. San Francisco, California: Amber-Allen Publishing, 2011.

Ruiz de la Prada, Ágatha y Pedro Narváez. *Mi Historia.* La Esfera de los Libros, 2022.

Saracho, Caro. *Mesa para una. #SoySola*. México: Penguin Random House Grupo Editorial, 2018.

Sherwood, S. J. *Apologise… Hell, No! The Power of an Apology in an Entitled World*. Editorial Blue Ned Ltd, 2024.

Sinek, Simon. *Empieza con el porqué. Cómo los grandes líderes motivan a actuar*. México: Empresa Activa, 2024.

Tavris, Carol. *Anger. The Misunderstood Emotion.* Nueva York: Touchstone/Simon & Schuster, 1989.

Thomas, Eric, PhD. *You Owe You. Ignite Your Power, Your Purpose, and Your Why*. Pensilvania: Rodale Books, 2022.

Toler, Stan. *The Power of Your Personal Impact. How to Influence Others for Good.* Oregón: Harvest House Publishers, 2021.

Tolle, Eckhart. *Una nueva tierra. Un despertar al propósito de su vida.* México: Penguin Random House Grupo Editorial, 2020.

Urbaniak, Kasia. *Unbound. A Woman's Guide to Power.* Los Ángeles, California: TarcherPerigee, 2021.

Zebian, Najwa. *Welcome Home. A Guide To Building a Home for Your Soul*. Londres: Yellow Kite, 2021.

______. *The Only Constant. A Guide to Embracing Change and Leading an Authentic Life.* Nueva York: Harmony Books, Penguin Random House Grupo Editorial, 2024.

Esta obra se terminó de imprimir
en el mes de agosto de 2025,
en los talleres de Diversidad Gráfica S.A. de C.V.
Ciudad de México